イギリスの行政改革

「現代化」する公務

ジューン・バーナム／ロバート・パイパー 著
稲継裕昭 監訳　浅尾久美子 訳

ミネルヴァ書房

イギリスの行政改革——「現代化」する公務　目次

略語一覧

CMT	共通管理ツール（カナダ）
CPRS	中央政策検討スタッフ
EEC	欧州経済共同体
EFTA	欧州自由貿易連合
ENA	国家行政学院
ECSC	欧州石炭鉄鋼共同体
EU	欧州連合
Euratom	欧州原子力共同体
FDA	一級官組合
FMI	財務管理イニシアチブ
IMF	国際通貨基金
IMO	国際海事機関
IRA	アイルランド共和軍
IT	情報技術
ITU	国際電気通信連合
MINIS	大臣用マネジメント情報システム
NAO	会計検査院
NATO	北大西洋条約機構
NHS	国営医療機構
NPM	ニューパブリックマネジメント
OECD	経済協力開発機構
OPSR	公共サービス改革室
PCS	公共・商業サービス組合
PFI	民間資金活用
PPP	官民連携
PRP	業績連動給
SASC	幹部任用選考委員会
SCS	上級公務員
UNSCOM	国連大量破壊兵器破棄特別委員会

序章　イギリス行政の「現代化」

本書のタイトル〔原題：*Britain's Modernised Civil Service*〕は、イギリスの公務が「現代化」してきている、つまり、時の政権や現代社会の要請、ニーズ、期待に対する公務の応答性を高めるために、さまざまな改革が行われてきている、という我々の見方を明確に打ち出したものである。次章以下で述べるように、イギリスの公務は多くの欠点を抱えてはいるものの、他の多くの民主主義国家に比べて、また一九六〇年代のイギリスに比べて、飾り気のない辞書的な言葉で言うならば「今日のニーズに合致し」、「最新の手法によく適応した、現代的な形」に近づいている。

実際、後で触れる批評家の意見の中には、イギリスの公務は伝統的な特質や行動パターンを持つがゆえに、これまで整備の行き届いた優秀な「ロールスロイス」として世界的な名声を得ていたのに、それを捨てて近年現代化が進みすぎている、というものもある。一九八〇年代から九〇年代初頭にかけてマーガレット・サッチャー、ジョン・メージャーの「ニュー・ライト」政権が「経済性、効率性、有効性」を重要課題に掲げ、公務はそれに対応するために変化を余儀なくされた。そして九七年以降は、「新労働党」政権の求める非公式で個人化された行政に熱心に——熱心すぎると言われるほどに——取り組んだ。幹部公務員は、自分たちが「サッチャー政策」の価値観に染まったわけではなく、どの政権に対しても忠実に仕えることができるということを示そうとしたのである。

一九八〇年代後半にイギリス政府は現代化のための改革によって国際的な名声を得たが、これは不思議なことであった。イギリスは当時の欧州では珍しく「公務部門の現代化計画」を発表していない国だった（後で見るように、イギリスでこれが行われたのはトニー・ブレア政権時代の一九九九年のことである）し、他のいくつかの国々、特に旧イギリス植民地の英語圏や北欧においては、通常「ニューパブリックマネジメント」（ＮＰＭ）と総称される類似の改革に既に取り組んでいたからである。にもかかわらず、イギリス公務の現代化は他のどの国よりも大きな関心を引いた。それは、イギリスの政策過程が（サッチャー氏に象徴されるように）対立の多いもので、改革が急進的に見えたためかもしれないし、英語の方がスカンジナビアの言語より情報が入手しやすいためかもしれない。あるいは単に国際社会におけるイギリスの存在が大きいということかもしれない。変化が起きているときにそれを宣伝したり説明したりする政治家や公務員、学者が多いのである。九〇年代初めのメージャー政権時代、公共サービス局の職員は欧州連合（EU）の会合で改革の動向を話しては他国の公務員を驚かせたものだし、外務省は「市民憲章」の取り組みについて宣伝パンフレットを作った。ブリティッシュ・カウンシルも、市民憲章その他の公務改革について海外に広める役割を担った。

イギリスの学者たちは、現代化を目指す改革の背景やその詳細をよく知っているだけに、手放しで賞賛することはなかった。大臣が発表する壮大な計画と実際の結果を比べる際は特に慎重になった。しかし、実際に変革を果たしていなければ、海外の関心は続かなかっただろう。例えば経済協力開発機構（ＯＥＣＤ）は、八〇年代以降『公共経営の進展』や『公的部門の現代化』の報告書において必ずイギリスの事例を大きく取り上げるようになり、その内容は組織改編から幹部公務員の管理、業績給、マネジメント面の裁量の拡大、業務の外部委託まで多岐にわたった。ＯＥＣＤの報告書等によって、イギリスの公務の動きは常に海外の強い関心を集めることになった。しかし、ＯＥＣＤは市場志向の見方をとっており、公務のマネジメント改革についても加盟国の経済・財政に好影響を与えそうなものに注目することが多い。スカンジナビア諸国の公的部門改革が国際的にイギリスほど関心を集めなかったのも、予算の節約より地方自治体やユーザーボード（利用者委員会）（監訳者注：地方自治体が提供する公共サービスの利用者による委員会。例えばデンマークでは、地方分権改革の中で、財政需要の増加が見込まれる高齢者福祉や初中等教育などに関して、公共サービスのニーズや規模を正確に把握するため、政策決定過程への利用者の直接的参加を法制化してきた。このシステムでは、地方議会は予算の総枠を決めるが、利用者委員会が歳出への助言だけでなく、具体的な監理と執行を担う）への権限移譲を重視していたことが一因である（イギリスでは、一九九九年に労働党政権がスコットランドとウェールズに権限移譲するまで、民主的分権の動きはなかった）。しかし、公務の重要性は、その人件費が予算や経済一般に及ぼす影響だけにあるのではない。そこで、本書は、より広い視点から公的部門の現代化の成功について考えることを大きな目的としている。

よく情報を得た上で判断するには、成功の全体像について詳細に検討することも必要である。対象を公共経営改革と比較的狭く絞っても、次のような点を吟味しなければならない。改革は計画どおりに進み、喧伝されていた効果を実際に上げたのか。公務の他の特質にどのような影響を与えたのか。例えば、公務上層部に至るまでオープンにして民間部門からさまざまな能力、経験、働き方の人材を採用しようとする動きがあるが、公務員が全体としてまとまっているために省庁間のコミュニケーションが取りやすいという点や、公務員が仕事を共にする民間部門の業務委託先との関係は、それによってどのような影響を受けるのか。マネジメント面の自律性が拡大することで、政策の調整や、大臣に対する公務員の説明責任、議会や国民に対する大臣の説明責任は、どのような影響を受けてきたのか。これらの潜在的な問題に対処するためにどのような仕組みが用意されているのか。こうした問いを効率性や有効性に劣らず重要なことと考える立場からすれば、これらの点もイギリス公務を評価する際に考慮しなければならない。実際、「現代化」に対する強い反対は、それによって伝統的な公務の最も優れた特質――すなわち、高い倫理観、公平性、「権力者に対して直言する」（丁重に「ノー」と言うことも含め、大臣に対して率直に意見を述べる）姿勢――が根本的なところで傷つけられたということを根拠としている。

こうした問いが提起されることでも分かるように、公務の特徴の中には、「公務部門のマネジメント」をあまりに「民間部門のマネジメント」に引きつけて論じると容易に置き去りにされてしまうものがある。公務組織はどうしても大企業とは異なる。しっかりした倫理規則を持つ「良き企業市民」たる会社でも究極的には株主の利益のために行動しなければならないのに対し、公務員は、公益のために行動し――公益が何であるかは憲法上議会や議会の支持を得た大臣が決めることとされている――、また実際そのように行動していることを示さなければならない。イギリスの公務を現代化しようとする近年の取り組みは、市民を行政の顧客あるいはクライアントと捉え、市民へのサービスを向上させることを重視してきたので、民間部門の教えが的を射ていることが多かった。しかし、議会に対する説明責任、公共政策の形成、情報公開、成績主義による採用・昇進システム、すべての市民を公平に扱う必要性など、「マネジメント一般」の概念には出てこない制約や義務が公務には課されている。にもかかわらず、こうした点におけるイギリスの公務の進展は広く知られていない。次章以下で取り上げていくが、これらはNPMの領域における向上と並んで、十分に評価してしかるべきものである。

過去の公務が、イギリスの政治体系の構成要素として、変化のない停滞したものだったというのは誤りである。たしかに、現代化の進行が一九八〇年代から加速し、組織の構造やマネジメントに大きな変化をもたらしたことは間違いない。その中には、公務部内の改革（例えば、後に準独立のエージェンシー創設に至る組織改編や、給与・採用制度の柔軟化）から生まれたものもあれば、公務外の状況の進展に大きな影響を受けて生まれたもの（特に目立つのは権限移譲）もある。しかし、二〇世紀末から二一世紀初頭にかけての変化が規模の点でも程度の点でも過去に例のないものであるとしても、イギリスの公務が歴史的に発展してきた基盤にあるのは、やはり、着実に少しずつ変化に対応し有機的成長を遂げる力である。

統治原理として「現代化」が長い歴史を持つというのは、皮肉なことかもしれない。例えば、イギリスにおける一八二〇年代、三〇年代のリベラル・トーリーや、その後のピール支持者、自由党急進派は、いわば「現代化主義者」であった。社会、経済、憲法を慎重に改革することによって国を徐々に現代化し、その時々の課題に対処しようとしていたからである。こうしたグループの政治的後継者が、一九世紀後半の先進的な地方自治体（バーミンガム、グラスゴーといった進歩的な行政を行っていた市）や、一九〇五年から一五年にかけて福祉国家の萌芽というべき政策をとった自由党の改革派政権に見られる。米国においては、二〇世紀初頭に進歩党という形で現代化の動きが現れ、市や州の施政を主導したり、セオドア・ルーズベルト、フランクリン・D・ルーズベルト両大統領の政治綱領に影響を与えたりした。歴史的に見ると、現代化主義者は官僚制のプロセスや構造について信念を持っていることが多い。例えば、アメリカのウッドロー・ウィルソン大統領は、政治の道に入る前に、行政の諸原則についてさまざまなことを著し、公務の専門的性質を評価して政治的腐敗から守ろうとする現代的な考え方を強く主張した（監訳者注：周知のように一八八七年に発表されたウィルソンの論文「行政の研究」は、政治行政二分論を主張した行政学の古典として今なお引用される（Woodrow Wilson, 'The

Study of Administration,' *Political Science Quarterly*, 2, June 1887)]。このように、現代化は、昔から政府システムの漸進的変革や行政の改善と結びついている。

本書の扱う領域を明らかにするために、本章ではここから、公務の発展における重要な歴史的テーマを概説し、公務についての基本的な情報を提示するとともに、イギリスの公務を他国と比較するための基準をいくつか設定することにしよう。最後に、本書の構成と内容についても示すこととしたい。

重要な歴史的テーマ

公務は、イギリスの憲法システムを構成する要素でもあり、その産物でもある。国家システムとして発展を遂げ、その構造は時とともに変化し成長してきた。突如として劇変するのではなく有機的に成長し徐々に変わっていくというのが発展の基調となっていた（もっとも、次章以降では、近年の現代化の動きがこうした傾向からいかにかけ離れているかを見ていく）。他のほとんどの国と異なりイギリスには、「基本法」、つまり国家の重要な部門である公務についてその目的や役割、責任を定める公務員法が存在しない（ただし、後で見るように、一九九〇年代以降、公務員法を制定しようという声が高まりつつある）。公務の持つ機能は、憲法（これまた他国と異なり、まとまった成文法ではなく、議会制定法、裁判所の判決、しきたり、慣習法、学説の中で憲法的な重要性を有すると思われるものの集合体である）の大きな枠組の中で、一連の法令、規則、内部文書、長年尊重されてきた手続に照らして理解されるものである。これらの文書や慣習的な手続のうち、公務の「憲法的慣習」に関する重要なものについては、次章以降で取り上げる。例えば、第5章では説明責任の問題を検討するが、ここでは大臣責任という慣習が非常に重要な意味を持ち、公務員の説明責任はこの慣習によって規定されている。

イギリスの公務の起源は、イギリス諸邦の初期の王――それ自体、まだはっきりした形を取っていたわけではない――に仕える廷臣であり、そこから時間をかけてゆっくりと発展してきた。巻末年表（I）に示すように、九世紀から一六世紀までの時間をかけて、イングランド王の文書を司る組織が徐々に精緻になって王室の「家計」の財政と国家財政を区別するようになり、また「政府」の事項を処理するために職員が任命されるようになった。その頃になっても、大臣と公務員、行政に携わる者と立法に携わる者に正式の区別は存在しなかった。トマス・クロムウェルが議員であると同時に法務官であり、国王の首席秘書であり、王璽尚書（現在は閣僚の肩書）でもあったのは、その表れである。王に仕えている点は皆同じであり、王が求める限り官職にとどまっていた。一九世紀に入ってかなり経つまで、大臣にも行政の仕事をする時間があり、また大臣の政治的支持者やその年若い親戚が公務員になることも珍しくなかった。大臣が辞職したり解任されたりすると、そうした公務員もともに職を去った。初期の官僚制の発達は財務管理と深く結びついており、したがって大蔵省の優越性とも結びついている。一九世紀においても（巻末年表（Ⅱ）参照）、行政を改善したり公務を統一的組織として構築したりする上で大蔵省はしばしば主導的役割を担い、その強力な役割が二一世紀になっても続くことになった（Hennessy, 1989, 1990: 17-30; Drewry and Butcher, 1991: 39-41）。

他方、古くから公務に関する管理権を持つ重要な存在はもう一つあり、それは王の宗教的、公的、司法的、政治的な顧問である「枢密院」である。現代においては、枢密顧問官は、女王によって任命されるものの、その選任は大臣や野党幹部、幹部公務員、判事、大主教その他の高名な人物の中から政府が行っており、単に名誉を与えるために選ぶこともあれば、「枢密院だから」可能になる機密情報の共有を目的として選ぶこともある。枢密院からは以下のようにいくつもの憲法制度や組織が生まれている。

第一に、枢密院の中心グループ（王の「私室《キャビネット》」にいる最も近しい顧問たち）が、やがて今日の内閣《キャビネット》になった。一八世紀初頭には、大臣で構成する内閣として王に助言する役割を担うようになっていたが、やがて、助言する前に内々で合意しておいた方が安全である（「各個撃破されるより団結した方がよい」）と悟り、一体的な――そして秘密を守る――内閣というものが生まれたのである。一八世紀末には、首相の率いる内閣が、議会の支持を受けて、王の名において権限を行使するようになった（閣僚は今もなお「女王陛下の国務大臣」である）。内閣を補佐する行政機構は第一次世界大戦まではほとんどなく、閣議において決定したことを記録する仕組みさえなかった。大戦中にロイド・ジョージが首相になったとき、帝国防衛委員会の下に置かれていた省庁横断的な事務局の職員とその調整手法を利用して、戦時内閣のための内閣官房（後に内閣府）が設置された。戦争が終わると、大蔵省や、ロイド・ジョージの「勢力拡張」を打破したい保守党の政治家たちは、内閣府の存続に反対した。しかし、後任となった保守党首相（ボナー・ロー）は、ロイド・ジョージの副官として内閣府が有用であることを身をもって知っていたため、内閣府とそこに置かれる内閣秘書長は存続することになった。以来、内閣府と大蔵省は、伝統的に、公務の統制権を含め「政府の中心」としての役割を競っている（巻末年表（Ⅲ）は、これら二つの組織と短期間存在した公務省の間で公務員制度の所掌が移ってきた複雑な経緯を示している）。

第二に、「枢密院における王／女王の」決定は、議会が主たる立法者になった後もずっと現在に至るまで、有効な立法手段として機能している。女王は今なお、「枢密顧問官」たる大臣四人以上が集まって決定する「枢密院令」に対して同意を与える。かつて王が行使していた権限のほとんどは議会に移ったが、国際条約の承認、選挙に先立つ議会解散、軍の統率など、今でも王の手に残る権限（国王大権）があり、実際には大臣、通常はその中でも首相がそれを行使する。枢密院令は、こうした行政権を行使する態様の一つである。巻末年表（Ⅰ）～（Ⅳ）に数多くの枢密院令が登場することは、公務組織を変えるために議会を説得しなくて済む枢密院令がいかに重宝されてきたかを示している。一九九二年公務（マネジメント機能）法は、人事機能を大臣から幹部公務員に委任するという短い法律だったが、公務の問題について議会に同意を求めることは非常に珍しいため、かえって議員たちが疑心暗鬼になったほどである。

第三に、公務を管理することは国王大権の一つであり、首相がその権限を行使する。『公務員管理規範』（公務員の採用、昇進、服務、異動、退職、免職に関する規則集）においても、次のようにこの歴史的原則を再確認している。「公務員は王の奉仕者であり、雇用主たる王に忠実に仕えなければならない」（Cabinet Office, 2006: para. 4.1.1）。この宣言に続いて、現代におけるその実際の意味が示されている。「憲法上、王は、議会において各省庁についての答弁責任を負う大臣の助言に基づき行動する。したがって、公務員は、……正当に組織された政府に忠実に仕える義務を負う」（para. 4.1.1）。公務に関する事項が特別の法律によって規定され、改革には議会の関与が必要となる国々に比べて、イギリスでは現代化のための改革が容易である。巻末年表（Ⅲ）（Ⅳ）でも分かるとおり、イギリスの政府は公務の組織再編について大きな力を持っているが、それは、公務員は今なお原理的には王の行政スタッフであり、王に残された権限を使って公務組織再編に関する法規を定めることができるからである。

ブレア政権時代に出された二つの枢密院令が、この権限の幅広さを物語っている。一つは、「一九九五年の公務に関する枢密院令に基づいて制定」された二〇〇七年の『公務員管理規範』である。これは、公務担当大臣（首相）に「公務員の勤務条件をはじめ、内国公務の管理に関して、規則を定め、指示を出す」権限を与えている（Cabinet Office, 2006a: para.1）。この幅広い統制権とは対照的に、もう一つの一九九七年枢密院令は、慎重に内容を絞り、職業公務員への命令権を持つ特別顧問（政治任用される一時的な公務員）を最大三人まで任命できるという新たな権限を首相に与えた。そして、ブレアの「首席補佐官」（ジョナサン・パウエル）と報道官（アリステア・キャンベル）がこの異例の規定に基づいて任命された。枢密院は、それ自体としてはもはや重要ではないが、政府が公務改革を行うための強力な道具を提供しているのである。

第四に、貿易省や教育省などの省庁はもともと枢密院の委員会として発足したものである。一七八六年に常設の組織として設置された貿易委員会は、公務の発展において特に重要な意味を持つ。というのも、一方に大臣がいて他方に少数の職員がいるという明確な区別に基づいて組織が作られたからだ。つまり大臣と公務員の役割が明確に分けられるようになったのである（Pyper, 1995: 6）。同じ頃、大臣たちが一つの政権として進退をともにする慣行も始まったので、大臣との政治的な結びつきが強くない下級公務員が次の政権にも引き続き仕えるのは行政実務上便利ということになった。省という正式な組織が生まれたことで、国家の恒久的、公的な面が発展し始めた。しかし、一八一〇年に大蔵省の後押しで職員共通の年金制度が導入されたとはいえ、一九世紀初頭に設立された種々の省・委員会は必ずしも「公務」の名に値するものではなかった。「公務員」という用語にしても、一八世紀に東インド会社（王立の機関）が軍人でない職員を指して使ったのが最初だが、一九世紀後半になって「終身」職員――つまり、大臣が交代しても残る職員――の呼び名として使われるようになるまで、イギリスではあまり使われなかった。拡大する官僚組織に、共通の採用・昇進システム、勤務慣行、一体的意識を課すことによって、情実や非能率、腐敗を防ぐという動きが出るには、現代化主義者（当時の言葉で言えば「行政改革者」）たちの登場を待たねばならなかった。

アルフレッド大王やヘンリー七世といった初期の王、トマス・クロムウェルやバーリー卿といった秘書長をはじめとする改革者たちは、国家行政の初期の発達に多大な貢献をした。また、クロムウェルが仕えたヘンリー八世は図らずも行政用語に貢献することになった。ロンドンの国会議事堂と今日のトラファルガー広場の間の地区（現在は官庁街となっている）を手に入れ、「ホワイトホール」と呼ぶ宮殿に仕立てて、これがやがて中央の官僚組織を指す「略称」となったのである。同じように、ウェストミンスター宮殿のあった辺りに位置する議会とその関連政治制度は、集合的に「ウェストミンスター」と呼ばれる（第1章参照）。公務が一つのまとまった組織に変わっていく上で一定の役割を果たした人物はこのように数多いが、なかでも特別な役割を果たしたのが二人の大蔵省高官——一九世紀半ばのチャールズ・トレベリアンと、両世界大戦間のワレン・フィッシャー——である。何度も歳出を削減しようとしてきた議会は一八四八年に特別調査を行ったが、このとき、大蔵次官であったトレベリアンは、官僚の増加を抑える手段として、公務員を（大臣や議員の友人、親戚という縁故でなく）能力に基づいて採用するとともに学歴・資格の高い下級公務員をもっとうまく使うべきだと説いた。トレベリアンは以前から、イギリスの公務の質がかつて勤務した東インド会社より劣ると考え、公務員制度改革に多大な関心を寄せていた。大蔵大臣だったW・E・グラッドストンはトレベリアンの考えを支持し、トレベリアンとスタフォード・ノースコート（グラッドストンの若手補佐官の一人）に、優秀な人材を採用して懸命に働いてもらうための方策を報告するよう求めた。

一八五四年のノースコート＝トレベリアン報告（資料序-1参照）の主な勧告は次のとおりである。

・公務の職を上級の「知的」職務と下級の「機械的」職務に分けること。
・採用は、独立の委員会が実施する公開競争試験を通じて行うこと。
・成績主義で昇進させること。
・必要性に応じた職員配置や公務の一体性強化のために、職員を省庁間で異動させること。

彼ら改革主義者たちは、「強力な利害」を持つ人々がこれらの提案に抵抗することをはっきり予期していた。旧制度により利益を得ていた人々や、「成績主義によって中流階級出身の事務員に追い出される」（Drewry and Butcher, 1991: 44）のではないかとおそれる人々である。グラッドストンは（一時的に）政権を離れていたため支援できなかった。し

資料序-1　ノースコート＝トレベリアン報告

勧告の概要
- 若年者を採用すること。若年者の方が訓練がたやすい。
- 勤勉さと能力に基づいて昇進させること。
- 採用は試験によって行い，採用後は短期の試用期間を設けること。
- 上級職への採用については，公開の競争試験を一元的に行うこと。筆記試験により最適の人物を選抜するものとするが，特殊技能を持つ人物も採用できるようにする。
- 下級職への採用については，地方で試験を行うこと。その方が受験者にとって安上がりである。
- 下級の機械的職務への採用は，17〜21歳とすること。
- 上級の知的職務への採用は，19〜25歳とすること。
- 異動を容易にするため，俸給表を共通にして不統一を減らすこと。
- 「補助官職」に職員を採用して部局を移れるようにすることで，業務量の変化に対応しやすくすること。
- 同じクラス内で一定限度までは毎年昇給できることとし，それ以上の昇給は昇進によるものとすること。
- 空席が生じたときは定期的な業績評価結果が部局長に参考送付される仕組みを作って，情実を防ぎ成績主義による昇進を図ること。
- 職員の業務に関する状況報告書がなければ，年金受給資格を付与しないこと。

ノースコートとトレベリアン自身による概要
- 試験によって，能率の高い職員を確保すること。
- 質の高い仕事に報いる仕組みとすることで，勤勉を奨励し成績主義を推進すること。
- 採用や異動の仕組みを共通にして不統一を減らすこと。
- 「既存の仕組みは長年の慣行と強力な利害によって守られている」ので，上記のような変更を行うには議会制定法が必要である。

出典：S. H. Northcote and C. E. Trevelyan (1854) *Report on the Organisation of the Permanent Civil Service* (Eyre & Spottiswoode for HMSO). 結果については，Hennessy (1990: 31-51) 及び Drewry and Butcher (1991: 39-46) 参照。

かし、クリミア戦争で行政能力の低さが露呈し、改革主義者の正しさが裏づけられた。さらに、教育改革の推進派が進歩的なパブリックスクールやオックスフォード、ケンブリッジ両大学（「オックスブリッジ」）の卒業生の就職先を求めていたという事情もあった。こうして、一八五五年に人事委員会が設置され、各省の選んだ候補者を審査することとなった。五九年に、人事委員会の承認を受けた公務員に手厚い年金を支給するという年金法が制定され、これも人事委員会にとって実際上の後押しとなった。七〇年には、首相になっていたグラッドストンと改革派のロバート・ロー蔵相の下で、公開競争が原則となった。もっとも、内務省と外務省はなかなか従おうとしなかった。ノースコート＝トレベリアンの勧告のうち、公開競争試験以外にも、公務員を機能面で二層に分けることなどいくつかは実現したが、省庁間の不統一を減らすこと等は、その後も支持する報告が相次いだものの、第一次世界大戦が終わっても実現していなかった。

支持されることと実行されることは別だったということであろう。公務が本当に一つのものになり組織の一元性が確立したのは、一九一九年にワレン・フィッシャーが大蔵省の事務次官（省内最高位の公務員）に任命されてからのことだ。フィッシャーは、公務にも軍と同等の地位を持たせたいと思っていたところ、「公務の長」に指定された。これによって大蔵省が人件費制御に対する関心を強めたと見ることもできる。省内に制度制定部門が設置されて、まもなく最上層部以外の全公務員に共通の俸給表が作られた。同時に、この任命によって「大蔵省」その他のさまざまな職位の職員を省庁横断的に配置できるようになると考えられ、実際、他省の事務次官に指示を出す権限がフィッシャーに与えられて、やがて省庁間で慣行が共通するようになった（Lee *et al.* 1998: 141）。内閣は一九二〇年に、すべての幹部公務員の任免について首相（当時はデービッド・ロイド・ジョージ）が最終決定権限を持つこととした。ワレン・フィッシャーは、内国公務の長として、また第一大蔵卿でもある首相の首席顧問として人事の助言をする立場を使って、公務員がトップに上りつめるまでに省を移籍して複数の省で勤務することを奨励した。

フィッシャーは両大戦間の時期に一八五四年のノースコート＝トレベリアン報告の内容を実行したが、「知識人」が「上級の」職務を行うという同報告の提言は狭く解され、オックスブリッジで教養を学んだ者が得意とする「学問的」試験で採用されたジェネラリストが管理者として重用された。フィッシャーは長く公務の長を務めたが、その間に、専門知識や公務外での経験を有する幹部公務員の数は激減した。社会経済問題に政府が介入することが政治的に当たり前のことになっていく中、フィッシャーの人事政策は大きな波紋を呼ぶこととなり、「ジェネラリスト」対「スペシャリスト」の専門性という問題は、後にフルトン委員会が行ったイギリス公務に関する大調査の重要なテーマとされた。

こうして、一八五四年のノースコート＝トレベリアン報告は、実施までに数十年を要するものもあったが、現代の公務が生まれる上で決定的な役割を果たした（Greenwood *et al.* 2002: ch. 4; Hennessy, 1989: ch. 1 参照）。二〇世紀初頭には、まとまりのある一元的な公務ができあがっていた。その特徴は、官署の下級職への採用は各地方で行われる一方、幹部要員となる大卒者の採用には全国共通の仕組みがあったことである。上級職の採用がこのように中央の統制の下で行われること、幹部になるまでの間に省庁間の異動を経験すること、統一的な給与制度があること、全省共通の事務は同じように処理されることがあいまって、同質性の高いひとまとまりの集団が形成された。そして、公務の役割は一九世紀の規制業務からははるかに拡大し、年金運営や社会保険、保健福祉制度、職業安定所、やがては産業や運輸にまで政府が関与するようになった。

ホワイトホールの組織、作用は、本質的には内向きであったが、第一次、第二次世界大戦中は、民間企業や科学、学術分野から幅広く「臨時の」公務員が採用されたため、新鮮なアイディアや新しい人材が入ってきていた。しかし、一九五〇年代になってホワイトホールが伝統に回帰すると、早速、イギリスの経済力が相対的に低下し国家の制度が見直しを迫られる中で公務は目的に合致した姿になっているのかと懸念され始めた。

ノースコート＝トレベリアン報告の二〇世紀版が、六八年のフルトン報告である。五〇年代の行政改革者を触発したのが、イギリスの植民地での試み（とりわけインドの高等行政職の構想）や、教育エリート主義者からのパブリックスクール及びオックスブリッジの売り込み、都市の「改善主義者」であったのに対し、フルトンや彼が模範とした現代化論者たちに影響を与えたのは、民間を席捲していた企業戦略マネジメント革命だった。米国の大企業は、製造工程の統合を進めることによって効率性が高まり収益も上がると信じていた。「この報告は、集産主義がとる『大きな政府』の考えに基づいていた。歳出が増大し政府活動や省庁の規模が拡大する時代においてマネジメント能力が必要であることを強調していた」（Theakston, 1995: 90）。フルトン委員会の調査は、一九六四〜六九年に労働党政権が行った幅広い改革計画の一環でもあり、同委員会の他にも、地方自治体の経営、地方自治体の規模拡大、経済計画地域、国営医療機構（NHS）の改革などを検討する委員会がつくられた。

フルトン報告の勧告は、ノースコート＝トレベリアン報告の勧告と同様、実施に至ったものもそうでないものも含め、数十年にわたって議論の的となった。本書でも折に触れ言及することになる。この報告の主な点は資料序-2に掲げているので、ここでは、フルトン報告の示した変革の課題は非常に広範でその大部分は頓挫したという指摘にとどめておく。その後の政権は、深刻な経済危機に直面して公務員制度改革の詳細に対する関心を失ってしまった。若手の公務員、

資料序-2　フルトン報告

勧告の概要（Vol.1:104-6）
- 公務の管理は公務省が行うこととし，公務省は首相（公務担当大臣）の下に置いて内国公務の長をトップとすること。
- ジェネラリストとスペシャリストのクラスを１つのグレード制度に統合し，グレードは職務の評価によって決定すること。
- 採用は，大学における学業と将来の業務の関連性を考慮して行うこと（これは「多数意見」による勧告であり，反対した委員もいた）。
- 行政職の職員は，早い段階で経済，財政，社会福祉など専門性を持つこと。専門資格を持たない者は研修を受けること。
- スペシャリストが管理の研修を受けて幹部になれるようにすること。
- 公務大学において，こうした研修や，経験を積んだ後のマネジメント研修を実施すること。
- 中途採用，任期付任用，出向，年金の通算可能化により，官民の流動性を高めること。
- 管理職に責任を持たせ，業績についての説明責任を持たせること。公会計を改良すること。業務を非省庁組織に分離できないか検討すること。
- 省内に大臣直属の政策立案部局を作り，将来の変化を見据えた意思決定が行われるようにすること。
- 不要な機密主義を取り払うための方策を検討すること。
- 政府は，今後五年間にわたって毎年議会に報告を出すなどして，本報告の実施がどれだけ進んだか調査すべきである。

出典：Fulton, Lord (1968). フルトン報告の分析，勧告，成果の評価については，Garrett (1980) ; Hennessy (1989, 1990) ; Greenwood *et al*. (2002) 参照。

特に専門的な資格を持つ公務員は、提案されたようにマネジメントの機会を得られることを待ち望んでいたが、幹部たちは既存の公務員制度への害が大きいと考えた部分を骨抜きにしてしまった。とはいえ、一九七〇年代初頭までにはいくつかの重要な改革が行われた。グレードの制度を合理化して専門職の行政官が昇進する可能性を高めたこと、マネジメント研修を開始したこと（新設の公務大学校がその先頭に立った）、執行エージェンシーの実験をいくつか行ったこと、マネジメント・計画・予算の説明責任を高める新たな仕組みを開始したことなどである。

フルトン委員会は、そもそも正式の付託事項も限られており（例えば、政府機構や大臣の責任については調査対象ではなかった）、その勧告の実施には身が入らなかった。その上、ホワイトホール機構の質と能率に対する懸念が強まって、公務は「時代遅れ」と言われていた。そして一九七九年にサッチャーが、既に国民の信頼を失った「大きな」政府と国家介入のシステムを官僚が支えているという偏見を抱いて政権に就くことになった。サッチャーに続いてジョン・メージャー、トニー・ブレアが取り組んだ現代化の影響が、本書のテーマとなっている。

対象とその規模

「公務員」について、正確で紛れのない法的定義というものは存在しない。よく引用される定義は、トムリン王立委員会が提案したもの、すなわち、「王の奉仕者であって、政治または司法の職に就いておらず、文民の資格で雇用され、議会が承認する予算から直接にすべての給与が支払われる者」である（Tomlin Royal Commission, 1931）。ただし、この定義では、王室も含まれることになる。実際的な定義としては、イギリスの中央政府の省庁や権限移譲を受けたスコットランド、ウェールズの行政機構にさまざまな資格で雇用されている職員が、公務員である（Greenwood *et al.*, 2002: 73参照）。

外務英連邦省の外交部門は「内国公務」とは別の存在となっており、これは一七八二年にそれまで秘書長の下にあった南北の省が内務省と外務省に再編成されて以来、ずっと同じである。正式に分離したのは、一九四三年にイギリスの対外関係を所管する部局が一つにまとめられたときであった。ウィンストン・チャーチル首相が、ただでさえ負担の大きい内閣秘書長の職にあったエドワード・ブリッジズを大蔵事務次官及び「内国」公務の長に任命したため、この分離は決定的になった。北アイルランド公務は一九二一年に「イギリス公務」から分離したが、北アイルランド省（ロンドンと北アイルランドにある）の職員は内国公務に属する（数は少なく、約一五〇人）。この省は北アイルランド担当大臣の下にあり、ホワイトホールの組織の一部となっているからである（こうした別制度や権限移譲を受けた行政機構については、第3章で詳しく検討する）。

後に示すように、何らかの比較を行う際、地方自治体の職員（教育関係を含む）、国営医療機構の職員（保健省の職員とは別）及び警察職員は、公務員に含まない。他方、エージェンシーである刑務所庁の職員は公務員である（ただし、少数ながら存在する民間運営の刑務所は別）。図序-1のグラフを見ると、公的部門の中で公務員が占める割合はわずか（一〇％）であること、公的部門自体もイギリスの雇用全体に占める割合は五分の一（二〇％）であることが分かる。近年は、公的部門でも民間部門でも雇用が増えているが、労働党政権のとった政策の結果、公的部門の伸び（一九九八～二〇〇五年にかけて一二％）は民間部門（六％）の倍となっている（Office for National Statistics, 2005: 477）。増加したのは保健、社

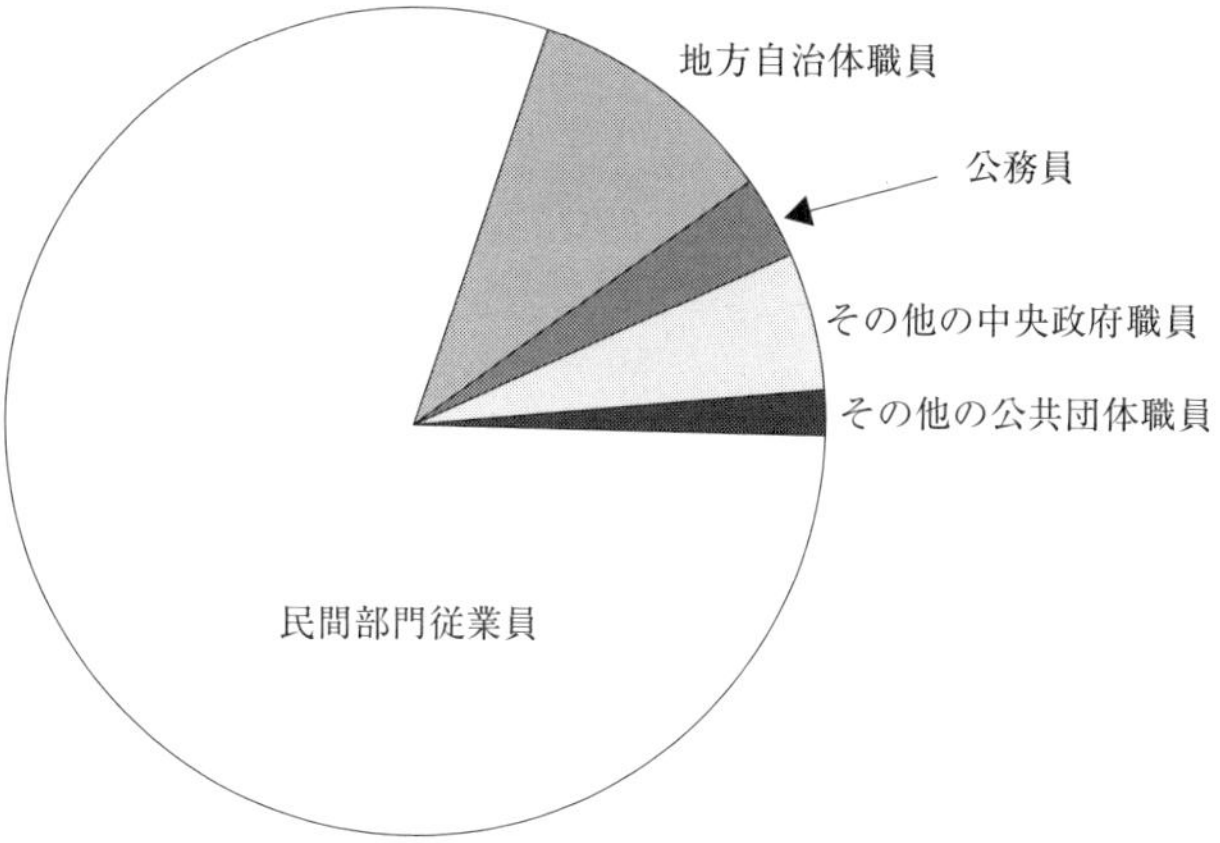

図序-1　公的部門の職員

出典：Office for National Statistics (2005: 479)掲載の2005年6月のデータ。

会福祉、教育の分野がほとんどであり、公務員が直接にサービスを実施するものではないが、その政策の検討や予算には公務員が深く関わっている。

表序-1は、全省庁の公務員数を示したものである。「総数」は被雇用者の合計数を、「常勤換算」は非常勤官職を常勤に換算し直した場合の数を指す。公務員と非公務員の境界を正確に引くことの難しさが、裁判運営局の欄の人数に表れている。ここには従前の治安判事裁判所の職員が含まれているが、前年までは地方自治体の職員とされていたからだ。政府改革によって行政組織の構成が変わるにつれ、公務員の数や、さらに言えば個々の公務員のキャリアは、絶え間なく変化している（第4章、第6章参照）。

図序-2のグラフは、二〇〇五年末時点で公務員がどの省庁に分布しているかを示すものである。全体に占める各省庁の「ウェイト」は、時とともに変わっている（第4章参照）。国防省は一九八〇年代以降最も減少幅が大きいが、これは、製造・整備業務が民営化されたこと、冷戦が終結したことによる。ブレア政権時代に増加が著しかったのは、歳入関税庁（ゴードン・ブラウン蔵相が共働き世帯の税額控除を導入したため）と内務省（移民局と刑務所庁の職員の増加）である。ただし、二〇〇七年に多数の職員が内務省から憲法事項省（ブレア政権時代の大法官府が衣替えしたもの）に移り、憲法事項省は新たに作られた法務省の一部になった。

表序-1　省庁ごとの公務員数

(2005年12月現在：人)

省庁・部局	総数	常勤換算
司法省	9,820	9,210
内閣府	1,820	1,760
内閣府付属機関	750	730
大蔵省	1,220	1,200
大蔵大臣所管のその他の部局	5,860	5,560
慈善事業委員会	540	500
憲法事項省	24,010	21,900
文化・メディア・スポーツ省	650	640
国防省	91,320	89,230
教育技能省	4,680	4,460
環境・食糧・農村省	14,210	13,560
輸出信用保証局	320	320
外務英連邦省	6,220	6,150
保健省	6,510	6,310
裁判運営局	11,980	10,990
歳入関税庁	107,810	99,690
内務省	73,700	70,930
国際開発省	1,870	1,830
北アイルランド省	160	150
副首相府	6,120	5,940
教育水準局	2,560	2,440
スコットランド行政府	16,380	15,700
保安情報部	5,110	4,900
貿易産業省	11,470	11,060
運輸省	19,390	18,390
ウェールズ議会	4,300	4,050
雇用年金省	134,210	121,610
合　　計	562,980	529,200

出典：Office for National Statistics (2006)のデータから抜粋。

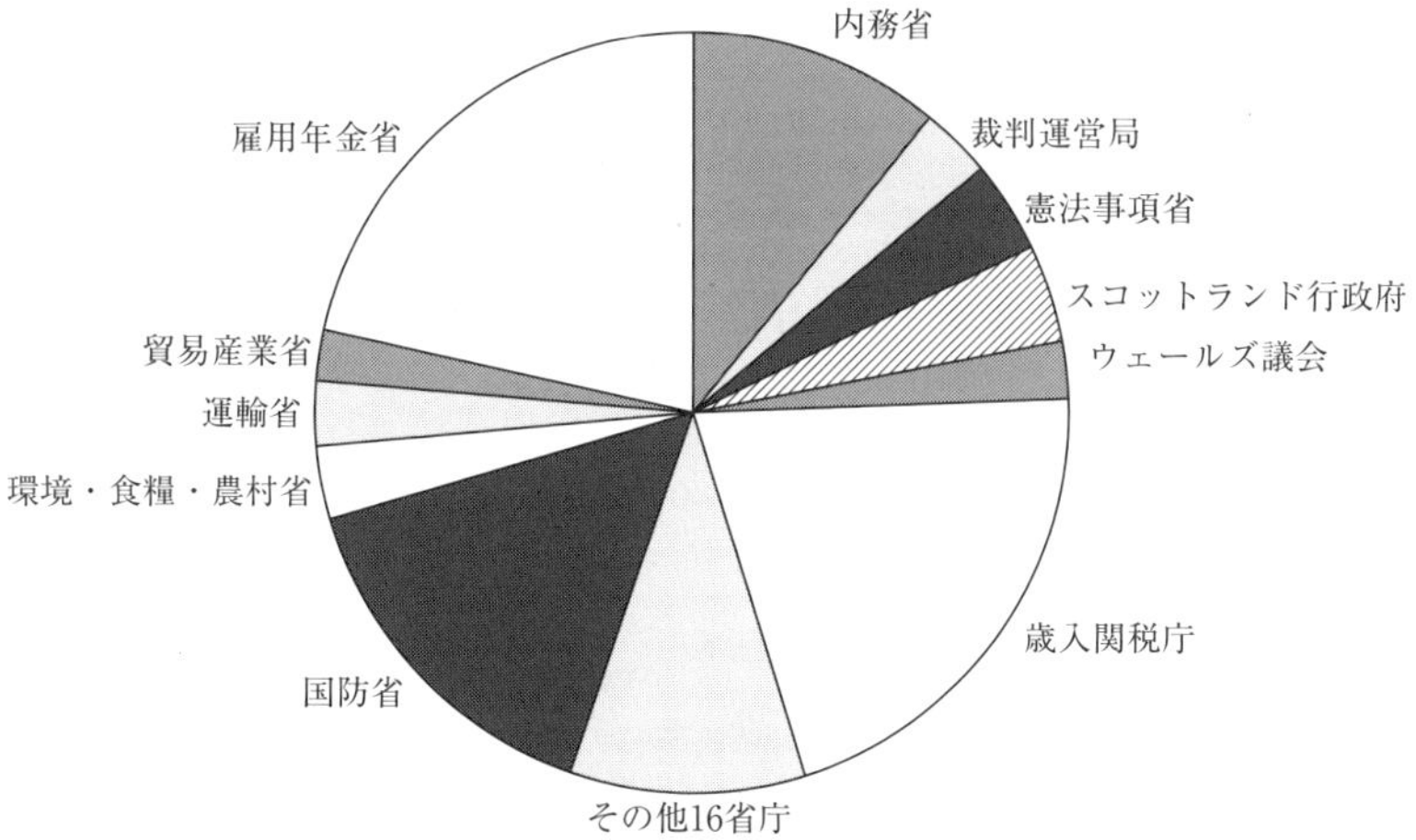

図序-2　省庁規模の比較

出典：Office for National Statistics (2006)掲載の2005年12月のデータ。

表序-2　公務の規模

（毎年4月1日現在：人）

年	総数	常勤換算
1992	588,410	587,700
1993	579,380	578,700
1994	559,400	561,410
1995	537,070	535,140
1996	514,820	514,580
1997	495,830	494,660
1998	484,210	480,930
1999	480,690	476,370
2000	497,640	486,720
2001	506,450	494,950
2002	516,040	502,780
2003	542,770	520,930
2004	554,110	534,400
2005	550,010	529,200

注：総数は，現業及び非現業の常勤・非常勤職員(任期のない者)。常勤換算(フルタイムに比した勤務時間の割合を考慮したもの)には，任期のない職員のほか，臨時職員(1年未満の契約の職員)も含まれる。

出典：1992～2004年のデータは，Cabinet Office, *Civil Service Statistics: A history of staff numbers,* www.civilservice.gov.uk/management/statistics/reports/2004/history/index.asp (2007年3月29日にアクセス); 2005年のデータは，ONS(2006)。

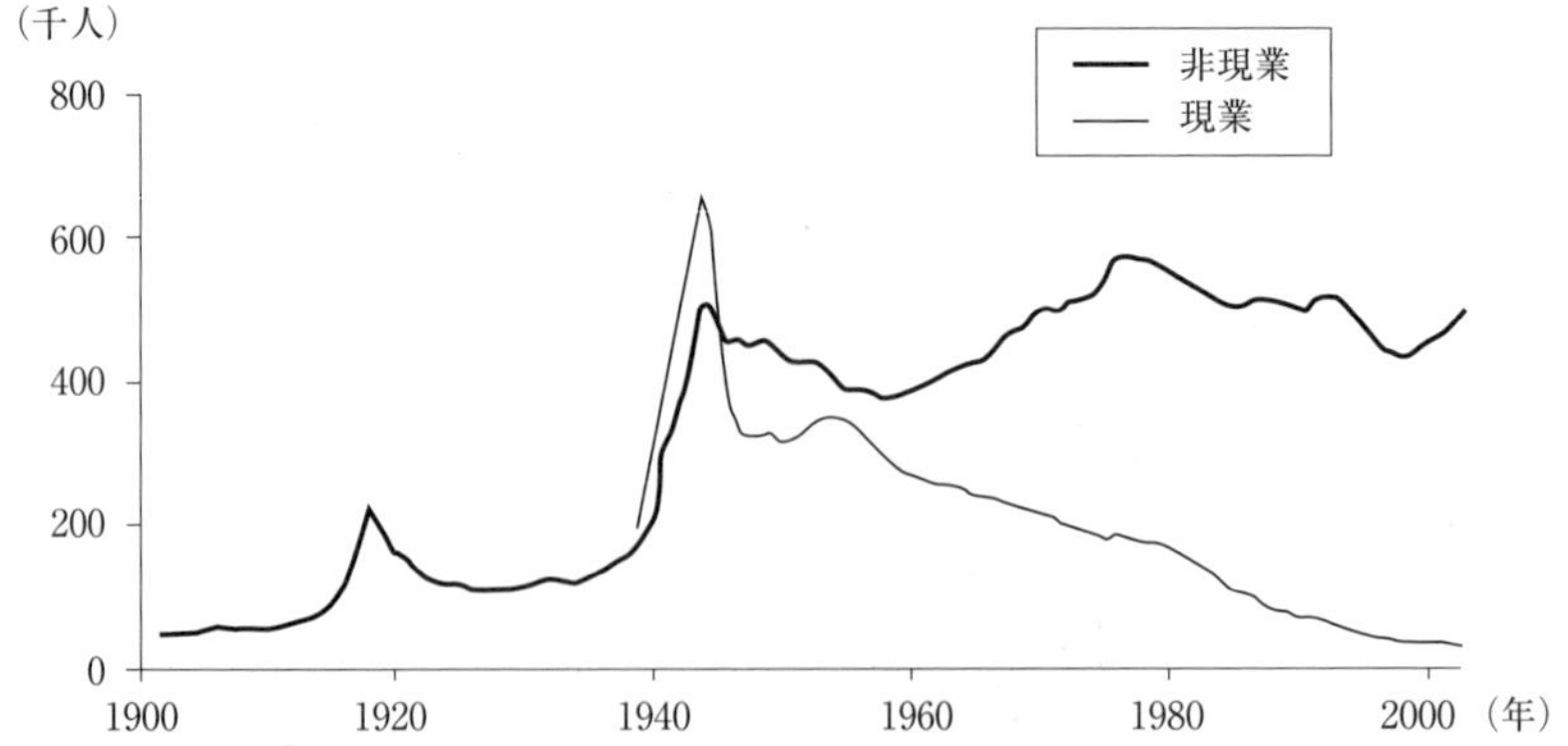

図序-3　公務員数の歴史的変化

注：この図は任期の定めのない職員（常勤換算）を示しており，郵便職員は含まない。
出典：Cabinet Office, *Civil Service Statistics*（Cabinet Office，各年。ただし 1993 年，2004 年，2005 年を除く）; HM Treasury（1993）*Civil Service Statistics 1993* : 46（HMSO）; Cabinet Office（2004）*Civil Service Statistics 2004*（内閣府ウェブサイト）; Cabinet Office（2005）*Civil Service Statistics 2005*（内閣府ウェブサイト）.

表序-2は、メージャー政権が選出された一九九二年以降の公務員数の推移を示している。全体を通じてみると公務員数が大きく変わっていないことは明らかだが、メージャー政権時代及びブレア政権の初期は毎年約三%ずつ減少し、その後二〇〇四年まで毎年約二%ずつ増加している。どの政権も、官僚組織の規模を制御しているように見せたいので、折に触れ公務員数を深く憂慮する声を上げ、「効率性」向上を謳ったり公務員の削減目標を発表したりしてきた。時には、公務員が行う業務の内容よりも公務員数の方が政治的に重視されて議論の焦点となっているように見えることもある。第4章で二〇〇四年のガーション・レビューについて分析するが、これはこの問題に対するブレア政権の取り組みである。

より幅広い歴史的観点から見ると、図序-3で分かるように、公務員の数は、社会経済に対する政府の関与が拡大するのとほぼ軌を一にして増えている（ただし、このグラフは、多数に上る郵便職員を除いたものである。これも組織再編が公務員数に影響を及ぼす例であり、郵便職員は一九六九年に公社化される以前は公務員だった）。したがって、例えば、一九世紀に国家が自由放任主義から積極国家へと徐々に変化していった頃、公務員数も、一八四〇年代初頭の一万七〇〇〇人から一八九〇年代の八万人まで変動した（以下の数字は、郵便職員を含むものである。一八六一年にグラッドストンが郵便局に貯蓄銀行の機能を持たせてから、郵便職員の数は大きく増加した)。一九〇五〜一五年の自由党政権の社会改革により、公務員数は約二八万二〇〇〇人へと倍増し、第一次世界大戦と戦間期における国家機能拡大でさらに増加した。第二次世界大戦直前の公務員総数は三七万四〇〇〇人であり、一九四五年には六七万人近くまで増えていた。アトリー政権の行った社会改革政策(国営医療機構の創設など)と主要産業の国営化により、一九五〇年代初頭には一〇〇万人を超えるまでに膨れ上がった。その後政府は断続的に公務組織の縮小に取り組んだが、その効果は一様ではない。七〇年代半ばにイギリスが賃金・物価のインフレと不況という危機のまっただ中にあるとき、公務員数は約七五万人だった。七九年からのサッチャー政権において歳出に絶えず圧力がかかるようになると、公務員数は徐々にではあるがかなり着実に減少し、六〇万人を下回った。マーガレット・サッチャーの後のジョン・メージャー政権はついに五〇万人を切ることに成功した。こうした増減の傾向は非現業と現業(「ホワイトカラー」と「ブルーカラー」)で異なり、一九六〇年(マクミラン政権)以後は特にそれが顕著である。現業部門の公務員が一九五四年以来一貫して減少している(現在はせいぜい二万人にすぎない)のに対し、非現業部門の公務員数は五〇万人前後で変動している(公務員数の歴史的趨勢に関する議論は、Hennessy, 1989, ch.1; Pyper, 1991, ch.2 参照)。

他国との比較

イギリスの公務を他国と比較するにあたって、その枠組となるいくつかの基準についてここで言及しておこう。第一の点は、憲法のあり方についてである。イギリスの公務は、政治及び政府のシステムを構成する本質的要素の一つだが、このシステムの特徴は、成文憲法がなく、文章化されていない規則や原理、慣行に沿っているという点である。先述のとおり、公務のマネジメントや作用については法令その他の多くの文書に定められているが、ブレア政権の長年にわたる取り組みにもかかわらず、いまだに公務組織の権限や義務、責任をまとめた公務員法は存在しない。これは他の自由民主主義国家の行政システムと異なっている点であり、他国においては成文憲法や緻密な法的枠組、公務員法令が存在するのが一般的である。

比較の基準となる第二点は、イギリスの公務が非党派的、恒久的、職業的な性質を持つことである。このイギリスの伝統がもっとも際立つ比較対象は米国の公務員制度であり、米国では幹部及び中堅クラスの職が政治的なパトロネージの対象になっている。フランスでも大統領または下院の選挙で交代があると多くの幹部職員が離職し、人材の無駄という批判があるほどだ。幹部職員のうち実際に上層部のポストで勤務しているのは半分で、残り半分は与党の交代を待っているという（Mény, 1992: 110）。「政治化」の影響や議論については第2章で詳しく述べる。

公務員の学歴や訓練についても、比較できる点が多い。一九六八年のフルトン報告まで遡る改革が続けられてきたにもかかわらず、今でもイギリスの幹部公務員は「リベラルアーツ」の教育を受けた者が圧倒的に多く、「専門」の訓練を受けた者は比較的少ない（第6章でこのような人材管理に関する最近の議論を扱う）。この点で違いが明らかなのは欧州（特にフランス）であり、将来公務員になる者にはグランゼコールで徹底的かつ専門性の高い訓練を施す伝統がある。もっとも、「北欧」にはイギリスと同様に「オンザジョブ」トレーニングを好む国もある。

官僚の範囲も比較の基準になる。イギリスでは、中央政府及び権限移譲を受けた自治政府の省庁とその執行エージェンシーに属する者だけが公務員である。他国（特に欧州諸国）には、国家機構のあらゆる要素（中央政府のみならず、地方自治体、教育、警察、保健、さらには一定の産業まで）が公務員に含まれる例がある。

イギリスの公務は、「ニューパブリックマネジメント（NPM）」のさまざまな要素（業績測定制度の導入、達成目標の増加、予算の移譲、首席執行官の官職の創設、業務の外部委託、「顧客本位」、サービス実施の課題設定など）を採り入れてきたが、このような経験も他国と比較できる点である。スカンジナビア諸国やイギリス、米国、カナダ、オーストラリア、ニュージーランドは、一九八〇年代から「NPM」（定義はさまざまである）への傾斜を強めており、これらの国の経験は、マネジェリアリズム（企業経営的行政）に対してより選択的で慎重に吟味する態度をとった中欧・南欧の国々と対照的である。

さらに、欧州の国々も比較の基準となり得る。欧州諸国の公務文化は憲法にしっかりした基礎があるのが一般的で（また公務員の仕事は法律案の策定と法令の施行にかなり限られている）、イギリスに（そして議論はあるものの米国にも）見られるような、政策とサービス実施がはるかに重視される公務文化とは明らかに異なっている。

他国との比較を用いて公務を分析する研究は急速に広がりを見せており、イギリス公務の特質に新たな光を当てるものとなるかもしれない（例えば、Zifcak, 1994; Bekke *et al.*, 1996; Flynn and Strehl, 1996; Verheijen, 1999; Bekke and van der Meer, 2000; Burns and Bowornwathana, 2001 参照）。

本書について

以上、我々が検討の対象とする範囲を明らかにしてきたので、ここで本書そのものについても説明しておこう。もちろん、「現代化」というのは確立された概念ではなく、正確な意味ははっきりしていない。一九九七年以降の労働党政権は、さまざまな改革計画や立法政策を一つにまとめるテーマとして「現代化」という言葉を用いた。第1章では、公務の現代化の性質と程度について、いくつかの重要な議論を紹介し、ホワイトホール・モデルの構成要素を見ていく。ホワイトホール・モデルの支持者は、現在このモデルが組織の断片化や民営化、権限移譲といった力に押され、有力でなくなりつつあると考えている。他方、「ホワイトホール」は実は伝統的に考えられていたほど同質性の高いものではなかったという主張もある。公務はむしろ断片化しており、さまざまな「アクター」や利害のネットワークと付き合う必要があったのだという（「ガバナンス」、中央政府の「空洞化」という理論。「政府《ガバメント》」による直接的、階統的な統制という考え方とは対照的である）。さらに別の主張によれば、現代化として行われること（マネジメント改革、権限移譲、サービス実施や業績の重視、利用者満足度への関心、人事の施策や慣行における多様性など）は「衰退」面を補うだけのプラスの効果を生み出しており、これまで進化し続けてきた公務がまた新たな段階に入っただけではないか、という。この章では、近年の公務の進展に関するこれら三つの見方（「衰退」、「空洞化、ネットワーク、ガバナンス」、「現代化すなわち進歩」）を、それぞれの支持者の立場から説明する。どれも、公務に関する疑問のすべてに答えるものではなく（支持者もそうは言っていない）、いくつかの面に着目して答えを出す一方で事実に合わないと思われる部分もある。したがって、後の章では、こうした見方を使い分けながら問題の解明、解釈に取り組み、最後に、公務に対するそれぞれの見方についての妥当性を評価してみたい。

第2章は、政府の中心を占めている政策の問題とそのプロセスについて検討する。政策形成における公務の役割がどう変化しているか、公務員にとって「政治化」がいかに深刻な問題となっているか、ホワイトホールに省庁や部局が林立する中で公務がどのような役割を果たしているか、といったことを取り上げる。伝統的に幹部公務員が政策顧問の役割を担ってきたことを明らかにし、その役割が、(1)保守党政権が長く続き幹部公務員の「物の見方」が狭くなったと言われること、(2)シンクタンクや特別政策顧問、(3)新労働党政権の下で特別顧問やスピン・ドクター（広報コンサルタント）が大量に流れ込んだこと、によってどれほど脅かされ、そしておそらくは衰えてきたかを考えていく。

第3章では、多層的ガバナンスや統治機構の分化が公務に与えた影響について検討する。ホワイトホール、ブリュッセル、エジンバラ、カーディフというさまざまなレベルで「公務」のネットワークが生まれていることを明らかにし、分析する。「多層的民主主義」の登場によって生まれた問題と新たな可能性を、「バルカン化」のおそれと対比しながら示していく。システムが多様化し、政策業務のあり方が変わったり、説明責任を果たす仕組みが区々になったりする中で、公務の統一性は維持できるのか。エジンバラやカーディフ、ブリュッセルの公務が直面している新たな現実は、どこまでホワイトホールにも当てはまるのか。この章では、一元的な主権国家から、権限移譲を行い欧州連合（EU）にも加盟した国家へと憲法体制が変化したことで、公務がどのような影響を受けたかを検討していく。議論の枠組となるのは、二つの対照的なモデル、すなわち中央集権的な憲法概念に合致するとともにその支えにもなっていた統一的公務のモデル（ホワイトホール・モデル）と、半連邦的なシステムにおける複雑な政策形成、実施、説明責任のモデル（多層的ガバナンス・モデル）である。

第4章のテーマは、公務の再編と、その目的である効率性、大臣の統制、サービス実施の向上との関係である。この章では、公務の再編と公務内外の境界の見直しを取り上げるが、これらの目的は、(1)コスト面の効率を高めること、(2)公務員の行っていることを大臣がおおむね理解し、政策の方向性を制御できる一方で、日常業務の些事には煩わされないようにすること、(3)専門的な執行エージェンシーや民営化会社、公益事業者にサービス業務の実施を委ねることによってその向上を図ることである。ウィルソン、ヒース両政権もこうした問題に取り組んだが、サッチャー、メージャー、そしてブレアとそれぞれ長く続いた政権は、矢継ぎ早に「イニシアチブ」を打ち出した。この章では、次のような大きな改革について詳しく見ていく。サッチャー政権では、効率性審査、財務管理イニシアチブ（Financial Management Initiative）、『ネクストステップ』報告とその後のエージェンシーの経験、メージャー政権では『市民憲章』、民営化、ＰＦＩ（Private Finance Initiative）、そしてブレア政権では官民連携（Public Private Partnership）、サービス第一、ガーションの効率性向上施策、ゴードン・ブラウンの進めた公共サービス協定（Public Service Agreement）と公共支出レビュー（Public Expenditure Review）である。保守党でも新労働党でも、公務の細分化とサービス実施部門への権限移譲という二つのテーマは共通しており、このことが、国家が空洞化してきたのか、それとも一元的なホワイトホール・モデルは健在でむしろ有効性が高まってきたのか、という問いにつながっている。

公務の現代化に伴い、説明責任や情報公開、開かれた政府の仕組みも変化し、それによる課題や影響に対応する必要が生じている。第5章ではこうした問題を分析する。「ホワイトホール型」伝統による公務の内外への説明責任、エージェンシー枠組文書による「マネジメント面の」統制、市民憲章による「消費者主義の」説明責任について、それぞれ見ていく。「多層的ガバナンス」（スコットランド、ウェールズにおいては二〇〇〇年、スコットランドにおいては二〇〇二年）のように国民一人ひとりに対して直接説明責任を果たす新しい仕組みによって、説明責任の概念はどのような影響を受けたのだろうか。イギリスには伝統的に大臣と公務員の間で秘密を守るという慣行があり、説明責任や情報公開、開かれた政府はいずれもこの慣行によって制約を受けている。変革に賛成又は反対する勢力としての公務員の役割や、情報公開の拡大が公務の機能にどのような影響を与えたかを考えていく。アームストロング・メモ（や、その中で『公務員規範』に取り込まれた部分）、一九八九年の国家機密保護法、メージャー政権からブレア政権にかけての情報公開の取り組みについて、公務に関わる面を分析する。ウェストミンスターとエジンバラ及びカーディフでは事情も異なっている。ここでは、事例として、この分野のさまざまな有名事件（ポンティングの訴追、イラクへの武器輸出に関するスコット調査、ホワイトホールの意思決定について明らかにしたハットン調査など）を取り上げる。実務の取り扱いを知るには、開かれた政府に関する正式の規定を参照するより、実際の決定が予期せぬ結果を引き起こした例を見る方が役に立つということが分かるだろう。

第6章で扱うのは、現代化の人的・組織的な面である。給与、採用、昇進、研修・育成、勤務条件をめぐる重要なテーマ、議論を検討するほか、公務の役割、マネジメント、将来の方向性に現代化がどのような影響を与えるかについても考えていく。ホワイトホールの一元的モデルに関係するおなじみの論点としては、政策に関わる幹部公務員の選抜、研修、昇進があるが、これらに加えて、すべての階層の公務員の採用、研修、マネジメント、組織、勤務環境についても考察する。これらは「ニューパブリックマネジメント」においてクローズアップされる点である。顧客重視の上質なサービスを提供するには、エージェンシーの組織やマネジメントはどうあるべきか。利用者、達成目標、官民連携による資本調達のシステム、公益事業者といったものとうまく付き合うためには、どのような能力が必要になるのか。エージェンシーの設立・統合（ジョブセンタープラスなど）・民営化や、すっかり「定着」したホワイトホール・モデルの人事政策に対する攻撃（業績給の導入、インフレ対応の年金や早期退職優遇の廃止に向けた動きなど）に、公務員、特に職員団体はどのように反応してきたのか。

最終章では、これまでの公務の進展をさまざまな組織理論・モデルであらゆる面から検討してきたことを踏まえて、イギリスの公務が今後どうなっていくかを考察する。公務はイギリスの統治機構の中心要素であり、その現在の動きと将来の方向性を理解するにあたってとり得る分析的・概念的な立場は非常に幅広い。しかし、本書のタイトルがはっきり示すように、我々としては、イギリスの公務を説明し、分析する上で最も有用なのは「現代化」という見方であると信じている。

第1章　公務の「衰退」と「現代化」

公務組織の淵源は随所にあるが、その基本的な形は一八五四年のノースコート＝トレベリアン報告によって作られ、その特質の少なくとも一部は二一世紀初頭まで引き継がれている。しかし同時に、組織構造やマネジメントに関する一連の大きな改革も公務に影響を与えており、これらの改革は、一九八〇年代、九〇年代に始まって今世紀はさらに拡大している。この現代化と変革の過程でイギリスの公務がどれだけプラス方向に、あるいはマイナス方向に変わったのかということが、本書の取り組む根本的な問いである。この問いに関しては、イギリス公務の仕組みの分析や論評を行う人々の間で、まったく異なるいくつかの立場がある。そうした幅があること自体、学問的な意味以上の重要性を有する。なぜなら、現在の公務がどのような状態にあり将来どうなっていく（べき）かについての立場の違いは、改革を目指す現実の取り組みにも、公務組織における自らの役割を理解して果たしていこうとする公務員の姿勢にも、影響を及ぼすからだ。

このことを評価するために、まず本章で公務の衰退と現代化に関して鍵となるいくつかの見方について主な特色を見た上で、次章から、これらの見方に照らして公務の変化を解釈していくことにしよう。公務の一定の側面に注目して、あるいは官僚制一般について提唱されてきた理論は他にもあり、後の章で必要に応じて取り上げていく。しかし、イギリス公務や公務と憲法・政治との関係を考える上で特に重要なのは、これから説明する三つの対照的な見方である。これらは、理論として、モデルとして、あるいはより直接的にイギリス公務を説明するものとしてよく登場するが、それぞれ、支持材料もあれば、説明しきれない矛盾点も抱えている。

1　ホワイトホール・モデルと衰退説

ホワイトホール・モデルは、イギリスの中央官僚制の機能や大臣及び議会との関係を理解するための分析手段として最もよく知られたものである。現在でも、公務の基礎となった組織原理、さらには倫理的な原理を理解する手引きとしての有用性は最も高い。これを規範的な理想像とする識者は多いし、幹部公務員にもそういう者が見られる。つまり、彼らにとってこのモデルは、イギリスの公務組織がどのように運営されるべきかを示すものであり、公務員が——もちろんその政治的上司である大臣も——目指すべき姿を示すものでもある。そして、一部の見方によれば、「伝統的」な公務、特に一九八〇年代及び九〇年代の保守党政権の政策によって（彼らに言わせれば）攻撃され衰退し始める前の公務の一般的な記述としても優れているという。九〇年代まで、ホワイトホール・モデルが現代の公務組織に合致していないと指摘する反対意見は常にあったものの、このモデルはイギリス公務を一般的に説明する最有力な立場であった。

ホワイトホール・モデルは、憲法政治体系に関するウェストミンスター・モデルとともに論じられるのが普通であり、このウェストミンスター・モデルは、イギリスの議会、内閣、国務大臣・首相制の手続及び作用を理解するための基本的な枠組である。もっとも、実態を正確に表すものというよりは、どのような点を見るべきか示すものと考えた方がよい（Rhodes, 1997: 4）。ホワイトホール・モデルもウェストミンスター・モデルも、大英帝国の急成長時代に盛んに「輸出」され、前者はカナダ、オーストラリア、インド、ニュージーランドにおいて公務員制度の基礎になった。ただし、憲法、政治の面でウェストミンスター・モデルをそのまま採り入れなかった国があるように、官僚制についても、後に大幅な変更を行ってホワイトホール・モデルの特徴から乖離した国もある。ホワイトホール・モデルにおける公務と政治との関係はウェストミンスター・モデルに依るところが非常に大きいので、まずはウェストミンスター・モデルとそれを支える社会的・文化的特性について検討し、それからホワイトホール・モデルに移ることにしよう。

ありがちなことだが、ウェストミンスター・モデルも、対極的なものと対比させると定義しやすい。レイプハルト

(Lijphart, 1984) は、ウェストミンスター・モデルの民主主義といわゆる「コンセンサス型」「多極共存型」の民主主義を対比させ、古典的な分類を行っている。後者は、さまざまな集団が権力を分け合う仕組みが発展してきた平和的な多文化社会に見られるものである。表1-1は、両モデルの主な特徴を示している。「イギリスの政治は、ウェストミンスター・モデルの原型かつ最も有名な例である」(Ibid.: 5) が、今日、(また、これまでも) 必ずしも完璧な例である (あった) わけではない。同様に、スイスは「コンセンサス・モデル」の標準的な例ではあるが、やはりモデルに合致しない点はある (Klöti, 2001 参照)。これら二つの「理想型」の特徴はすべて密接に結びついているため、どれが原因でどれが結果か特定しがたいが、表1-1にはレイプハルト (op cit: 4-30) の挙げる順に九つの特徴を掲げている。

ウェストミンスター・モデルの特徴としてレイプハルトが第一に「**執行権の集中**」を挙げているのは的を射ていると思われる。イギリスの場合、執行権は単独政党が作る内閣の手にあり、通常 (小規模の第三党が存在するため) ぎりぎりで過半数の議席を得た政党の指導者が組閣する。他方、スイスの連邦内閣のポストは、非公式に存在する「魔法の公式」によって必ず四政党と三言語圏で分け合うことになっている。

第二の大きな特徴は、「**政府と議会の関係**」である。ウェストミンスターの制度においては、内閣の構成員は国会議員でもあり、他の議員と同じ選挙で選出されている。イギリスの場合、閣僚の中には貴族院議員もいる (そして、それだけのために貴族に叙されている) ので、この点で何とウェストミンスターはウェストミンスター・モデルに反する。政府は議会に対して責任を負うのが原則である。つまり、議会過半数の支持がなければ内閣は存続できない。しかし実際には、議員にとっては所属政党が与党の座にあることが必要かつ望ましいため、政府は議会や立法過程に対して優位な立場にあり、説明責任も弱い。これと最も対照的なのは大統領制である。米国がその典型であり、大統領は議員とは別に選出され、自由に閣僚を任命する。しかし、大統領は議会を解散することはできず、議会は大統領の政策に反対する場合に拒否権を行使できる。スイスの制度は両方の要素を併せ持っており、連邦内閣の閣僚を四年の任期で選出するのは議員だが、連邦内閣の提出した法案が議会を通過しなくても議会が閣僚を辞めさせることはできない。政府と議会の関係はウェストミンスターの制度に比べてバランスがとれている。スイスにおいては、執行権は内部的にもバランスが

表1－1　議会制民主主義のウェストミンスター・モデル

ウェストミンスター・モデル （多数決型民主主義）	コンセンサス・モデル （多元主義型民主主義）
・執行権は，ぎりぎりで過半数の議席を得た単独政党の内閣に集中する。	・執行権は，議席を得た主要政党が分け合う。
・内閣は国会議員で構成され，議会に対して責任を負うのが原則だが，実際には議会に対し優位に立つ。	・内閣と議会は，公式にも非公式にも別個で独立した関係にある。
・議会は，一院制または二院制で二院のうち選挙により多数党が選ばれる一院が力を持つ。	・議会は二院制で，対等の力を持ち，少なくとも一院はマイノリティに強い発言力を与えている。
・二大政党制で，時によりどちらかが議席の過半数を占める。	・多党制で，一党のみが議会で過半数を占めることはない。
・社会の同質性が高く，あるいは単一の文化が優勢を占めて，対立軸が1つ（通常は社会経済的なもの）しかないことが，政党制の背景にある。	・社会が文化的に分裂し，複数の対立軸（社会経済・言語・宗教・地域）があることが，政党制に反映されている。
・単純多数主義（多数票方式）の選挙制で，各議席は最多票を得た候補者が獲得する――「勝者総取り」。	・比例代表制で，各党の得票に応じて議席が分配される――「公平な分配」。
・意思決定が一元的で中央集権化しており，地方政府の力は弱い。	・国家と地方ないし文化共同体の間で権限を分け合っている。
・議会が主権を有し，議会多数派の力を制約する成文憲法はない。	・成文憲法があり，憲法で定められた権力配分の変更をマイノリティが阻止できる。
・代表制民主主義は，議会によってのみ行使される。	・大衆主導の頻繁なレファレンダムを通じて直接民主主義が行われる。

出典：レイプハルト（Lijphart，1984: 4-36）の考え方に基づいて作成。

とれており、大統領は連邦会議の中から一年限りの任期で選ばれ、イギリスの首相に想定された「同輩中の首席」を体現している（もっとも、イギリスにも、アトリーやメージャーのように、サッチャーやブレアに比べて平等主義の首相もいたが）。「スイスの政府には、政策決定権を持つ最高権力者はいない」（Klöti, 2001: 27）。

第三の大きな特徴は、「**議会内の権力バランス**」である。ウェストミンスター制度の国々は、通常、イギリスに倣って二院制（イギリスで言えば庶民院と貴族院）をとって一方の権限を他方よりかなり弱くしているか、そもそも一院しかない（例えば、ニュージーランド）制度をとっている。コンセンサス型の制度では、マイノリティ（例えば、規模の小さい地域）の利害も意思決定に十分反映されるよう、二院を対等にし、一方の院の選挙では多くの議席を得られないマイノリティの意見が他方の院で代表される仕組みにしている。スイスや米国のような連邦制の国では、全州議会（または上院）では小規模地域にも大規模地域と対等の力を与えている一方、国民議会（または下院）は国民全体が選ぶ。

第四の違いは「**政党制**」である。実際のウェストミンスターの政治制度は一九世紀後半から二〇世紀の間にできあがったが、その中心となったのは、強固に組織化されていった二大政党のうち一方が与党に、他方が野党になる（「女王陛下の政府」と「女王陛下の忠実な野党」）という政党制である。単独政党による組閣は、ウェストミンスター・モデルにおける二大政党制や議会の従属性とは、互いに強化しあう関係にある。与党の指導者が（連立与党の指導者とは異なり）閣僚ポストを約束したり造反のおそれについて警告したりできるからだ。過半数を占める政党が存在しない多党制モデルにおいては、政府が法案を通すために二党以上の同意を必要とするので、そうした合意形成型民主主義国家の閣僚は、イギリスで増えてきているように早々に議会に政策を上げて決めてしまうのではなく、長い時間をかけてあらゆる関係者と交渉しようとする。

〔第五に〕政党制の違いは「**社会構造**」の違いを反映している部分が大きい。高度に産業化の進んだ社会で比較的同質性が高い場合、つまり（政治学的に言えば）文化的に大きな差異がなく資本と労働（右派と左派）という社会経済的な対立軸しかない場合には、二大政党制になりやすい。もちろん、イギリスのように産業化の進んだ社会でも往々にして他の政治的対立軸が表面化する（例えば、環境問題や、自由主義か権利保護重視かという問題）とか、本来的には対立がある（例えば、地域や宗教）のに多数決主義の構造によって人為的に抑圧又は無視されているという主張もあるかもしれない。それでも、イギリスにおける文化的な差異は、宗教や言語をめぐる複数の対立軸が存在するスイスやベルギーに比べれば取るに足りない。スイスでは、連邦会議の閣僚に選ばれるには政党、言語、地域、性別の基準を満たさねばならないし、ベルギーでは、フランス語を母語とする社会主義者とフラマン語を母語とする社会主義者が連合して一つの政党を作ることはできない。

第六に、両モデルに典型的な「**選挙制度**」も対照的であり、これらは、民主主義の見方に関する文化の違いを反映したものであると同時に、政党制の違いを維持する要因でもある。「多数決主義」（勝者総取り）のウェストミンスター型民主主義においては、小選挙区制度をとるので、大部分の選挙区で首位となった政党が国全体での得票割合より多くの議席を獲得する。そのため、明確な多数派となる党が出て単独で政権を取る可能性が高くなる（二〇〇五年に労働党がせいぜい三分の一程度の得票で単独与党となったのはその例である）。そうなると、各議席を獲得するには勢力が集まっていた方が有利なので、二つのまとまった「包括的」政党が発達することになる。これに対して、コンセンサス型の国々では比例代表制をとっており、社会の多様な集団の勢力が公平に反映されるが、小さな政党が選挙に出続けることになりやすい。そのため比例代表制をとると多党制になり連立政権になりやすいのだが、コンセンサス型民主主義においては、たとえ過半数を占める党が出ても、権力を分け合うことを選んで他党からも数名の閣僚を任命することがある。

〔第七に〕ウェストミンスター型の制度は「**一元的**」である。つまり権力が一つの政府に集中しており、二層に分かれた組織の各々が一定範囲で法律を作れるという仕組みではない。後者の典型的な例は連邦政府と州政府がある米国だが、スイスやオーストラリア、ドイツもこちらに属する。加えて、イギリスでは、市町村が一九三〇年代から一貫して権限や力を失い、弱くなってきている。九九年にスコットランドにかなりの権限が移譲された（またウェールズや北アイルランドも力をつけてきている）が、はたして、イギリスは「少し連邦的」になりつつあって、公務にもその影響が及ぶ可能性があると言えるだろうか。公式には、イギリスは今でも一元的な国家である。ウェストミンスターの議会は主権者としての決定権を手放していないからだ。実際上は、スコットランドとウェールズへの権限移譲が進むほど、それが撤回される可能性は低いように思われる。しかし、半世紀にわたって続いていたストーモントの北アイルランド議会は、一九七二年にウェストミンスターの議会によって停止されている。

したがって、〔第八に〕コンセンサス型民主主義の権力分担制度が維持されるには、権力の配分を定める正式の「**成文憲法**」が不可欠である。憲法に書かれた規定は、憲法裁判所や議会の特別の投票規則などの仕組みで保護されねばならない。ウェストミンスター制度の国では、イギリスを除けばほとんど憲法が施行されているが、ニュージーランドの一九五二年基本法は、無制限の議会主権を中心原理に据えている点でイギリスの憲法の仕組みと似通っていた（Lijphart. 1984: 19）。ウェストミンスター・モデルにおいては、あらゆる議会制定法は、単純多数決で成立する別の議会制定法によって覆すことができる。成文憲法の解釈を判事に委ねるよりも議会が主権を持つ方がより民主的だというのがイギリスの政治家の言い分である。政府制度の変更も、議会の特別多数による議決や、スイスのような国民と州の「二つの過半数」による議決を必要としないので、改革が容易である。しかし、逆に言えば権限移譲を受けた自治政府や公務員の権利（団結権など）も、憲法に記されていない以上、容易に奪われ得るということでもある。

最後に、他の点ほど明確ではないが、大衆レファレンダム（市民の発議によるレファレンダム）という形の「**直接民主主義**」の扱いも、ウェストミンスター・モデルとコンセンサス・モデルの違いと言えるだろう。イギリスでは、議会主権の原理によってレファレンダムの使用は制限されており、ほとんどの議員は、さまざまな議論に耳を傾けて国民のために決定するのは自分たちだという強い自負を持っている。これに対してスイスはレファレンダムを頻繁に用いることで知られており、（政府が別の提案をすることができるとはいえ）レファレンダムには意思決定の効力がある。ただ、レファレンダムとコンセンサス・モデルを結びつけることには「理論」面からの反論がある。全政党が反対している問題についてマイノリティが大衆レファレンダムで勝利を収めることがあり得るからだ。また「経験」面からの反論もあり、ニュージーランドは他の点ではウェストミンスター型民主主義なのに比較的頻繁にレファレンダムを行うし、ベルギーのようにコンセンサス型民主主義でもレファレンダムを行わない国も存在する。それでも、イギリスの議会内に、（地域の問題ではなく）「国家」の問題についてレファレンダムに役目を取られることへの抵抗があるのは、イギリスの政治制度が中央集権的で強い統制力を有することを端的に表しているように思われる。スイスをはじめコンセンサス型民主主義の国が、分権化されていて交渉で物事を決めるのとは、対照的である。

ウェストミンスター・モデルがもたらした憲法原理と慣行は、イギリスの統治制度の基礎となったようである。ホワイトホール・モデルの土台は一八五四年のノースコート＝トレベリアン報告以後築かれてきたものだが、ウェストミンスター・モデルの議会制民主主義がイギリスで確立したのはそれより先のことだ（本書序章及び巻末年表の（I）参照）。フランスでは議会制民主主義より先に形成された官僚制が今日まで続き、政治家からほとんど独立した存在として政府の失敗を補い「公益のために」活動することがあるが、イギリス公務はこれとは異なり、常に政治制度によって設定された枠の中で発達してきた。それゆえ、大臣の責務や行為に関する憲法慣行は（実際に守られるかどうかはともかくとし

資料1－1　ホワイトホール・モデル：公務の特質

・中立を旨とする，専門的・職業的な公務。
・ジェネラリストを採用して「部内」で育成。
・昇進は成績主義で，主として内部から行われる。
・公務員の説明責任は大臣の説明責任の原理に基づく。
・公務員は「無名」で，人格を持たない。
・専門家としての政策助言機能を独占し，大臣が議会においてうまく役割を果たせるように支える。
・大臣が連帯して同意した政策を，公務が実施する。
・相互調整を行い，一元的な組織として活動する。
・機能ごとに編成された階層制組織（省庁）によって政策を実施する。

て）必ず公務員の役割や義務と相互に影響を与え合ってきた。こうして作り出されたイギリス公務の運営原理に関する慣行は、（次章で詳しく見るように）現在でも大臣や公務員の行為に関する成文規範に組み込まれている。

大臣に関する次の二つの慣行は、ホワイトホール・モデルにおける公務員の慣行にも重要な意味を持つ。

・省庁の大臣は、それぞれ、当該省庁の業務及び所属職員の活動に関し、法律上の説明責任及び議会に対する説明責任を負う。
・大臣は、内閣の決定及び政府の取る行動に関し、議会に対して連帯して責任を負う。政府を公に支持しない場合には辞職しなければならない。

公務員側から見れば、ノースコート＝トレベリアン報告において示された能率的公務の確立という原理に加えて、このような大臣の原理が、ホワイトホール・モデルにおける公務の重要な特質をもたらしている（資料1－1参照）。このモデルは、一九世紀の改革者たちが目指した（そして二〇世紀前半の公務員や公務の専門家の認識では現に成就した）ものであり、以下のように説明できる。

まず、公務は非政治的なものとされる。恒久的、職業的な公務員制度の原理がある以上、どのような政治信念を持つ政権にも中立に仕えなければならないからだ。採用、昇進の制度においては、成績主義を明確にするものとされる。採用は公開競争を通じて行われ、将来的に最高幹部までつながる職に採用するために全国共通の試験が行われる。昇進の機会は最も優秀な候補者に与えられる。職業公務員制をとるので、候補者は一般に若い年齢で採用される。イギリスでは、公務部門だけでなく民間企業でも、一般教育を終えてすぐに採用され、仕事に必要な知識は「オンザジョブ（仕事を通じて）」あるいは「部内で」身につけるのが普通である。一握りの専門家を除けば、ほとんどの公務員にとって必要なのは幅広いポストで役立つ一般的な行政能力である。幹部ポストへの任用、昇進は、主に公務部内で行われ、「外部」の候補者が応募する機会は、異常事態（例えば、戦時中であった一九一四～一八年及び三九～四五年のような国家の非常事態）の際を除けば比較的少ない。

公務員の説明責任は、大臣責任の原理によって入念に制限されていた。公務員は他の市民と同様に遵法義務は有するものの、省庁の業務に責任を負うのは公務員ではなく大臣であり、政策やその実施の失敗については（あるいは成功についても）大臣が議会に対する説明責任を負っていた。公務員はこのような議会への説明責任の枠組の中で働いており、何かあれば大臣が議会や法廷、メディアの質問に答えなければならないことを承知していた。そのため、記録を保管し、決定を下す前には上司に、場合によっては大臣にまで確認するという、秩序だった官僚的なやり方で仕事をする必要があった。これは、単純に言えば、公務員から大臣に、そこから議会へと説明責任のラインが延びているということである。大多数の公務員にとっては、自分の仕事についての説明責任は、省内の上司に、そして究極的には大臣に対するものではあっても、議会に、ましてや国民に対するものとは考えられなかった（各省の会計官――通常は事務次官――が下院決算委員会に対して説明責任を負うのはその重要な例外である）。

各大臣が責任を負うという原理の帰結として、公務員は「無名」あるいは「匿名」とされ、注目を浴びる大臣の後ろに控えている存在だった。大臣は公務員の行動について公に責任を負うが、公務員の方でも、次に着任する大臣に信頼されなくなったり社会一般の信頼を失ったりするような決定やリスクから自ら距離を置かねばならなかった。こうした態度が特に必要だったのは、ホワイトホールの省庁上層部で大臣に専門家としての政策助言を（事実上唯一の助言者として）行ったり、大臣が議会で職責を果たすための補佐をしたりする少数の幹部職員である。この役割は、ノースコート＝トレベリアン報告に由来するものではなく（同報告は効率的な官僚組織を作ることに主眼を置いていた）はるか昔から、つまり公務員が王に、後には大臣に最も近い腹心の助言者であった（秘密を知る「秘書」だった）頃から続くものである

（本書序章及び巻末年表（Ⅰ）参照）。公務員にとっては両義的な役割――政治性に配慮した助言を行うが、「中立」という名声は失わないようにする――であり、現在仕える大臣と次に来たるべき大臣の両方を満足させるのは難しい（次章参照）が、ホワイトホール・モデルの重要な要素の一つである。

ホワイトホール・モデルという観点から分析していると、往々にして、大多数の公務員が何らかの形で携わっている省庁運営や政策の実施、サービス提供の業務に比べて、ごく少数の公務員が行っている政策助言の役割が強調されすぎるように見える。その理由の一つは、第二次世界大戦までは中央政府が直接実施する公共サービスが限られていた（都市自治体や、地区委員会、教会、その他のボランティア団体が大部分を担っていた）ことにある。いずれにせよ、大臣の決定した政策を実施することが公務員の果たす主要な機能の一つであることは間違いない。ホワイトホール・モデルは――実はノースコート＝トレベリアン報告もそうだが――内閣または大臣の連帯責任の原理の帰結として、公務が一元的な性質を有することを重視している。この性質があるために、省庁間の人材交流をはじめとする省庁間調整の仕組みを通じて、各省庁が非効率に動いたり互いに衝突や「縄張り争い」をしたりすることなく、官僚組織全体としての対応が可能になっている。

省庁は、ホワイトホール・モデルにおける公務の基本的編成単位である。この伝統的な階層制組織は、成績主義によって職員を系統的に昇進させなければならない職業官僚制によく適合し、また、下位の職員から上位の職員へ、そして大臣へ、議会へと説明責任が連綿とつながっていく仕組みにもよく合っている。省庁は昔から現在に至るまでホワイトホールの中心部に位置している（図1-1参照）が、それは、かつて大臣は頻繁に閣議で集まり、ほぼ毎日議会に出席して議員の質問に答えていたからである（その慣行がなくなったのはやっと二〇世紀半ばのことである）。公務の拡大に合わせて、また戦争や戦後の地方計画、ロンドンの混雑緩和といった理由もあって、地方出先機関が作られた。「地方」担当省（一九世紀後半からのスコットランド省、一九六〇年代半ばからのウェールズ省、七〇年代初頭からの北アイルランド省）は例外として、省庁組織は、機能に応じて――すなわち貿易、教育、保健、国防など特定の政策分野ごとに――作られた。公務をめぐる議論が、絶えず大臣や議会に関わる政策の問題に集中しがちであるということは、「ホワイトホール」と

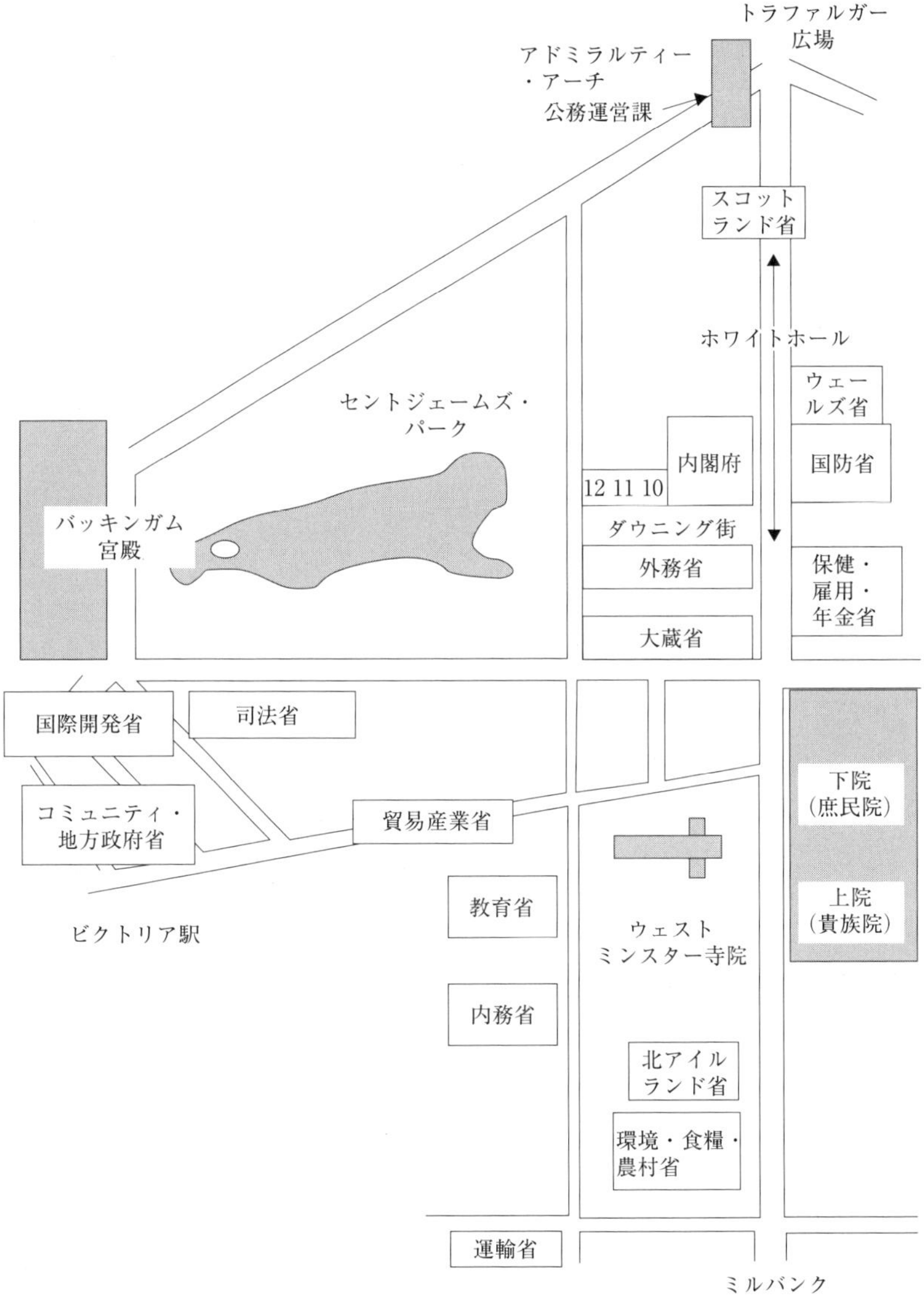

図1－1　ホワイトホール概略図（2007年時点）

いう言葉やホワイトホール・モデルの前提が今後も、少なくともそうした議論においては意味を持ち続けるということである。しかし、稀に官庁でストライキが起こってメディアの関心がサービス実施面に向いたときのように、公務の活動のほとんどが実は（ホワイトホールどころか）大ロンドンの外で行われていることが時に明らかになると、ホワイトホール・モデルが二一世紀の公務にどれだけ妥当するのかという問いが提起される。

ホワイトホール・モデルが公務一般を正しく説明していると考え、その意味についても模範として積極的に支持する人々は多かった。そうした人々は、一九八〇年代及び九〇年代の公務改革（特にサッチャー政権、メージャー政権下で行われた組織及びマネジメントの改革）がこのモデルの中心的な要素に与える影響を憂慮するようになった。リチャード・チャップマンがその代表である。彼の一連の論文（Chapman, 1992; Chapman and O'Toole, 1995; Chapman, 1997）には、ホワイトホール・モデルが伝統的な公務をうまく表していたと考える人々がどのような点を公務の衰退と没落と見ているかが、よく表れている。

チャップマンの衰退論によれば、衰退の過程において決定的だったのは一九八八年のネクストステップ戦略だという。ネクストステップの改革については第4章（組織再編について）及び第5章（説明責任への影響について）で詳しく扱う。したがって、ここでは、公務を部門ごとに（ネクストステップ・エージェンシーに）分解して各々を特定の機能に集中させ、それぞれに適したやり方で採用や人事管理ができるようにすれば、公務マネジメントの効率性、有効性が高まると大臣たちが主張した、という説明で十分だろう。ウィルソン政権やヒース政権でもこの手法は推進され公にもされていたが、サッチャー政権はさらに徹底してこれを導入した。これは、公務組織を一元化して（省庁共通のグレード、給与、肩書、手続）省庁間の調整を図ろうとしてきた長年の取り組みを「一八〇度転換」するものだった。ホワイトホール・モデルにおける一元的管理の原理と訣別しただけでなく、省庁の活動について大臣が議会に説明責任を負うという慣行にも異議が唱えられた。首席執行官（公務員）がエージェンシーの責任者として当該エージェンシーの業務に関する議会質疑に答弁すると発表されたのである（この手続はまもなく変更されたが、それでも首席執行官は大臣だけでなく議会に対しても直接に説明責任を負うこととされている）。要するに、「エージェンシー化」は公務の抜本的な再構築をもたらし、また公務組織のマネジメントと説明責任を大きく変える触媒として用いられたのである。

チャップマン（Chapman, 1992）は、ネクストステップの開始から四年間の影響を振り返るとともに、民間部門や他の公的機関から幹部級の人材を採用できるようにしたことなど採用・任用制度の改革も考慮に入れて、こうしたマネジメント改革が伝統的な「公務の終焉」を意味するのかどうかを考察している。その三年後、チャップマンとオトゥール（Chapman and O'Toole, 1995: 19）は、改革の影響について、次のようにさらに疑念を表明している。

統一的公務の最も優れた要素を損ない、業務基準を強調し、公共の組織が私的利益を追求するよう仕向けることは、短期的にはコストの節約につながるかもしれないが、長期的には危険をもたらしかねない。旧来の公務の価値観が一度壊れてしまえば、後になって取り戻すことはきわめて難しいだろう。

チャップマンはのちに再び公務改革について論じ、疑念を捨てて「公務の終焉」ときっぱり断定している（Chapman, 1997）。これによれば、公務組織の基本的な価値観や機能は、一九八〇年代から九〇年代のマネジメント改革、構造改革によって根本から崩れ去っている。公務は弱体化したバラバラの組織（あるいは組織群）となり、民営化の影響もあってその機能は限られたものとなり、徐々に政治化が進んだために、政策形成における役割も小さくなってしまっている。

このような批判が行われて以降、さらに特別顧問やシンクタンクの増加など新たな進展があり、ホワイトホール・モデルの他の要素、例えば公務員が大臣に信頼され独占的に政策助言を行うといったことまで崩れてきたとも言われる。実際、オトゥールは、二〇〇四年の公務の進展を振り返った論文で、首相と内国公務の長が打ち出した一連の政策イニシアチブや発言を分析し、ダウニング街の首相官邸や内閣府の「マネジェリアリズム的な手法」や「ビジネスが最善という言い方」に失望して次のように述べている。「文化を変えようとしているのは、黙示的にせよ、グラッドストン主義の名残がなくなったことを表すものだろう」が、「民間部門、顧客、戦略、マネジメント、サービス実施、業績、リーダーシップ、リスク……などに言及するのは、旧来の公務のエートスとは相容れない」(O'Toole, 2004)。ベビアとローズは、チャップマンやオトゥールの立場を次のように「保守党の伝統」と位置づける。

彼らは、「説明責任を強調し、また士気の高さをほとんど職業的なものと捉えて、伝統的なイギリス公務の美点を」擁護し、「流行に乗って新しいマネジメント手法をとろうとすること」を批判する。批判の中心にあるのは、大臣を通じた議会への説明責任、公の義務といった概念である。彼らによれば、公務員は常に清廉でなければならず、私的利益を公の義務や客観性、中立性に優先させることがあってはならない。……エージェンシーは公務を断片化してしまう。公務員はもはや伝統を共有しようとしていない。市民憲章の原則が公務のエートスに取って代わり……伝統的な価値観は、守ろうとしなければ失われてしまう。民間企業的な手法は旧来の価値観の代わりにはならない。

(Bevir and Rhodes, 2003: 147)

イギリスの統治機構を研究する二人の米国人学者も、同様の結論に達している。キャンベルとウィルソンは、「ホワイトホールの終焉」を分析し、「パラダイムの死」について次のように述べる。

ホワイトホール・モデルにおける恒久的官僚制の役割は、長い間、問題がないように見えていた。二大政党の議員はどちらも、「ロールスロイス」としばしば称されるイギリス公務の働きに大変満足していた。しかし、一九九〇年代になると、ホワイトホール・モデルは大きな試練にさらされ、生き延びられるか疑問視されるようになった。

(Campbell and Wilson, 1995: 20)

キャンベルとウィルソンによれば、ここで言う試練はさまざまな要素から生じたもので、それは例えば、チャップマンが厳しく批判した改革の進行や、サッチャー、メージャー両政権の特徴や施策、イギリス憲法に深く根ざした欠陥や脆弱性などである。

しかし、ホワイトホール・モデルの終焉と結びつけて公務が「衰退」しているとする見方については、大局的な見地から検討する必要がある。そもそも、公務の機能を説明するモデルとしてホワイトホール・モデルが完全に正しいものだったのかという点も、議論の余地がある。例えば、大臣に対する政策助言機能を公務員が独占していたという説は、大臣が外部の専門家や集団とのつながりを持っており、その多くが大臣の決定に影響を及ぼし得るし、現に及ぼしてきたという現実を無視していた。また、個々の大臣の責任という原理を厳格に解するあまり、幹部公務員が社会的にかなり注目される（そして公務員の「無名性」「匿名性」が成り立たなくなる）ケースが歴史的に見ても多く存在することを過小に評価しがちであった。伝統的な見方をとって大臣責任という原理を無批判に信奉する人々は、この憲法規範のいわゆる「黄金時代」でさえ、大臣の失敗を覆い隠す便利な手段として公務員が時に「名指しで非難」される存在だったことも無視していた（Pyper, 1987）。さらに、以下で述べるように、イギリスの中央政府の機能を規範的に説明するモデルとしてさえ、ホワイトホール・モデルが有用なのか疑う声がある。その理由は、このモデルが、ホワイトホールやウェストミンスターの外にいる多くのアクターの関与をはじめ、政策過程の複雑さを考慮していなかったということである。

以上のとおり、公務を理解するアプローチの一つは、ホワイトホール・モデルが公務組織の機能や運営のあり方を説明する正確かつ望ましいモデルだったという前提から出発して、このモデルの消滅とそれが公務に及ぼすマイナスの影響を描き出すものである。しかし、このようなアプローチは、魅力も多いとはいえ、少し注意して評価する必要がある。

2　ネットワーク論、ガバナンス、国家の空洞化、統治機構の分化

公務の衰退と見える現象について、その背後にある要素を検討するにあたっては、他にも理論や概念、モデルを駆使した分析的アプローチがいくつかある。なかでも重要なのが、ロッド・ローズ（Rod Rhodes, 1990, 1994, 1997）を中心に提唱された、ネットワーク論、ガバナンス論、空洞化論、統治機構分化論である。これらの概念は密接に結びついて

おり、重なる部分も大きい。こうした分析的アプローチはいずれも、イギリス国家に関する理解を深めるためにつくり上げられたものだが、ここでは、公務の機能や公務員と他の政策アクターとの関わりを問題の中心に据えている部分を見ていく。我々のここでの関心はすこぶる限られている。すなわち、これらの別々の、しかし相互に関連する理論が、現代の公務に起きつつある変化をどれだけ明らかにしてくれるかということである。

ネットワーク論は、これらの理論の中で最も歴史が古く、また深く掘り下げられている。ホワイトホール・モデルを生み出した制度的アプローチとの相違点は多いが、特に、個々のアクターのみならず行政機関と他のアクターのつながりを重視した分析を行う点が異なる。あるアクターの行動を理解するには、そのアクターが他のアクターとつながっているネットワークの構造を考慮する必要があるとされる。なぜなら、そのネットワークの構造やそこで当該アクターが占める位置によって、各々の認識や態度、振る舞いは変わってくるからだ（Knoke and Kuklinski, 1982: 9-21）。ウェストミンスター・モデルやホワイトホール・モデルが、現実の世界を説明するには難があるにせよ、どういう点を見ることが重要なのかを指し示してくれるように、イギリスにおける政策形成及び政策実施の複雑さを説明しようとする研究者にネットワーク論が教えてくれるのは、正式のアクター（公務員、大臣、議会、地方自治体）の活動だけでなく、これらの機関と非公式のアクター（企業集団、利用者団体、サービス供給者など）つまり準政府組織や非政府組織とのつながりにも目を向けなければならないということである。

この概念的アプローチは、少なくともイギリスという文脈ではローズの論文が中心となっているが、他の研究者も、重要な考え方の形成、発展に多大な貢献をしている（例えば Richardson and Jordan, 1979; Jordan, 1990; Rhodes, 1990; Marsh and Rhodes, 1992; Rhodes, 1997, ch.2 参照）。政策ネットワークという概念はもともと米国の政治学やヨーロッパの組織論の中で生まれたため、このレンズを通してイギリスの経験を見ることの妥当性については議論もあった。非常に単純化して言えば、ネットワーク論の中心にある考え方は、省庁と公的部門・民間・ボランティア部門の公式・非公式の利益団体との間にはいくつもの複雑な相互作用が存在し、政策の形成や実施はそれらの相互作用の結果であるというものだ。こうした政策ネットワークの中には、割と閉鎖的で、主要なプレイヤーがうまくシステムに組み込まれているものもある。米国では、省庁、議会の関係委員会、主要な利益団体がこうしたネットワークを構成し、「鉄の三角形」と呼ばれている。イギリスでこれに最も近いのはおそらく農業政策の分野で見られたものだろう。この分野では、旧農林水産食糧省、欧州委員会農業局、全国農業者同盟の三者の関係が政策の形成や実施に大きな役割を果たしていた。すなわち、イギリスの農業政策は主に旧農林水産食糧省とＥＵ、全国農業者同盟の密接な相互作用を通じて形成され、実施面でも主要な部分（農家への補助金配付など）は全国農業者同盟に委託されていた。また、政策ネットワークには、もっと開かれた多元的な性質を持つものもあり、そうしたものは組織よりも個人同士の関係によっている部分が大きい。ヘクロとウィルダフスキー（Heclo and Wildavsky, 1981）は、イギリスの公共支出の政策形成に関する研究の草分けであり、大蔵省とホワイトホールの支出省庁をめぐる大臣、公務員、主要圧力団体の関係を調査している。また、リチャードソンとジョーダン（Richardson and Jordan, 1979）も、議会外での政策形成過程に焦点を当てて、こうしたネットワークを重視している。

> この用語［政策ネットワーク］は、政府の主要な機能又は省庁を取り巻くさまざまな組織を指す。そうした団体には、専門家や労働組合、大企業が含まれるのが普通である。中央省庁はサービスを実施するためにこれらの団体の協力を必要としている。協力を要するのは、イギリス政府が自らサービスの実施を担うことは稀であるからだ。他の組織を利用するのである。また、関係団体が多すぎて一々協議できないので、利害を積み上げる必要もある。政府は各政策分野の「正統な」スポークスパーソンを必要としているのだ。……イギリス政府は昔から政策ネットワークを持っている。新しいのは、それが増えているという点だ。
>
> （Rhodes *et al*., 2003: 26-27）

ネットワーク論が示唆したのは、公務に関して言えば、ホワイトホールの正式の組織や作用は政策の形成・実施過程における要素の一つでしかないということである。ジョーダンとリチャードソン（Jordan and Richardson, 1987）が政策形成・実施過程を「アリーナ」（国民、議会、政党、内閣、圧力団体、官僚）という観点から説明した際、公務員は、多かれ少なかれほとんどのアリーナに関わっているものの、主要なプレイヤーとされたのは官僚アリーナのみだった。複雑度を増す公共政策形成の世界をこのようなネットワーク論で理解すると、公務員は、個人としても集団としても、また所属省庁としても、従来よりはるかに大きな文脈の中に置かれる。そこでは、政府以外の機関や集団、個人が重要な役割を担っており、公務員は、さまざまな利害の調整、交渉、妥協を行って、大臣の望む結果を引き出すことを求められる。

ガバナンスという用語及びアプローチは、「政府《ガバメント》」（政治家と公務員）の概念を広げて、こうした政府及び非政府組織のネットワークをより広く捉えるとともに、政府の役割が自ら「漕ぎ進む」ことではなく政策実施の「舵取りをする」ことになりつつあると考えるものである。舵取りと漕ぐことの比喩は、アメリカの公共経営コンサルタントであるデービッド・オズボーンとテッド・ゲーブラーの著作に由来しており、この本は一九九〇年代初頭にイギリス政府内でもてはやされた。ここでは、「ガバナンス」を大胆にも「我々がともに問題を解決し社会のニーズに応えるための方法」と定義している。「政府はそのために使う道具である。この道具は時代遅れになり、再生の過程が始まったところだ」(Osborne and Gaebler, 1992: 24)。

歴史家には、ガバナンスを新しいものではないと考える者が多い。ローとローリングス（Lowe and Rollings, 2000: 100）は、一九九〇年代後半の「ホワイトホールの事業」を研究する中で、イギリスではガバナンスが普通のことであると結論づけている。中央政府の直接介入が増加した戦後期がむしろ例外であり、その後徐々に「舵取り」に戻っているという。また、地方自治体の首席行政官に関する研究によれば、首席行政官はホワイトホールの省庁や政府の地方官署の職員、民間企業、ボランティア団体との「ネットワーク」を築かなければならないが、これには前例があり、第二次世界大戦後まで多くの委員会や公共機関で中央政府の代理人を務めていた書記官が同様の仕事をしていたという（Travers *et al.* 1997: 2-11）。ここでも、単純で直接的な「政府《ガバメント》」は一時的な現象だったように見える。辞書的に言えば、「ガバナンスは［二〇］世紀初頭には重要な概念だった。一九二〇年代は、ガバナンスが時代遅れとされた『初期』であり、一九六〇年代には完全に時代遅れと言われ」（Lowe and Rollings, 2000: 117）、その後九〇年代に再び重要とされるようになったのである。

ローズは、他の論文（Kooiman, 1993; Pierre and Peters, 2000など）にも依拠しながら、このような政府《ガバメント》からガバナンスへの変化の意味を次のようにまとめている。

・ネットワークの重要性の高まり。
・公共政策の分野によっては、従来国家が直接行っていた活動について民間部門を利用することが増えたため、政府の役割が低下。
・従来は公務「内部」の階層的な監視制度が効いていたが、外部組織がサービスを実施する緩やかな仕組みになり、同じ原理では機能しない可能性があるため、道徳・倫理の問題や行動基準への注目が増加。
・ニューパブリックマネジメント（NPM）と総称される多様な取り組みの導入。民間部門のさまざまなマネジメント体系・手法の公務への応用、公共サービスを実施する新組織の設立、準（あるいは疑似?）市場や民間委託、消費者主義の導入など。
・制度改革、憲法改革の進行による政策、政治風土、統治構造そのものへの影響。

このような変化はすべて、公務に影響を与える可能性が高い。つまり、これらによって公務は、一定の機能を民間部門に移譲したり、民間企業やボランティア組織と連携したり、伝統的なホワイトホールの構造やエートスを傷つける（という主張もある）ような大きな制度改革・憲法改革（「エージェンシー化」や権限移譲など）を行ったりせざるを得なくなる。

「**国家の空洞化**」は、ガバナンスへの移行（あるいは回帰）の行き着くところとしてローズなどが主張している。簡単に言えば、空洞化論（Rhodes, 1994; 1997: 17-19, 87-111; またFoster and Plowden, 1996も参照）とは、イギリス政府の政策機能が「上方向にはＥＵへ、下方向には特定目的の組織へ、外方向にはエージェンシーへ」と「流出」し続けているという考え方である（Rhodes, 1997: 17）。「上方向」への動きには、EUに徐々に権限が譲渡されることだけでなく、国際政治と政府の複雑な相互依存関係が強まっていくことも含まれている。この相互依存関係は、外国政府、国連や世銀といった国際機関、多国籍企業など、幅広い国家組織及び超国家的組織との交渉、妥協を通じて強化されていく（これについては第3章で詳しく見る）。「下方向」への動きには、公共サービスの民営化や業務委託の結果として起きているものも含まれる。公共サービスの多くが市場メカニズムや官民のさまざまな組織への委託によって実施されることで、中央政府の役割と責任は絶えず構築し直されているのである。「外方向」あるいは横方向への動きとは、政策を実施するための仕組みとして独立性の高い組織、特に執行エージェンシーが設立されるようになったことを指している。「国家の空洞化とは単に、ガバナンスの発達によって中核的執政が有効に機能しにくくなり、命令・執行という規範に頼れる部分が少なくなって外交的手腕の必要性が高まることを意味する」（Rhodes *et al.* 2003: 30）。

こうした変化によって重大な影響を受けたのが、ホワイトホールの「再生」である。これは、ネクストステップ戦略の下で多数の執行エージェンシーが作られて制度が断片化したことを特徴とする。伝統的なホワイトホールの省庁が「空洞化」したために、政策を生み出し調整していく上で、また大臣や公務員の説明適任に関するルールを適用する上で、大きな問題、課題が生じていると言われる（第4章、第5章参照）。空洞化論によれば、イギリス中央政府の機能がEUやさまざまな準政府組織・非政府組織に移っていくことは公務にも影響を与えており、それはつまり伝統的にホワイトホールの政策の領域とされていたことの一部（最も分かりやすいのは数々のEU条約の対象となっている事項）が今や、少なくともホワイトホールの独占領域ではないということである。国内的な文脈で言えば、市場化や民間委託が始まったことは、公務員（主に大蔵省官僚）が新労働党政権の下でＰＦＩ（第4章参照）や官民連携（ＰＰＰ）の中心部分をうまくこなさなければならないことを意味する。

統治機構分化論は、権限移譲や分権化がもたらした影響、もたらし得る影響に注目して、先に述べた三つの概念的アプローチ（ネットワーク論、ガバナンス論、国家空洞化論）の総合、発展を目指している（Rhodes *et al.* 2003 参照）。ウェストミンスター・モデル及びホワイトホール・モデルが政策や政治の「一体性」「統一性」を前提とし、それを原則としているのに対して、前記三つのアプローチはいずれも専門化、断片化に主眼を置いている、と統治機構分化論は指摘する。政策ネットワークは、政策形成のアリーナを政策ごとに「縦」に切り分けており、それぞれが特定の省庁、場合によってはその部局（運輸省の鉄道道路局など）を中心に集まっている。「ガバナンス」論は、多数のサービス実施主体の間で政策事業が断片化していることに注意を喚起する。実施主体の中には、名目上はなお省庁の一部だが幹部公務員から「水平方向」に切り離されている執行エージェンシーもあるし、契約、資金合意、さらに緩やかな協定というつながりしかない組織もあるが、いずれも特定の分野に特化している。政府《ガバメント》からガバナンスへという一九八〇年代及び九〇年代の変化を経た後の国家像として「空洞化論」が主張するのは、ウェストミンスター・モデル及びホワイトホール・モデルが描くような調整の行き届いた政府システムではなく、あらゆる方向に散ってしまった機能を制御して「まとめ」ようと苦労する、非常に弱体化した国家である。

　このように三つのアプローチによって、イギリスという国家がウェストミンスター・モデル及びホワイトホール・モデルの想定するほど統制や調整の行き届いたものではない（むしろ、多くの部分に分かれ、それぞれが別の性格を持っている――ローズ（Rhodes, 1997: 7）の述べる「統治機構の分化」）ことが指摘されたわけだが、さらに、一九九九年以降、三つの共同体／地域／地方（スコットランド、ウェールズ、北アイルランド）に新たに権限を移譲する（または返還する）という画期的な取り決めがなされた。ローズら（Rhodes *et al.* 2003）は、イギリスを構成する各地方は既にかなり分化したものであるという、専門家たちには周知であったことを論証している。

　ローズ（Rhodes, 1997: 6-7）はウェストミンスター・モデルを完全に否定しているわけではなく、このモデルは依然として政治学の主流を占めているが、ローズはこれに代わるものとして「統治機構の分化」を提唱し、「これは、強力な内閣、議会主権、相互依存関係にある女王陛下の忠実な野党と大臣責任、分断された執政、政策ネットワーク、ガバナンス、空洞化に代わる概念である。この統合的な見方を一言で表すと『統治機構の分化』となる」と述べている。このアプローチの支持者は、「混乱」が深まる一方のイギリス公共政策のアリーナで公務が新たな課題に直面していることを強調する。

イギリス政府に突きつけられた仕事は、さまざまなパッケージ──サービスのパッケージ、組織のパッケージ、そして政府のパッケージ──をうまく管理することである。これはウェストミンスター・モデルが描くイギリス政府の姿とは異なる。一元的国家としてのイギリスを描くウェストミンスター・モデルにおいては、政治的統合、中央集権的な体制、指揮命令が官僚機構を通じて実行される仕組み、権限移譲を無効にすることもできる中央の力が重視される。統治機構分化論は、政治的権限の移譲や断片化、相互依存、機能分散を重視する。

(Rhodes *et al.* 2003: 32)

こうした環境においては、公務員が調整能力を身に付けて「連携政府(joined-up government)」を実現する必要があるということが非常に強調される。

以上をまとめると、ネットワーク論、ガバナンス論、空洞化論、統治機構分化論は、いずれも、公務が周辺部に追いやられ衰退していく像を描いていると見ることができる。ここでは、政策を生み出し実現していく過程で公務が果たす役割は、伝統的なホワイトホール・モデルにおける役割よりはるかに小さい。あるいは、権限移譲の影響も考慮して(統治機構分化論は特にこれを重視している)、これらの概念的アプローチを深読みすれば、政府についての従来の理解が実は未成熟でお粗末なものだった(だからこそホワイトホール・モデルの誤った要素が流布していた)ということになる。そう考えれば、これらの概念は、公務衰退説に資するものというよりも、かつて我々が信じていたほど単純明白ではなく近年とみに複雑度を増してきている統治機構の中で、公務がどのような位置にあるのかを、より適切、現実的かつ精緻に理解するものとして見ることができよう。

3　衰退ではなく現代化?

「現代化」という概念が非常に流動的であり、実は、その歴史的根源はかなり深いということは、序章で述べたとおりである。ホワイトホール・モデルやネットワーク論、ガバナンス、空洞化、統治機構分化といった議論から目を移して、もう一群の分析的・概念的アプローチを見てみよう。これは、イギリスの公務が消極と衰退に向かっているのではなく、徐々に現代化という変化を遂げているとする立場である。

公務という文脈においては、「現代化」説の支持者は大きく二つのグループに分かれる。一つは、大まかに言って新労働党現代化論者と呼べるようなグループである。この「現代化」という政治ブランドは、多面的で、かつ妙に曖昧な概念でもある。トインビーとウォーカー（Toynbee and Walker, 2001: 204）が第一期ブレア政権について述べているように、新労働党の中心思想はぼんやりしたものだった。「明確に定義されたことは一度もなく、次第に民主化へと変わっていった。その意味するところは、政府に新しい息吹を取り込んで、より参加的なものにしようということであり、そのために政府組織を物理的にも比喩的な意味でも国民に近づけ、アクセスのしやすさや説明責任、明瞭さを高めることだった」。

こうして「現代化」は幅広く用いられるようになった。公務にとって重要な意味を持つものとしては、「連携政府」「根拠に基づく政策」「情報化時代の政府」「パートナーシップ」「マネジメント・政策二分論」などがある。これらの中には、公務員の説明責任や大臣と公務員の関係に関する伝統的観念に異を唱えることとなって、マネジメントの領域にとどまらない影響を与えたものもある。さらに、大局的な憲法レベルで見れば、新労働党の現代化政策は、権限移譲、スコットランド議会及びウェールズ国民議会の創設、それに伴う行政組織の創設も含んでおり、これらも現代化が公務に突きつけた課題となった（現代化と公務の権限移譲との関係を詳しく論じたものとして、Kirkpatrick and Pyper, 2003 参照）。権限移譲はイギリス政府の現代化の要素の一つであり、その意図の少なくとも一部は、公務員を含め権力を持つ者の説明責任を高めること、またイギリスの下位政府における政策形成・実施の効率性、有効性を高めることにあった。第3章で論じるように、（ブレア政権が現代化の一環として進めた）権限移譲が公務に与えた影響には明らかに濃淡があり、マネジメントや組織の面での変化はかなり限定的であるし、説明責任の仕組みの運用もイギリスの統治機構の伝統に依っている部分が大きい。

新労働党の「現代化」は、少なくともある程度は、ニューパブリックマネジメント（ＮＰＭ）を発展させて看板を掛け替えたものであったようだ。NPMも、多くの点で、まったく異種の考えが集まった曖昧なものだった。新労働党の「現代化」とNPMの関係についてはこれまでも議論されたことがある（例えば、Minogue *et al*., 1998; Falconer, 1999; Hughes and Newman, 1999; Newman, 1999, 2001; Massey and Pyper, 2005 参照）。ここではその詳細に立ち入らないが、NPMと新労働党の「現代化」政策には一定の直接的な関連があるということは言えるだろう。実際、新労働党の現代化論者は、新自由主義や保守党のマネジェリアリズムを（部分的にか全面的にかはともかく）信奉する人々の後を継いで、彼らが目指していた公務改革の大部分を首尾良く推進したとも言えるのである。ベビアとローズ（Bevir and Rhodes, 2003: 149-150）は、ジョフリー・フライ（Geoffrey Fry）をはじめ、こうした初期の急進的な現代化を支持する主な人物を挙げ、フライを「マーガレット・サッチャーの行政革命やその土台となった経済自由主義を賞賛する数少ない学者の一人」としている。フライは、公務に関する一連の論文（例えば、Fry, 1981, 1985, 1995 参照）において、ホワイトホールのマネジメント改革は官僚の非効率に対応するためのものだと主張した。フライの見方は、「内部者」でありながら公務に対して批判的である人々と共通している。こうした人々には、公務に失望してホワイトホールの無駄と非効率を列挙してみせた元公務員レスリー・チャップマン（Leslie Chapman, 1978）、サッチャー政権の政策顧問で、幹部公務員の政策助言の質を厳しく非難したジョン・ホスキンス（John Hoskyns, 1983, 2001）、そして最重要人物としてデレク・レイナーがいる。レイナーは、ヒース政権初期の一九七〇～七二年に、民間企業指導者から成る小さなチームの一員としてホワイトホールに派遣されていた。七九年にサッチャー政権の効率室のトップとして再びホワイトホールに入り、民間部門の手法（効率性「審査」の考え方など）を用いて、若い伸び盛りの職員に相当の責任を持たせる公務マネジメント改革の陣頭に立った。

こうした急進的、情熱的な第一のグループに対して、現代化論者の第二のグループは、漸進主義者と呼ぶべきグループである。ベビアとローズ（Bevir and Rhodes, 2003: 150-152）は、このグループに入る人々を「ホイッグ党（自由党）の伝統」に則っていると評価しているが、その漸進的な手法に鑑みれば、少なくともある面ではフェビアン主義（漸進主義）とも呼べそうである。この第二グループの現代化論者の代表はピーター・ヘネシー（Peter Hennessy）である。彼の著作は、変革と現代化の概念を支持しつつ、一九七九年以後のホワイトホールの動きのペースと方向性に一定の疑念を示している。それは、改革が性急に進みすぎるために公務員の本質的なエートスや特質が失われてしまうのではないかということである。さらに、内閣制や大臣の行為に関する伝統的な規範と齟齬が生じることによって、公務員の中核にある価値観も危機にさらされるという（Hennessy, 1989, 1996, 1999 参照）。

ヘネシーの説の核心は、幹部公務員個人には敬意を払うが集団としての幹部公務員はイギリスを弱体化させてきたということだ。この国は一九世紀以来の官僚制を受け継いでおり、これでは、いかに修正や改善を図っても、……政治の要請を現実的な政策にするという仕事には適していない。（Bevir and Rhodes, 2003: 150）

ヘネシーのアプローチの特徴は、マネジメント改革の必要性は認めつつ、一時の政治的流行が皮相的であることを鋭く捉えていることだ。「市民憲章、市場化テスト、業績連動給、そのほか亜流のマネジメント主義者が口にする業界用語や略語はいろいろあるが、そうした新しいマネジメント手段を聞いても、政府の歴史をよく知る者には苦笑しか浮かばない」（Hennessy, 1996: 128）。同様に、大臣への政策助言の役割を担う幹部公務員の仕事についても、ヘネシーは伝統に敬意を払いつつ、その既得権益は意に介さない健全さを併せ持つ。「私は中立的、恒久的、職業的な公務員制度は擁護する……が、だからといって、このような税金によるイギリス版『金羊毛騎士団』（監訳者注：ブルゴーニュ公フィリップにより一四三〇年に創設された世俗騎士団。ハプスブルク家を経て、スペインとオーストリアに継承される。スペインでは現在でも王家の与える勲章として存在している）が大臣に分析や助言を届ける役割を独占し続けてよいとは思わない」（Ibid.: 132）。

漸進主義の現代化論者によれば、この二一世紀初頭の公務は、絶えず有機的な進化を続けてきた結果として存在しており、その長い歴史においては、比較的穏やかな期間も長いが活発に改革が行われた時期もあった（証拠としては例えば、Pyper, 1991, 1995; Theakston, 1995; Winstone, 2003 参照）。一九八〇年代初頭からは、改革期が主流を占めるようになった。

しかし、公務には、現代化や改革の「流れに乗る」力、新しい考え方や手法に適応する力、重要な特質を犠牲にすることなく着実に進化する力がほとんど生得的に備わっている、と見ることもできる。公務は外部から隔離された孤立状態にあるのではなく、常に、政府及び国家の役割の変化や、公務部門におけるマネジェリアリズムの隆盛をはじめとする国内外の状況の進展を反映して進化してきている、というのが漸進主義的現代化論者の主張と言えよう。

4 結論

本章では、近年の変化が公務に与えた影響をめぐる議論について整理してきた。まず、ホワイトホール・モデルとそれを含むウェストミンスター・モデルの基本的内容を説明した。このモデルによる公務の位置づけや役割、機能を支持する人々は、一九八〇年代及び九〇年代に続いたマネジメント改革、構造改革によって、公務組織が持っていた有用性が損なわれ、公務が衰退期に入ったと考えている。

次に見たのは、それに代わるいくつかの分析的アプローチ、すなわちネットワーク論、ガバナンス論、国家空洞化論、統治機構分化論である。これらのモデルについては、現代のイギリス公務が政策形成・実施過程において以前ほど中心的な役割を担わなくなり重要性が下がっていることを示すもの、と解することもできる。しかし、より注意深く読み解くと分かるのは、伝統的なホワイトホール・モデルの確実性がこれまで強調されすぎていたのであり、いわゆる黄金時代でさえ公務の地位は我々の信じ込んでいたほど単純でも強力でもなかったということである。したがって、これらのモデルは、公務の衰退を分析するものというより、複雑なイギリス統治機構における公務組織の位置づけをより現実に即して評価するものであると言える。

最後に検討したのはさらに別の分析的・概念的な立場であり、これによれば、公務は衰退しているのではなく実は漸進的に現代化してきており、現代の政府を取り巻く現実に適応しようとしている。こうした見方をとる人々には、情熱的な新労働党現代化論者（ニューパブリックマネジメントを生み出した新自由主義や、保守党のマネジェリアリストの影響を部分的にせよ受けている）と、より漸進主義的で有機的進化を重視する現代化論者とがいる。

公務のこれまでと今後の大まかな方向性について最も建設的な見方を提供してくれるのは、いわゆる漸進主義的現代化論者のアプローチだと思われる。ただ、業務や活動の分野によっては、公務の衰退に焦点を当てた見方が妥当することも否定できない。本章で取り上げたテーマはいずれも、本書においてさまざまな事柄を検討・解釈していく中で折に触れ再登場する。まずは政策面における公務の役割から見ていこう。

第2章　政策形成における公務員の役割

公務員が政策面で果たす役割は、伝統的に、幹部公務員の業務に関して論じられてきた。幹部公務員は大臣の周囲で働き、公式の政策選別者として、政策分析者として、また省庁の政治的トップに選択肢を示すペーパーの作成者としての役割を果たしている。政策業務の分類にはいろいろな手法があるが、ページとジェンキンス（Page and Jenkins, 2005: 59-75）は、公務が担う政策業務を、「立案」（草案や声明、文書を作ること）、「維持」（制度や取り組み、組織を継続的に維持管理していくこと）、「サービス」（人や組織に対する助言を、これも継続的に行っていくこと）に分けて論じており、参考になる。ホワイトホール・モデルでは、政策業務を公務が事実上独占している（あるいは、独占していた）と考え、大臣は幹部公務員を調査員としても政策立案者としても頼りにしているとする。しかし、第1章で見たように、ホワイトホールとその住人が政策形成過程の中心を占めるということに疑問を呈する分析的見方もある（ネットワーク論、ガバナンス論、空洞化論、統治機構分化論など）。交渉ネットワークの中で公務員が今なお重要な位置にあるのは確かだが、公務の役割については もっと広い文脈で見直してみる必要があろう。また、公務の適応能力を考慮する必要があることも、第1章で見たとおりである。公務には、上に立つ政治家の要求や制度をめぐる状況の変化に、つまり、政策面を含め仕事のあらゆる面において現代政府が直面している現実に、適応していく能力が備わっている。

公務はこれまでも政策業務に関して数々の課題に直面してきたが、議論される内容は変化している。本章では、長らく懸念されてきた「官僚の力」について取り上げる。つまり、一握りの強力な公務員が自らの好む政策を大臣に押しつけているのかということである。権力の均衡点が大臣と公務員の間のどこに位置するのか、正確なところは知りようがないが、保守党政権が長く続いた間に一部の大臣は経験を積み、権力の均衡点は公務員側から政治家側へと動いた可能性が高い。次に取り上げるのは、政治化とそれが政策形成に及ぼす影響という問題である。一九九七年に政権に就いた労働党は、それまで二〇年近くも急進的な右翼政権が続いたために公務員がごく限られた選択肢しか大臣に示そうとしなくなっているのではないかと危惧したが、それも無理からぬことだった。一九八〇年代、九〇年代に公務が政治化されていたおそれはどの程度であったのだろうか。公務員は労働党に対して中立的な助言をできる状態だったのだろうか。そして、その後労働党によって公務が政治化されたおそれはどの程度あるのだろうか。労働党政権は、信頼できる政策助言を得るためにどのような措置を講じたのだろうか。

一九八〇年代以降、政策過程における公務の役割については、二つの新たな問題が大きくなってきている。官僚の力を懸念する人々は、公務は一貫性のある「政策ライン」をつくり出してそれを進めることのできる、自信に満ちた結束の固い組織であると考えていた。しかし、公務が自らの目指す政策を進めることへの懸念は今や、そもそも適切な政策提言を行うだけの能力がイギリス公務にあるのか、またそれをうまく実行する能力があるのか、という疑念に変わってしまっている。保守党政権の間に、さまざまな政策領域で次々と致命的な過ちが発覚し、ブレア政権になってからもそれが続いた（人頭税、BSE〈狂牛病〉、児童援助庁、二〇〇一年の「口蹄疫」、多くのIT事業、国外追放されるはずの受刑者が自由の身になってしまった事件、農村給付庁、そしてやや特殊な失敗例になるがイラクについての「諜報部門」の助言）。イギリス政府の政策の失敗は今に始まったことではないが、ホワイトホールの経験が長い人々の間には、官僚の技術力や情報収集力が一九八〇年代以降驚くほど下がっているという声もあり（Foster, 2001 参照）、公務員の採用と育成に関する章でこの問題を詳しく扱う。

もう一つ、保守党が公共経営改革（省庁からエージェンシーへの組織分割、民間企業その他への委任）を行い、次いで労働党政権が（スコットランド、ウェールズ、北アイルランドへの）権限移譲を行い、さらに政策形成の国際化が進んできたことで、政策過程は複雑で幅広いものであるという認識が広まってきた。これらによって公務の政策助言に関する従来の考え方が通用しなくなっていることについては、第3章の「多層的官僚制」で扱う。本章では、一九九〇年代に政策過程が断片化していると盛んに指摘された点について、ブレア政権がどのように対応したかを検討する。新世紀になって、政府は政策過程を再び一つにまとめるためにどのような配慮をしてきたのだろうか。

1　政策と公務の力に対する見方

公務に関するホワイトホール・モデルにおいては、国家の官僚はある意味で政治を「超越」する、あるいは少なくとも過度の政党政治から保護されることが期待されている。しかし、国によっては公務上層部は政治化されている。米国では官僚組織の最上層を大統領任命者が占めているし、ドイツでは、各省の第一位または第一位・二位のポストには、大臣と同じ党に所属する職業公務員が就く。こうした制度を擁護する人々は、政府の政策を公然と支持しその成功に奔走する幹部公務員を大臣の部下にすることができると主張する。ドイツのように、任用されるのが経験豊かな公務員であれば、実現可能な政策選択肢は何かということだけでなく、関係のありそうな他のアクターとともにどうやってそれを実現していけばよいかもよく知っている。

これに対してイギリス型の職業公務員制は、政治的中立性を基礎としている。これは、政権が交代したときも継続性を保ち、知識や専門性が省内に蓄積されることを促し、より客観的かつ分析的な政策形成ができることをねらいとしている。ノースコート＝トレベリアン報告（本書序章参照）による勧告から一五〇年が経過し、このような完全に政治色のない公務という概念は、イギリス公務内においてもイギリス社会においても理想として深く根づいている。しかし、多くの国の官僚制度を見てきたある米国人学者の目には（Peters, 1989: 207-208）、（「官僚のバイアス」がかかった助言に対抗するための）「対抗スタッフ」がイギリスに欠けていることは、公務の中立性を信条とするがゆえに「政策面では他国ほど公務が支えになっていないということではないか」と映った。その理由は、逆説的ではあるが、イギリスの幹部公務員が政治的補佐にならないことではなく、他国の政治家が育てる専門的政策スタッフに比べて専門性が劣るということであった。

伝統的なホワイトホール・モデルによる大臣と公務員の関係は、幹部公務員が大臣に政策助言を行い、議会の場で大臣がうまく役割をこなせるように補佐する、というものである。そして、大臣が連帯して同意を与えた政策を、公務が一体となって実施する。こうした見方は、一九世紀後半から二〇世紀初頭にかけて行政や官僚制の性質、範囲が議論されていた頃に遡るといっても過言ではない。こうした議論の主な点、特に「行政」を「政治」と区別しようとする考え方については、ジョーダン（Jordan, 1994, ch.3）がうまくまとめている。ジョーダンの指摘によれば、一九世紀後半にウッドロー・ウィルソンが、米国の市、州、連邦のどのレベルであれ、行政は政治を超えたものであるべきだと主張したのは、行政官の仕事を専門化し、政治につきものの策略やあからさまな汚職から守ろうとしたためであった。その数十年後、マックス・ウェーバーはこの考え方をさらに進め、政府を一つの機械と見て、あたかも工場の機械が生産を日々のルーティンとしているように、政府内では官僚が行政過程をルーティンとしていると考えた。ウェーバーから見れば、公務の仕事の基礎となるのは必ず合理的で法定された権限であり、個々の公務員は巨大な機械の歯車に似た代替可能なものだった。政府機構の運営は、明確に定められた手続に則って公務員が官職に選ばれるという原理を基礎としている。継続的に採用し、内部で昇進させていく仕組みがあり、公務が関わるあらゆる業務は、明確に定められた規則に基づいている。組織そのものもきわめて階層的である。イギリスでは、おそらく政府に関する理論や哲学への反感があって、ウィルソンやウェーバーのような考え方は他国ほど強調されなくなったが、それでも、ノースコート＝トレベリアン報告以降の公務は、まさにそうした考え方に沿う特色を有することとなった。特に、ホワイトホールの規則・手続によって公務は政策や政治にまつわる権力闘争から守られていると広く信じられた。

二〇世紀の間に、このような考え方には疑問が投げかけられることになった。公務員は、重要事項については何でも政治の指示を待っているような、規則で決まった仕組みに沿って動く自律性のないロボットの集まりではなく、公務員自体が力を持っているのではないか、ということが分かってきたからである。公共政策の形成と実施の両面で、公務員が端緒を作ったり強い影響を与えたりできることが分かってきた。政府の活動や業務は複雑で、「現場」レベルでも高度な政策形成のレベルでも、裁量を用いたり駆け引きをしたり権力を行使したりする余地が生ずる。それが良いことかどうかは議論があるにせよ、政府システムが拡大する中で否定できない事実となっていったことは確かである。

公務員は大臣に政策の選択肢を示すだけの無害な存在だという見方が流布していたはずの頃でさえ、イギリスの政府システムをよく見ている人々や内部にいる人々からは異議が唱えられていた。すなわち、大臣と公務員の関係のバランスはさまざまな要素によって公務員の方に傾いているという主張である。この要素には、公務員側が決定権を持っていること、例えば課題設定（大臣に提示する政策選択肢の幅の設定）ができるといったこともあるが、それだけではなく、現実的な資源にも差があった。政府が拡大するにつれ、公務員の意思とは関係なく公務員の方に資源が偏ってきたのである。それを示す証拠は体系的なものではなく、大臣の個人的な回想録などが多い。公務員はなかなかそうしたことを書き記そうとしないし、書けることにも限界があるからである。それでも、次のようにバランスシートを作ることができる。

時　間

大臣は、特定の事項に取り組んでいる終身公務員に比べて、政策問題の検討に割くことのできる時間が少ない。省庁業務（当該省庁の政策についてマスコミや会議、EU会合で説明することなど）だけでなく、選挙区や議会での仕事もあり、再選を目指すなら――あるいは、一九九二～九七年のメージャー政権のように議会の基盤が脆弱な場合には、大臣の地位を維持するためにさえ――こうした仕事は必須であるからだ。当時スコットランド担当大臣だったイアン・ラングによれば、一週間の処理案件は平均七〇〇件にのぼり――実際に上がってくる一〇〇〇件の中から公務員の秘書が選んだものである――、自分で政策を考えたり書き起こしたりすることはほとんどできなかったという（Lang, 2002: 65）。大臣たちは、あまりに忙しいことや、深夜までかかって「未決箱」の書類を処理しなければならないことに不満を漏らしている。スコット報告書（Scott Report, 1996）にも、その例を見出すことができる。スコット調査は、マトリクス・チャーチル社がイラクに武器を輸出したとして、複数の大臣の後押しを受けていたにもかかわらず起訴された事件について、その事情を調べるために行われた調査である。大臣の一人であるトリスタン・ガレル・ジョーンズは、マトリクス・チャーチル社の裁判に役立つ重要な政府資料を「公の利益のため」という理由で被告側弁護士に開示しないよう裁判官に要請する公益特権の書類に、「真夜中に」署名した。公務員がガレル・ジョーンズにこの大変な文書を示したのは夜に入ってのことで、翌朝までに署名するよう求めたのである（Scott Report, 1996: G13. 21-23）。

大臣が制御できる部分がないわけではない。例えばウィンストン・チャーチルは、自分に見せる文書の分量は半頁までにさせた。保守党のケネス・クラークは、保健大臣になったとき、職員が用意してきた十余りの未決箱からどれでも二つ選ぶよう運転手に命じて、大量の書類仕事を押しつけないよう警告した。マイケル・ヘーゼルタインは、難読症だったためか、あるいは大きな仕事を動かす方に関心を持っていたためか、書類はほとんど読まなかったが、読んだものについては注意深く吟味した。マトリクス・チャーチル社の事件の際も、政府資料を弁護側に開示するのが筋だと考え、差し出された公益特権の書類にそのまま署名はしなかった。数日後に文言をかなり弱めたものに署名したが、それも他の大臣や職員の助言を受けてのことであった（Ibid.: G13. 52-84）。

しかし、大臣が公務員の出してくる書類を重要案件に絞らせようとすればするほど、（後から見れば）大臣が知っておくべきであった事項に目が届かないことになる。スコット調査やブレア政権の「シエラレオネ」問題の調査（Legg and Ibbs, 1999）など、スキャンダルに関する調査報告書では、大臣が重要書類に目を通していなかったことが明らかになるのが常である。便利な言い訳に使われている可能性もあるが、大臣が不利な立場に置かれているのも事実である。一九六〇年代の閣外大臣は、元労働党・自由民主党の政治家ロイ・ジェンキンスの言葉を借りれば「使い走り」として使われていたが、今では、閣内大臣から省庁業務の一部を割り当てられ、閣外大臣の仕事は広がっている。閣外大臣は首相が選任するので必ずしも閣内大臣とうまくいくとは限らないが、政治家の目指す方向に政策を向けるのに役立っている。

規模と範囲

時間の問題に加えて、省庁によっては規模が大きく政策の範囲が広いために、所掌する全分野の問題に大臣が同時並行で取り組むことは困難になっている。二〇〇六～〇七年に内務大臣ジョン・リードが、移民、テロ、刑務所、ＩＤ

カードといった諸問題が同時に重大な局面を迎えていると訴えたのはその例である（刑務所に関する責任はその後まもなく新司法省に移管された）。一九八八年に始まったネクストステップ計画（第4章参照）が比較的スムーズに進んだ理由の一つは、ルーティン業務を準独立の執行エージェンシーに「分離」することによって大臣や幹部公務員の行政運営の負担を軽減し、中核となる省庁の人間が政策立案に割くことのできる時間を増やす、と謳ったからである。政策と運営の分離は当初のねらいほど明確にはできず、政治的に必要がある場合（つまりニュースになるような場合）には、やはり大臣がエージェンシーに介入することとなった。例えば一九九五年に刑務所からの脱走事件が起きたときは、保守党の内務大臣であったマイケル・ハワードが刑務所庁に介入し、長官を馘にした。またエージェンシー化によって大臣は、何か起きたときに、政策そのものを考え直すのではなく、公務員の運営のせいにできるようになっている（例えば、児童援助庁のケースや、ゴードン・ブラウンが導入した共働き世帯の税額控除を実施した歳入関税庁のケース）。それでも、エージェンシーを創設し、その全体目標を定めることによって、大臣や幹部公務員は、従来あまり注意を向けてこなかった実施部門に対して、どのような政策目標や実施目標の達成を求めるのか考えざるを得なくなった。

専門知識

大臣は通常、その省庁の政策分野における専門知識を持っておらず、政治的目標の達成に結びつかない誤った議論を公務員がしても、それを見抜けない可能性がある。教育大臣になったジリアン・シェパードは、一九九五年春の教員組合の大会において組合委員長に、大臣の地位を単なる出世の踏み台として見ない人物は長年の間で初めてだと評された（もっとも、シェパードの次も、同じく教師出身である労働党のエステル・モリスが大臣に就いたのだが）。首相は、組閣する際、党内の派閥バランスなど多くの要素を考慮しなければならない。さらに言えば、所管事項の専門知識がない人材を任命する方がよいという事情もある。ジョナサン・エイトケンが国防調達大臣に任命されたときは、エイトケンが重役を務める武器貿易会社の便宜を図るおそれがあると批判された。このときほどではないにせよ、労働党政権でセインズベリー卿が貿易産業省の大臣を務めたときにも同様のことが言われた。また、トニー・ブレアは、九七年に組閣したとき、野党時代に影の内閣に入っていた人物をそのまま対応するポストに任命することはしなかった。影の大臣のときに実現性のない公約をしていたからである（教育担当のフランク・ドブソン、欧州担当のジョイス・クイン、そして、「労働党は鉄道を再国有化する」と発言していた運輸担当のクレア・ショート）。一般的に、詳しい知識を持つ大臣は、細部に溺れてしまい、政策立案に政治的側面から貢献するという役割を見失う可能性がある。このことは、エステル・モリスが学校に関心があるため大局を戦略的に見ることが難しいとして大臣にしては珍しく自ら辞任したときにも認めている（資格カリキュラム機構が試験の採点に介入したりブレアの教育顧問であるアンドリュー・アドニスが頻繁に教育省に介入したりしたことも引き金になったと言われたが、裏づける証拠はない〈Denham, 2003: 292-293〉）。

在任期間の短さ

ほとんどの大臣は一時的にその職を務めるだけで、平均在任期間約二年で次のポストへ移っていく。なかには、かつて立派に閣内大臣を務めたり閣外大臣として働いたりしたことのある省に戻ってくる者もいる（前者の例は内務大臣のジェンキンスや環境大臣のヘーゼルタイン、後者の例は環境省のジョン・ガマー）が、対極の例として、一九八六年から九五年までの間に運輸大臣を務めた者は七人もいた。ブレア政権発足から二年が経過した九九年夏の内閣改造熱は、政策立案における専門知識の必要性よりも内閣改造を行う政治的理由の方が通常強いということを示している。二〇〇七年にゴードン・ブラウンが大臣の顔ぶれをほとんど全員入れ替えたのも、ブレアの内閣改造よりは慎重に練っていたとはいえ、「経験」より「目新しさ」を求めてのことだった。

しかし、よく大臣と対比される幹部公務員の「継続性」と「専門性」は、誇張である。大臣のそばで働く公務員も、二〜三年ごとに、時には省庁を越えてポストを移るからだ。こうした幹部公務員はジェネラリストの管理職であり、自省庁の業務であっても専門的な詳細についてはある意味で大臣と同様によく知らない。幹部公務員が貴重な専門知識を持っているのは、ホワイトホールやそこの人々、手続についてである。しかし、一九九〇年代半ばには、ほとんどの大臣に一〇年以上の経験があったため、当時の保守党政権は公務員に対して比較的優位に立っていた。ケネス・クラークのように、議会で投票を待つ間に短時間ながらしょっちゅう他の大臣と言葉を交わすなどして、公務員の手を借りることなく他の大臣と調整をつけられるやり手の大臣もいた。九〇年代に保守党の大臣が政策上の過ちを犯したら（人頭税、大ロンドン制復活構想の拒絶、イラクへの武器輸出の許可決定など）、たとえ政治決定を実行に移したのが公務員であって、その態度が熱心すぎたとしても、やはりそれは大臣の過ちとして見られただろう（人頭税については、Butler *et al.* 1994を、「イラクへの武器輸出」についてはScott Report, 1996を参照）。

情報へのアクセス

しかしながら、公務員は、たとえ他省庁から移ったばかりでも、大臣よりは専門知識を手に入れやすい。省内の情報へのアクセスに関するルール（特に、政権交代で入ってきた大臣に前政権時代の文書を見せないという慣行）を司る立場にあるからだ。ジェネラリストである幹部公務員は、政策を立案したり大臣と会ったりする際、その事項について省内の専門家の手を借りることができる。大臣の側は、一九七〇年代に、情報収集や分析の仕組みを改善させた。ヒース政権は、内閣府に中央政策検討スタッフ（CPRS）を置き、各省庁から切り離した形で政府の長期戦略を検討させた。マーガレット・サッチャーは、前任者にならってダウニング街に小規模の政策室を作り、CPRSを廃止して（大臣や省庁の好まない大胆な報告書をCPRSが出そうとするとタイミング悪くそれが漏らされることが多かった）政策室を拡張した。最初にヘーゼルタインが、次いでサッチャーが財務管理イニシアチブ（第4章参照）を推し進め、これによって大臣は各政策プログラムに充てる人員や予算に関する体系的な知識を入手しやすくなり、従来より多くの情報を踏まえて省庁の政策に優先順位をつけられるようになった。さらに重要なのは、サッチャー政権が、公務員ではなく政治顧問やシンクタンクの力を借りて、政策について独自の考えを築いていたことである。

サッチャーの政策室で初代の長を務めたジョン・ホスキンスは、サッチャー政権とホワイトホールの緊張関係を生き生きと記している。ホスキンスも、サッチャーと同じように共に仕事をした幾人かの公務員の才能は高く評価していたが、個別の人事やボーナスに関して公務員が裏で暗躍するのを目にし（またはそう思い込み）、また経済についても公務員はイギリスにとって有害な政策助言をする「敗北主義者」だと考えた。一九七九年に公務員と衝突することがあってからは、「ますます確信を持って強固に、希望ある未来にとっての真の敵は公務員だ」と感じるようになった（Hoskyns, 2000: 128）。一九六〇年代以降、ホワイトホールは右派からも左派からもこのような批判を盛んに受け、公務員は大臣に対して有利な立場にあることを利用して大胆な政策に巧妙に歯止めをかけ、中道が続くように仕向けている、と言われた。

左派の一部から見れば、幹部ポストの多くをパブリックスクールやオックスブリッジの出身者が占め、変革より継続を目指す政策をとっている公務は、伝統的権力機構の要だった。さらに突きつめた主張になると、幹部公務員は出身階級や学歴によって結束しており、少なくとも場合によっては、有力グループあるいは「支配階級」にさえなれる、と言われた。リチャード・クロスマン（Crossman, 1975, 1976, 1977）、トニー・ベン（Benn, 1987, 1989, 1990）、バーバラ・キャッスル（Castle, 1990）といった大臣の日記や、労働党政権時代の公務上層部の働きに触れた他の文献（例えば、Kellner and Crowther-Hunt, 1980; Sedgemore, 1980 参照）を見ると、一九六〇年代、七〇年代には心底から公務員に不信感を抱く労働党幹部がいたこと、省庁上層部における業務上の関係が時に一触即発の状態であったことが分かる。

他方、政治的に全く逆の立場からは、第二次世界大戦後ホワイトホールは超党的な「合意」に慣れて介入主義的な社会経済政策をとるようになったため、右派の提案する急進的な政策を幹部公務員が嫌がるようになった、という批判が行われた。保守党が政権奪取を目指しサッチャーの下でそれを実現した一九七〇年代、八〇年代には、こうした見方が特に有力だった。サッチャーが公務員を軽蔑していたことは多くの研究者が取り上げている（例えば、Hennessy, 1989, ch. 15; Richards, 1997; Young, 1993: ch. 9 参照）。サッチャーの見方は、ニスカネン（Niskanen, 1971）の理論にある程度基づくものだったが、これは、官僚は一般的に自らの利益を追求して地位や給与を高めようとするので、そのために省庁を拡大しようとし、官僚組織の拡張そのものが目的化して政治家への政策助言もそれを背景としたものになる、という理論である（このような見解が経験的にできあがってきたことについては第4章参照）。七〇年代、八〇年代には、このような基本的前提に立つ考え方が、米国でもイギリスでも、政府に対する「ニュー・ライト」の態度に大きな影響を与えた。

ただし、政策面における公務の役割に対してこうした左右両翼からの批判があまねく行われていたわけではなく、労働、保守両党の政権幹部でさえ批判一色ではなかった。実際、どちらの党にも、閣僚仲間が公務員の「権力」をやかましく批判するのを、自分の失敗の言い訳にしているだけだと見ている大臣はいた。それでも、政策面における公務の役割をめぐる最近の問題や議論を検討するには、一部の政治指導者がこうした見方を強く支持していたという背景を知っておく必要がある。

一九九七年に労働党が政権を取り戻したとき、公務に対する労働党の姿勢には、それまでの経験やかつて政権についていたときの不信感に加え、二つの新たな要素も影響していた。保守党が長い間政権の座にあったことと、労働党自身が「現代化」の過程にあったことである。もともと労働党は歴史的あるいは伝統的に幹部公務員を「権力機構」の要と見て警戒心を抱いていたが、九七年の時点ではこの二つの要素によってますます警戒心が強まっていた。まず、保守党が一九七九年から九七年まで一八年間も政権に就いていたため、従来あった公務の中立性が崩れているのではないかと労働党はおそれていた。労働党内では、野に下っていた長い間に、連続四期にわたって保守党議員とともに働いたことで、幹部公務員がどれほど影響を受けたのかという懸念が強まっていたのである。幹部公務員は九七年の総選挙前に主要労働党議員に対して非公式ブリーフィングを行い、前向きな姿勢を伝えていたが、それでも、保守党大臣に示せる政策選択肢の幅が限られていたためにホワイトホールの「思考様式」が影響を受けたのではないか、という労働党の心配は消えなかった。二つ目の要素は、労働党が進めていた「現代化」の一側面に由来するものである。トニー・ブレアが党首になった九四年以降、労働党の政策形成手法は合理化が進み、マスコミ対応もミルバンクの党本部を拠点に専門化した。どう見ても党派性の強いこの「ミルバンク体制」は巧妙で効率も良く、すぐに政治色のない伝統的なホワイトホールのやり方と対比されて、公務はだめだと言われた。ミルバンク体制は選挙戦や不利な記事への「反論」には長けていても、政権に就いたとき必要になる政策や政策形成システムの備えとしては十分ではなかったのではないか、と労働党指導者が言い始めたのは、ずっと後になってのことだ。

トニー・ブレアの内閣は一九九七年に誕生したが、このとき大臣たちは、二〇年近くも保守党政権に仕えた公務員がはたして労働党大臣の求める助言を提供しようとするのか、明らかに疑いを抱き、従来より多い顧問を自前で連れてきた。政策の専門知識を有する顧問と報道界の経験を持つ顧問一人ずつというのが典型である。ブレアは、ダウニング街一〇番地にある官邸に、メージャーやサッチャーよりはるかに多い数のスタッフを集めた（彼らが一〇〇人だったのに対して、ブレアは一五〇人）。新任で経験のない大臣たちは、サッチャー、メージャー両政権の経験豊富な保守党大臣に比べ、ブレアの政策室の指示（「トニーが求めているのは……」）を重く受け止めた。省庁においてもブレア政権の顧問は以前の政権に比べて大きな力を持った。大臣は年若い顧問の言うことを前政権の頃よりも重視し、一時的に入ってきた公務員と職業公務員との軋轢が増えた。多くの幹部公務員や報道官が辞めたり異動させられたりした。

例えば大蔵省では、ブラウンの特別経済顧問エド・ボールズ（首席経済顧問を務めた後、政界入りした）と報道顧問チャーリー・ウェランが力を持ち、省内の公務員のトップだったテリー・バーンズは引退して、大蔵省報道官ジル・ラターは別のポストに移された。ただし、この二人が伝統的な中立かつ匿名性の高い職業官僚だったわけではない。バーンズはサッチャーに任用されて学界から大蔵省に入り経済分野でトップの地位についた人物であり、ラターはメージャーの政策チームで人頭税の立案に携わっていた。ウェラン自身も一九九九年には、ブレアとブラウンの確執を煽っているとして（本人は強く否定）、ブラウンの経済運営より大きくニュースに取り上げられるほどになり、辞任した。新労働党と公務員の関係はやがて「政治化」の議論を再燃させることになった。政治化の真の危険については本章で後に考察するが、その前に、公務員が中立性を保ちつつ政策顧問として大臣に最も信頼されるようになるためのルールを見てみよう。

2　無理なこと？——中立性に関する憲法ルール

政策面において公務員が中立であるべきことは、『公務員規範』（Cabinet Office, 2006b）において正式に定められている。これは、スコット調査による批判に対応する措置として予想されていたとおり、メージャー政権が白書『公務——さらなる継続と変革のために』（Cabinet Office, 1995）において発表したものである。そして、間接的には、公務員（特に幹部公務員を代表する組合であるＦＤＡ）や議会、国民が、大臣や公務員の反倫理的行動を防ぐ強力な法的文書（できることなら公務員法）を求めていたことに対応する措置でもあった。大臣が公務員を使い、公務員がそれを甘受したり、あるいは大臣と結託したりして、従来の政府の境界線を越えるような行動をとるケースが相次いでおり、「イラクへの武器輸出」に絡むスキャンダルはその最新の例にすぎなかったのである。一〇年の間に起きたいくつもの事件で、公務員の行為に対する国民の見方はすっかり変わり、『エコノミスト』誌一九九四年四月三〇日号の「バジョット」に「内閣秘書長であることはもはや誠実・廉潔と同義ではない」と書かれるほどになった。主な事件は次のとおりである。

・一九八六年一月、サッチャーの首相秘書官の一人チャールズ・パウエルと首相報道官バーナード・インガム（両者とも公務員）が貿易省の報道担当官（公務員）を唆《そそのか》して、司法長官から当時の国防相ヘーゼルタインに宛てた機密書簡をメディアに漏洩させ、ウェストランド社（ヘリコプター会社）の売却についてサッチャーと立場を異にしていたヘーゼルタインを困惑させた。調査報告書は公表されず、そもそも調査が行われたのも司法長官が警察に訴えると迫ったからだった。議会の委員会は秘書長ロバート・アームストロングやパウエル、インガムに対してきわめて批判的であったが、サッチャーとアームストロングは、大臣たちに代わって議会委員会の公務員招致を拒んだ。懲戒処分は行われなかった。

・一九八六年一二月、内閣秘書長が、きわめて異例なことに、元防諜職員の著書『スパイキャッチャー』を政府が発禁処分としたことについてオーストラリアの裁判所に弁論資料を提出した。アームストロングは「事実を出し渋り」（つまり全体像を明らかにせずに）、この本の発禁を過去の類似のスパイものと同じと思わせようとした。裁判官はこれを偽りと解した。

・一九八八年九月、チャールズ・パウエルが、ブルージュで行われる予定のサッチャーの演説の原稿を直してＥＣへの反対を強くにじませ、外務大臣や多くの主要大臣の立場と一致しないものにした。外務省と官邸が通常のやり方で十分調整し、政府全体としての立場を反映した演説原稿になっていたのに、その後パウエルが一方的に修正を入れたのである。

・一九九一年春、大蔵大臣ノーマン・ラモントがロンドンの自宅から借家人「ミス・ウィップラッシュ」（訳者注：娼婦として有名だった女性）を立ち退かせたことに関する報道機関の照会に対応するため、大蔵省事務次官ピーター・ミドルトンが、省の予算から弁護士に四七〇〇ポンド支払うことを承認した。もう一人の大蔵省事務次官テリー・バーンズは、ラモントの私的活動であっても経済が影響を受ける可能性があるとして、一九九三年の議会の財務・公務委員会でこれを擁護した。

・最後の例として、再度になるがスコット調査の件がある。イラクへの武器輸出を禁じる政府指針があるにもかかわらず三人の閣外大臣が企業にそれを奨励し、公務員が彼らを補佐していたことが、スコット調査によって判明した。議会でこの政策変更を明らかにする質疑が行われた際、三省の公務員は「いいかげんで誤解を招きかねない」「不正確」「事実に反する」と承知で答弁を作成し、大臣に署名させようとした（Scott, 1996: D4. 25-42）。ある下級外交官は、事実でない答弁を書き続けるよりはと外務省からの辞職を選んだようだ（Bogdanor, 1996: 32）が、他の十数人の職員の仕事ぶりはひどく、もし裁判官が、先述のとおり公務員が弁護側に見せていなかった文書を開示させることに（大臣、司法長官に代わって）同意しなければ、そしてもし事件の中心人物であったアラン・クラーク大臣が法廷でうっかり事実を口にすることがなければ、マトリクス・チャーチル社の重役たちは刑務所に行く羽目になっていただろう。

公務員は、大臣と親密になりすぎて、その政治理念に共鳴するあまり中立的な助言ができなくなっていたのだろうか。それとも、輸出許可について議会で答弁したら大騒ぎになりイギリスの貿易に悪影響があるというのが大臣の判断と見て、それを補佐しただけだったのだろうか（Barberis, 1997: 17）。大臣は政治問題になるのをおそれて公務員に圧力をかけ、公務員の方は不満を表明すればキャリアがだめになるかもしれないと思ったのだろうか。一九八五年には、ロバート・アームストロングが内国公務の長として、公務員によるいくつもの漏洩事件を踏まえて、公務員は「時の政府」に尽くさなければならないと警告する正式の「指針メモ」（以下及び第5章参照）を出していた。スコット調査の結果が明らかになってきた頃、ＦＤＡの事務局長リズ・シモンズは、財務・公務委員会に対し、公務員はこれまで大臣の求めがあれば議会に「協力しない」あるいは「事実を出さない」こととせざるを得なかったと述べ、正式な公務員倫理規範を求めた（Treasury and Civil Service Committee, 1994）。

同委員会の報告に応じて政府は一九九六年に『公務員規範』を定め、小冊子にして広く配布した。内容は従来言われてきたことと何ら変わらなかったが、内閣府は、既存の原理を「より分かりやすい形で」まとめたと説明した（Lee *et al.*, 1998: 236）。特に、この規範に抵触する行為を求められたと考える公務員が人事委員に訴えることができる旨が新たに定められた。もっとも、まずは組織内部で問題提起することとされており、ほとんどの公務員にとっては道が開かれていないも同然だった。二〇〇六年に改正された『公務員規範』では、やはりまずは内部で問題提起することが奨励されているものの、人事委員に直接訴えることも認められた。この規範は内国公務に属する全職員に適用され、権限移譲を受けた自治政府や外交官、北アイルランド公務の職員にも同様の規範がある。

二〇〇六年版の『公務員規範』は、内国公務の長ガス・オドンネルと首席人事委員ジャネット・パラスキバの下での協議を経て作られた。これらのルールの本質は、公共政策の立案及び実施において公務員が十分かつ正当な役割を果たせるようにするとともに、公務に不可欠な中立性も確保するということである。『公務員規範』は比較的簡潔な文書だが、その重要性については疑問の余地がない。『公務員規範』が公務員の正式な雇用条件の一部であり、公務員と使用者との契約関係における重要な要素であることが初めて明確にされたのである。『公務員規範』の第二項は、「客観性」「中立性」についてそれぞれ、「精緻に分析した根拠に基づいて助言や決定を行うこと」、「案件の内容のみに従って行動し、いかなる政治的主張の政権にも等しく仕えること」と実際的な定義を置いている。

資料2-1に掲げたのは、公務員の客観性、政治的中立性について特に『公務員規範』が触れている部分である。このほか、公共政策の実施にあたって公務員が市民を平等に取り扱うという意味での中立性については別に項が一つ設けられている。ここに定められた公務員の行動のルール（大臣については別途各首相が定める規範がある）は、政治化したり

資料2-1　『公務員規範』：客観性及び中立性の基準

客観性

公務員は次のことをしなければならない。

・根拠に基づく情報及び助言を提供し，選択肢や事実を正確に示すこと。

・案件の内容に基づいて決定を行うこと。

・専門家の助言を適切に考慮すること。

公務員は次のことをしてはならない。

・助言を行う際に，都合の悪い事実や考慮要素を無視すること。

・政策決定が行われた後にその実施を妨げること。

政治的中立性

公務員は次のことをしなければならない。

・いかなる政治的主張を持つ政権に対しても，自らの政治信念にかかわらず全力で仕えること。

・大臣に信頼されるよう，そして将来別の大臣になっても同じ関係が築けるように行動すること。

・政治活動の制限を遵守すること。

公務員は次のことをしてはならない。

・党派的な政治的配慮によって行動すること。

・公の資源を党派的な政治目的に用いること。

・個人の政治信念によって助言や行動を決めること。

出典：『公務員規範』（Cabinet Office，2006b）から抜粋。

「官僚の力」を行使しようとしたり（個人の政治的立場や自省庁の立場に都合のよい事実や助言だけを提示する，あるいは政権交代を見越して政策の実施を遅らせる等）する公務員への警告になっている。ＦＤＡが遠回しに述べたように，下級公務員にとっては，上層部から圧力を受けたときに抵抗するための助けにもなるだろう。

とはいえ，「大臣に信頼されるよう，そして将来別の大臣になっても同じ関係が築けるように行動すること」（資料2-1参照）という指示にはどうしても曖昧さが残る。「ホワイトホール・モデル」を規範として支持する人々によれば，そのような態度は公務の価値観に長く親しむことで身につけやすくなるのであり，保守党政権の下でイギリス公務に「企業」的な価値観が持ち込まれたために，そうした公務の価値観は壊れてしまったという（O'Toole，1997: 92-93）。しかしスコット調査によれば，サッチャー主義の出てくるはるか前に採用された公務員は，議会や法廷に対しての説明は「部分的であっても正確であればよい」のであって全体像と違っていてもかまわない，という考え方に親しんでいたようである。オトゥール（O'Toole，1997: 93）は次のように問題の本質を捉えている。『規範』という形に格上げしたとしても，常識を繰り返し唱えるだけでは，公の義務を尊び受け入れさせるための十分

資料2-2　『公務員管理規範』：公務員と政治

原則

・公務員は……政府の政策，決定及び行動を妨げようとしてはならない。

・公務員は，現在又は将来の政府に中立に仕えること……が困難になるような政治活動又は公の活動を行ってはならない。

重要なルール

・新政権は通常，他党による過去の政権の文書を見ることはできないのが長年の慣行であり，公務員はこれを守らなければならない。特にそれが適用されるのは，大臣自身による検討や大臣に対して行われた助言に関する文書である。

・公務員の地位によっては，政治活動に参加する権利が制限され得る。

「政治的に制限された」公務員

・上級公務員及びその直下のレベルの職員，並びにファーストストリーム育成計画の対象職員は，全国的な政治活動をしてはならず，地方における政治活動に携わるにも許可を求めなければならない。

一般的な行動基準

・「政治的に自由」なカテゴリー以外の公務員は，１つの政党に強力かつ包括的に肩入れする個人的な政治見解を表明して，他党に所属する大臣に対し忠実かつ有効に仕えられなくなるようなことをしてはならない。

・穏当な発言をするよう注意しなければならない。所属省の大臣が責任を有する事柄については特に注意が必要である。当該大臣の責任に及ぶ議論が起きている事柄については発言を避け，また個人攻撃は避けるようにしなければならない。

・不注意その他によって大臣や所属省への注目を集め政治的議論を引き起こすということがないよう，十分に気を付けなければならない。……中立性について疑念を生じさせないよう，政治的に議論になっている事柄については常に発言を控えなければならない。

出典：『公務員管理規範』（Cabinet Office，2006a，section 4）から抜粋。

な手立てにはならない」。

公務を政党政治から遮断するために設けられた規則体系の中で重要なのが、政治活動の問題である。公務員も社会の一員として政治的な考えを持ったり表明したりする権利は当然ながら有しているので、恒久的職業公務員制の原則を守ろうとする場合、そうした権利と公務の中立性を確保する必要とのバランスをとることが課題となる。公務員の政治活動に関する正式のルールは、公務員の勤務条件を網羅的にまとめた『公務員管理規範』（Cabinet Office，2006a）第四章に定められている。

資料2-2には、終身公務員に適用される政治活動の一般原則を掲げている。いくつかの一般原則やルールは、すべての職業公務員に適用される。特に、政策に関して政府の立場を批判する（あるいは野党の立場を賞賛する）ように見える政治活動を行うこと、他党の政権時の政策ペーパーを現政権に見せることは避けねばならない。イギリスでは「中央政府は閉鎖的な政府の極端な例」であり、決定者たる官僚を短期的な政治圧力から守るという原則が、スカンジナビア諸国のとるような「政府の開放と説明責任」という原則より優先されてきている（Peters, 1989: 256. また Vincent, 1998 及び本書第5章も参照）。

政治活動に関する制限の程度は、公務員のレベルによって異なり、約四〇〇〇人の中堅・幹部級の公務員は、全国的な政治活動が禁止されている（「政治的に制限されている」）ほか、地方政治においても認められる活動はごく限られており（表に出ない事務の仕事など）、許可を受けた上でよほど注意して活動しなければならない。このカテゴリーの公務員は、許可を得ようとすることもまずない。これに対し、数は少ないが「ブルーカラー」の現業職員は、「政治的に自由」とされる。この二つのグループの間に位置する職員は、自省庁やその大臣に影響しそうな事項について意見を言わないのであれば、許可を受けて注意しながら地方政治に参加できる。『公務員管理規範』は、こうした戒めを掲げた上で、可能であれば必ず許可を出すよう各省庁に寛大な指示をしている（Cabinet Office, 2006a, para. 4. 4, annex A）。それでもやはり、幹部公務員や幹部になることを目指す公務員は、自分の政治的所属を明らかにしないよう注意を払っている。

もう一つ、議会特別委員会に対する公務員の証言という微妙な問題を扱った重要な文書がある（Cabinet Office, 2005a）。公務員の答弁の仕方に関するこのメモが初めて作られたのは一九六七年で、下院議長リチャード・クロスマンが特別委員会を導入したことを受けてのことだった。この「オズモザリー・ルール」（名称は八〇年版をとりまとめた公務員の名に由来する）は、次のように、公務員の答弁は（口頭であれ文書であれ）事実説明のみでなければならないことを明確にしている。

政府の政策や活動についての公務員の発言は、常に公務の政治的中立性という原則に則ったものでなければならない。公務員は、政治的に議論のある問題について政策論争に巻き込まれないよう、できる限り注意すべきである。この制限を超えるような発言を委員会に求められた場合は、そうした質問は大臣に対して行うものであると述べる必要がある。

(Cabinet Office, 2005a, section 4A, para. 55)

このように、『公務員規範』、『公務員管理規範』、オズモザリー・ルールが一体となって、公務の中立性に関する正式な憲法規則を構成している。

3　政治化の四つのリスク

正式な憲法規則で理解できるのはここまでだが、歴史的経緯を見ても分かるとおり、「政治化」の問題は複雑で、幹部公務員と大臣の力のバランスや業務上の関係など、さまざまな文脈で浮上する。政治化のもたらす主なリスクは何だろうか。客観的に見て、公務の中立性という憲法的な価値を脅かすような政治化には四つの形態があると思われる。政府の公式の政策に公務員が密かに反対しているときに起こり得る反政府的な「逆政治化」、公務部内で党派的な人事が行われること、公務員が政治的な仕事をするよう求められたり期待されたりすること、そして外部からの政治任用者に公務の機能が奪われることである。それぞれのリスクについて簡単にコメントしていこう。

政府内からの反対

公務員が政治家たる上司の敵に回り、『公務員規範』の制約を超えて、情報漏洩を行うことで政府を妨害したという例は、公務の歴史上いくつも見られる。政治的意図に基づく情報漏洩は、一九七九年から九七年まで保守党政権が長く続いた頃にも、何度も大きな問題になった。政府の行う特定の政策や活動に反対して、あるいは、より一般的に公務全体が冷たく扱われている（ように見える）ことに対して、行動を起こす公務員がいたのである。

サラ・ティズダルやクライブ・ポンティングのケースをはじめ、裁判になった数々の有名事件で、公務員は懲戒処分や法的措置を受けている。ティズダルは、グリーナムコモン空軍基地に関する文書をガーディアン紙に漏らし、国家機密保護法違反で刑に服した（Pyper, 1985 参照）。ポンティングは、フォークランド戦争中に起きたアルゼンチンの巡洋艦「ヘネラル・ベルグラーノ」の撃沈に関する調査について大臣が議会を誤った方向に導こうとしていることを明らかにする（とポンティングは主張する）文書を漏洩し、中央刑事裁判所において陪審団に無罪とされた（Ponting, 1985 参照）。こうしたケースを受けて、当時の内国公務の長が声明を出した（「アームストロング・メモ」）。このメモは、公務の仕事には道徳的、倫理的問題がつきものであることを認めつつ、公務員の憲法上の地位を改めて示し、大臣に忠実に仕えるという公務員の基本について念を押している。この声明は後に『公務員規範』に組み入れられた。ポンティング、ティズダルらは、情報を漏らしたのは露骨な政治的意図あってのことではなく、むしろ、大臣の倫理や行動基準を強く憂慮したためであると主張した。ここには「グレーの領域」が存在しており、公務はこの領域の取り扱いに成功しているとは言えない。アームストロング・メモは「良心」の問題をどう報告するかについて指針を定めたが、先に触れたウェストランド問題の際には、このメモがカバーしているはずの倫理的ジレンマに公務員が直面し、指針が機能していないことがはっきりした（詳しくは、Linklater and Leigh, 1986 参照）。九八年以降は、公務員も一般の被用者と同様に、制限があるとはいえ公益開示法による権利を有している。公益開示法は、犯罪、法律義務違反、誤審、安全衛生上の危険、環境被害に関する情報を開示した者を保護する法律である。しかしこれは、各事項の通常の通報ルートを使い、情報開示もその中で行うということを想定しており、政治目的のための情報漏洩を合法化するものではない。

公務員による情報漏洩は、単独党の政権が長く続いたときに起こるようである。一九九七年以降の労働党政権の下では、特定の事項に関する公務員の不満や、より一般的に政府の公務運営に対する反感から、何度も情報漏洩が起きている。ここでは簡単に二つの例を挙げれば十分だろう。二〇〇四年に、内務大臣のビバリー・ヒューズが、亡命希望者に関する当局の情報が漏れたことで批判を受け、辞任に追い込まれた。もう一つ、さらに微妙なケースとしては、イラクの大量破壊兵器に関する政府報告について国防省職員であるデービッド・ケリー博士が報道関係者に概要説明を行った際、『公務員規範』に反して事実以上のことを述べ政治的臆測の領域に踏み込んだ、という証言が下院行政特別委員会で行われた（Public Administration Committee, 2004）。その後ケリー博士が自殺したため、正式の調査が行われることになり（Hutton, 2004）、その結果、ＢＢＣの経営委員長と会長が辞任することになった。

公務員が政治的意図を持って情報漏洩を行い、内部から政府の足を引っ張る、ということは広く行われているわけではない。むしろ、失望からそうした行為に走ったという、かなり特異な個人的行動であることが多い。その意味で、公務の政治化が進んで反政府派が一致協力するようになる、というおそれはかなり薄い。

公務における党派的人事

一九八〇年代に、公務員の任用過程において党派政治的な基準がまかりとおっていると言われ、深刻な議論になった。一時期、サッチャー政権が幹部ポストの任用制度を操作して幹部公務員の政治化を図っているように見えたのである。ヘネシー（Hennessy, 1989: 630-631）が指摘するとおり、幹部公務員やジャーナリストのヒューゴ・ヤングをはじめとする識者の中には、サッチャーは従順なホワイトホールを作るために人事を行っている、と主張する者がいた。しかし、綿密に調べると、政治化が行われたことを示す直接的な証拠はほとんど存在しない。マーガレット・サッチャーが首相を務めた時期は、幸運なことに幹部公務員の世代全体がちょうど引退する時期に当たっていた〈ヘネシー〈Ibid.: 630〉の言葉を借りれば「ほぼ総入れ替わり」だった〉。歴代のほとんどの首相が、幹部公務員の昇進を監督する組織――幹部任用選考委員会（ＳＡＳＣ）――に注意を向けなかったのに対し、サッチャーはＳＡＳＣの仕事に目を光らせ、正当な権限を行使して、ＳＡＳＣの作る最終候補者名簿から人を選んだ。選ばれるのは、新しいマネジメントの考え方を支持し、伝統的なホワイトホールの慣行から外れることを厭わない、若手公務員であることが多かった。不平不満は消えなかったが、

王立行政研究所が集めた選りすぐりの有識者から成る委員会は、ケンブリッジ大学ウォルフソン校のデービッド・ウィリアムズ教授の下で、官邸が幹部人事に寄せる関心は一九七九年以降かつてないほど強くなっているものの、サッチャー氏が幹部公務員の政治化を進めているというのは事実無根である、と結論を出した。（Ibid.: 1989: 634）

ジョン・メージャーとトニー・ブレアは、幹部公務員の人事に対してサッチャーほど周到には対応していないように見えた。しかし、ブレアが首相になってしばらくすると、ホワイトホールに対する不満の高まりが垣間見えるようになり、政府は新しい幹部公務員集団を必要としているというサインを出し始めた。公務基準委員会（Committee on Standards in Public Life, 2003）は、公開競争で採用する公務員を政府が大臣に選ばせようとしているのではないかと懸念を示した。しかしまもなく、政府にはそこまで急進的なことをするつもりはないことが判明した。政府が目指していたのは、政治的な基準を用いて「適切な」人材を任用することではなく、幹部公務員の専門能力の育成を現代化することである。ブレアは、二〇〇四年二月に公務員制度改革に関する重要な演説を行い（Prime Minister, 2004）、公務員が「プロフェッショナル」な専門家として高い能力を身につける必要があることを説くとともに、必要な能力を身につけている者の昇進を早めるべきであることを明らかにした。これは、任用過程を通じて上級公務員を政治化するということではなく、サッチャー式に倣うことを意図しているようであったが、首相がこれまでよりも上級公務員の人事に関心を寄せることにはなるであろうと思われた。

その後、同年一〇月に「公務員に必要な専門能力（ＰＳＧ）」計画が始まり、上層部及び中堅の管理職公務員が身につけるべき幅広い能力が示された。この新たな取り組みにおいては三つの職業グループが設けられ、その一つが「政策立案」、すなわち政策の作成、検討、評価を行う職員のグループとされた。上級公務員（政策立案の中心になる）、または上級公務員を目指す職員は、「リーダーシップ能力」のほか、コミュニケーション、マーケティング、戦略といった面の能力も必要となる（ＰＳＧの内容やそれに関する意見については、Mottram, 2005; Talbot, 2005; Cabinet Office, 2006c 参照）。

政治的業務の遂行を求める圧力

政治化の三番目のリスクは、終身職の職業公務員が政治的な仕事をするよう求められる可能性があることである。これには、事実や数字を特定のやり方で提示する、つまり情報に党派的な「操作」を加えることによって、与党が反対勢力より潜在的に有利になるよう計らうことも含まれる。

トニー・ブレア率いる労働党政権は、この種の政治化を行っているとして頻繁に非難された。非難を生んだのは主に、一九九七年の選挙で新労働党が政権に就いてからの政府情報広報局の運営である。先に触れたように、政権を取る前、労働党の巧みで効率的な「ミルバンク体制」は非常にうまくいっていたので、労働党幹部はこの専門的なメディア対応をホワイトホールに持ち込もうとした。しかし、新しく入ってきた「スピンドクター」（メディア対応の専門家）と公務内で任命されている報道官の間には深刻な緊張関係が生じ、報道官の多くは、政府の業務ではなく政治的な業務を行うよう、圧力をかけられていると感じた。政治顧問のアリステア・キャンベルが、二〇〇三年に政府を去るまで広報部門全体を統轄していたため、さらに緊張関係が高まっていた（Oborne, 1999; Jones, 2000, 2001; Oborne and Walters, 2004 参照）。〇三年のイラク戦争直前の時期に、この問題は急に再燃した。イラク戦争についての政府の主張を支える証拠資料を作るよう、情報機関の職員に圧力がかかっているという話が持ち上がったのである。この件に関する公式の報告書では政府に責任はないとされたが、大臣及び特別顧問の行為や、彼らが幹部公務員を実際どのように扱っていたかについては、疑惑が残った（Butler, 2004）。

政治任用者に公務の機能が奪われること

政治化のリスクの四つ目は、外部の人間が政治任用で公務のポストに就くことによって、伝統的に公務員が担ってきた機能が奪われるということである（キャンベルが政治任用者でありながら枢密院令によって公務員への指揮命令権を与えられた際にも、こうした主張がなされた）。外部からの任用者が、必ずしも伝統的な公務の官職に就いていないのに公務員の「縄張り」に入ってくることを許されている場合にも、類似のリスクがある。この後者のリスクは、公務員が政治的な業務を行うよう圧力をかけられるという議論（前頁参照）にもつながる。

近年このような懸念を生み出している政治任用者は、公務員が担う政策業務の一部を補完しようと大臣が連れてくる、特別顧問である。特別顧問を連れてくること自体は、原則として特に問題はない。首相は昔から公務員以外の何らかの専門的顧問から助言を得てきているし、一九六四年以降、大臣も、効果は一様でないものの一定数の特別顧問を任命することが認められている（Pyper, 2003 参照）。しかし、九七年に労働党が政権に就いてからの特別顧問のあり方は、政治任用者と公務員の仕事の関係に重大な疑問を投げかけることになった。既に述べたように、労働党はそれまでうまくいっていたミルバンク式のメディア対応をホワイトホールに持ち込もうとした。七九年以来の保守党の長期政権下で幹部公務員が一定の「思考様式」を身につけたのではないかという懸念が拭えない状況でもあったため、これらの要素は相乗効果を上げることになった。結果として前代未聞の数の特別顧問が政府に入り、大臣、公務員、「変則」的な非職業公務員という三者間の政策面での関係に重大な疑問が呈されることになった。

この問題について、もっと詳しく見ていこう。

4　特別顧問の影響

これまで、大臣への政策助言について、公務が完全に独占状態だったわけではない。省庁の政治的トップたる大臣は、常に、政党の調査部門や学界有識者、外部の「シンクタンク」などから助言を得て、公務員からの助言と比較考量してきた。公務外から得られる助言は大臣にとって非常に魅力があった。サッチャー政権は、政策問題研究所、アダム・スミス研究所、経済問題研究所など「ニュー・ライト」と大まかにくくられる多くの独立研究機関と緊密な関係を築いていたし、新労働党は、公共政策研究所やデモスなど、中道左派の立場で研究に基づく政策アイディアを提供する多くのシンクタンクとの付き合いが深かった。公務員は、自分たちの政策ペーパーが往々にして他と比較されること、また大臣が外部組織の政策ペーパーを重視することを、承知している。

一九六四年以降、大臣室に政治顧問がいることにも公務員は慣れてきた（特別顧問の役割の発展とその働きについては、Blick, 2004 参照）。イギリスの政府制度は、「大臣キャビネ」（公務員と大臣の所属政党の両方から人材を集める慣行の、小規模の政策顧問チーム）を任命する大陸型の慣行はとっていないが、一九六四年にハロルド・ウィルソン首相が初めて大臣の特別顧問を認めて以来、特別顧問を個別に任命する大臣は増える一方である。始まって一〇年後には、特別顧問の総数は三八にのぼった（これは、トニー・ベンやバーバラ・キャッスルなどの労働党大臣（六二頁参照）が、幹部公務員は大胆な政策構想を中道化しようとしているのではないかと疑ったためでもあった）。その頃、既にこうした政治任用者と公務員との関係は議論になっていた（Young, 1976; Blackstone, 1979 参照）。産業省、エネルギー省ではベンの任命した特別顧問が公務員と衝突して著しい緊張関係が生じていたが、そのほかはおおむね問題なく動いていた。サッチャーは、大臣が任命する特別顧問の数や種類を比較的厳しく統制したが、その後を継いだメージャーは手綱を緩め、九七年に首相の任期を終えるころには、推定約三五人がホワイトホールで特別顧問の地位にあった。

当時、公務員は特別顧問について、従来の公務の枠組では提供できないような、大臣に合わせた専門的な助言や補佐を行うものと見ていた。特別顧問は、党派的な助言をするものと明確に位置づけられているため、公務員を政治的な事柄から保護する役目を果たした。そして、逆説的かもしれないが、公務員が大臣にとるべき方針を説得するために使えるルートの一つとしても役立っていた。保守党から労働党に政権交代したときに内閣秘書長兼内国公務の長であったロビン・バトラーも、現実的な見方をしていたようだ。一九七四～七六年にハロルド・ウィルソン政権で首相秘書官として政策顧問と友好的に首尾良く仕事をした経験があるので、それも当然かもしれない（Donoughue, 1987: 19, 106）。バトラーは、上院公務委員会で次のように語っている（Public Service Committee of the House of Lords, 1998）。

> 首相は、いわば常によい助言を必要としていて、最高の人材から助言を得ようとしますし、その人材が政治任用者であれ公務員であれ、それは本当によいことです。……（1998: Q2133）
>
> 野党には、野党の代表と共に働く少数の顧問がいて親しい関係を築いています。政権をとってもその親密さは変わらず続きます……ので、政権交代というのは、大臣と特別顧問が既に築いているような信頼関係を大臣と公務員の間に築くということでもあるのです。すぐにできるわけではありません。多少は時間がかかります。それはもっともなことで、当然です。（1998: Q2140）

一九九七年の選挙直後から、労働党の大臣に任命された特別顧問の数は顕著に増えた。最初の数週間で五三人がホワイトホール入りし、九九年末には七四人となり（Richards, 2000）、その後八一人になった（Jones and Weir, 2002）。バトラーの後任となったリチャード・ウィルソンは心配していなかったようで、「特別顧問が七〇人いても、三七〇〇人の幹部公務員がそれに圧倒されるおそれがあるとは思わない」と述べたという（Richards, 2000）。次の内閣秘書長アンドリュー・ターンブルも、「数」は重要な基準でないことを指摘した。下院行政委員会への証言で、次のように数字を上げて説明している（Public Administration Committee of the Commons, 2004: 4 March 2004）。

公務が政治化されているか。それは単に特別顧問の数だけでは判断できないと思います。……特別顧問の数は三六、七人から七十数人とおよそ倍になっています。増えた分のほとんどはダウニング街一〇番地と一一番地、つまり首相官邸と大蔵省で、特に多いのが官邸です。他の省では、二人ルール、つまり閣内大臣一人につき特別顧問二人となっていて、これはかなりルール化しているので……例えば一五年前と比べて、特別顧問の数はそんなに大きく変わりませんし、省庁への影響力もさほど変わりません。

新労働党の特別顧問には大きく分けて二つのタイプがあった。一つは政策の専門家で、大臣室で働いたり、新規の政策構想で生まれた数々のプロジェクトチームや省内横断的な政策室に入ったりする。もう一つがメディア対策の専門家、いわゆる「スピンドクター」で、広報を担当する。しかし、どちらのタイプについても、一部の公務員ポストが実質的に政治化されているのではないかという議論があり、また、政府の政治的責務に沿った仕事をするよう公務員に圧力がかけられたという話も出始めた。

特別顧問は、従来の意味での公務員ではないが、公務員給与制度の特例規定が適用され、今では『行動規範』による規制も受けている。資料2-3には、『行動規範』のうち、特別顧問と公務員の業務上の関係に適用される主な規定を掲げている。

資料2-3　特別顧問と公務員：関係のあり方

・特別顧問の採用は，大臣が政治面でも助言や補佐を得られるようにするためのものであり，政治面の助言や補佐の機能を切り分けることによって終身公務員の政治的中立性を強化するものでもある。
・公務員は，成績主義により任用され，政治的に中立かつ公平に行動しなければならないが，特別顧問はこの限りでない。その他の点については『公務員規範』に従わなければならない。
・特別顧問は次のことをしてはならない。
『公務員規範』に反する行為を公務員に求めること。公務員に対し省庁の定める基準に反する行為をすること。予算や外部との契約に責任を負うこと。職業公務員が大臣に対して行う助言を止めたり，その内容を変えたりすること（ただし，意見を述べることは認められる）。採用，昇進，報奨，服務など終身公務員のキャリアに影響を与える事柄に関わること（ただし，首相官邸の特別顧問3人までについては除く）。

出典：『特別顧問行動規範』（Cabinet Office，2001a）から抜粋。

ブレア政権初期から、一部の公務員と特別顧問、なかでも「スピンドクター」との間には、摩擦が生じていた（Draper，1997参照）。一九九七年の選挙から数週間以内に、大蔵省の上級報道官など七人の幹部公務員が辞職した。九八年夏までに広報部門の長ないし次長の入れ替わりは計二五人に達した。労働党が政権に就いたときの広報担当局長のうち、九九年八月の時点で同じポストに留まっていたのはわずか二人にすぎない（Public Administration Select Committee，1998; Oborne，1999）。スピンドクター以外にも対立は広がった。九八年に大蔵省事務次官が辞職したときには、大臣がエド・ボールズ率いる特別顧問のチームを重用していることが少なくとも一因であったと盛んに報じられた。

特別顧問が公務に与える影響をめぐっては、さらに議論が続いた。首席人事委員（任用制度全体を監督する立場にある）が、ホワイトホールにおける政治任用の数を制限するよう首相に要請したこともある。一九九七年に内閣府のロビン・マウントフィールドが政府情報広報局の内部評価を行ったが、その結論は、特別顧問による害は生じておらず、むしろ公務員の方が新労働党のメディア対応の効率の高さに学ぶべきだということだった（Oborne，1999）。そのため、新たに官邸に立ち上げられた広報戦略室で職業公務員と政治任用者が一緒に働くことになった。

さらに、下院行政委員会（Public Administration Committee，1998a）は、首相の公式スポークスマンであるアリステア・キャンベルの役割と責任について調査を行った。先に触れたように、ブレア政権の始動時に出された特別の枢密院令によって最大三人の特別顧問に職業公務員への指揮命令権が認められることになったが、実際に指名を受けたのはキャンベルと官邸の首席補佐官ジョナサン・パウエルのみであった。

この定めにより、彼らには、伝統的に存在していた「政治」と「行政」の境界を越えることが許された（Oborne, 1999）。委員会の調査の過程で、キャンベルが社会保障担当の大臣に対して報道機関とのやりとりを予め知らせるよう求めていたことが明らかになった（詳細は、Oborne, 1999: 156-157参照）。オボーンは、特別顧問のことを、憲法上正統とは言えない立場から公務にケチをつけて弱体化させる、有害なものであると見ている。

トニー・ブレア政権の閣内大臣は、キャンベルやミリバンドなど政権中枢部にいる一握りの人間に言われたことをするばかりで……、選挙も経ていないグループが大きな力を持っていることに戸惑っている議員や大臣は多い。しかし、この点、つまり中央からの権力行使こそ、新労働党の本質を成す点の一つである。

実際、後に労働党の元大臣が在任時代の回想録を出版するようになると、メディア対応は一般的に（閣内大臣の場合でさえ）キャンベルの了解をとる必要があったことが分かってきた。これをどの程度深刻に受け止めていたかは大臣によって異なり、例えばデービッド・ブランケットの日記には懐疑派の見方が示されている（Blunkett, 2006）。下院行政委員会は、大臣の特別顧問が人を中傷するような説明を行った例についても調査した。特に、ゴードン・ブラウンとトニー・ブレアの政治的確執を背景に、各々のスピンドクターによる代理戦争が頻繁に見られた。

下院行政特別委員会は、二〇〇一年に特別顧問の業務を調査する中で、再びこれらの問題を取り上げた（Select Committee on Public Administration, 2001）。この調査においては、特別顧問が公務に与える影響について、「政治化」を懸念するものから特別顧問のお蔭で公務員が政治的な事柄から保護されているとするものまで、さまざまな見方が明らかになった。同委員会の結論は次のとおりである。

入手した限りの情報によれば、特別顧問は政府に対してプラスの影響を与え得る。特に、大臣が政策について幅広い助言を得られるようになる。これは何ら公務の伝統的な役割を脅かすようなものではない。……しかしながら、特別顧問の地位については、もっとしっかりした位置づけを与えるべき時期が来ていると考える。すなわち、特別顧問を他の公務員とは別のカテゴリーとして扱い、適切に給与を支給し、成績主義で任用し、その活動について説明責任を負わせる枠組を作る必要がある。

(Public Administration Committees, 2001: para. 81)

この問題が重要であることは、公務基準委員会（当時の委員長はニール卿）が調査を行ったことにも表れている。同委員会は、特別顧問の有効性を認めた上で、公務が伝統的に政策助言の面で果たしてきた役割を守り、悪質なスピンドクターの活動を制限しようという、バランスのとれた見方を示した。ニールは、特別顧問が公務を政治化しているということは否定したが、特別顧問の活動には何らかの制限が必要であり、『行動規範』で律するべきであると勧告した（Committee on Standards in Public Life, 2000）。その後まもなく『行動規範』が正式に制定された（Cabinet Office, 2001a 及び前掲資料2-3参照）。

この新たな『行動規範』の内容は、二〇〇一年から〇二年にかけて起こったいわゆるジョー・ムーア事件によって試されることになった（Jones and Weir, 2002; Public Administration Committee, 2002 参照）。この事件で、特別顧問、公務員、閣内大臣が一人ずつ辞任に追い込まれた。ことの始まりは二〇〇一年九月一一日、運輸・地方政府・地域省の閣内大臣スティーブン・バイヤーズの特別顧問だったジョー・ムーアが、米国で発生したテロ事件の直後に記者発表を行って都合の悪いニュースを「埋もれさせる」よう同僚に助言したことである。このことが（同省からの暴露で）明らかになると、バイヤーズはムーアを馘にすることには抵抗したものの、ムーアは公式に謝罪をせざるを得なくなった。これを皮切りに、ムーアが公務員に敵対的な態度をとっているという話が次々と明らかにされ、二〇〇二年二月にはまた別のことについて暴露された。その結果、ムーアと同省の広報局長マーティン・シックススミス（と、採用されて比較的間もない「終身」公務員一人）が辞任すると発表された。その後シックススミスは辞任を否定し、省側の見解に疑問を唱えた。そのため、事務次官リチャード・モトラムが、ムーアと公務員の業務上の関係が険悪であったことを詳細に説明する公式声明を出す羽目になった（Ward, 2002 参照）。モトラムの評価もこの件で傷つけられたが、その政治的上司であるバイヤーズの受けたダメージはそれ以上で、二〇〇二年五月に政権を去った。

しかし、ムーア事件によって膿が出てしまったわけではなく、その後も、特別顧問の行動や特別顧問に法的規制をかける必要性をめぐって議論は続いた。元内国公務の長ロバート・アームストロングの言葉には、伝統主義者の間でさえ新たな気持ちが芽生えていることが端的に表れている（Armstrong, 2002）。

そろそろ、特別顧問の数を制限するとともに、特別顧問の義務及び責任として何が適切で何がそうでないか、大臣や公務員との適切な関係とは何かを、誤解の余地がないよう明確に定めることが必要な時が来ている。それは近年の事件からも明らかだ。私は、公務員法その他の法律を制定して特別顧問の責任を定義したり制限したりすることにはこれまで賛成でなかった。……しかし、今や行動規範では不十分だと考えている人々が多いと思う。

イラク戦争前には、サダム・フセインの大量破壊兵器に関する資料の取り扱いについて懸念の声が上がり、問題がさらに深刻化していることが明らかになった（七五頁で述べたとおり）。下院行政委員会と公務基準委員会はこの問題を注視し続けた（Public Administration Committee, 2001, 2002, 2004a; Committee on Standards in Public Life, 2003 参照）。また、下院行政委員会は、マネジメント及び倫理に関して規則を定め中立性を守るために、政府が公約した公務員法の制定を実現するよう促した（Public Administration Committee, 2004b）。政府は公務員法制定の意向を表明しているものの、幹部公務員の間でも賛否両論あるということもあって、今のところ法案提出には至っていない。

5 結 論

もし本章の執筆が五年前あるいは十年前であれば、「連携政府」の問題やそれが公務員の政策面での役割に与える示唆について、おそらくかなりの分量を割いていただろう。しかし、時を経たことで、ブレア政権初期のこの新しい概念について評価することが可能になっている。この概念は、鍵となる白書『政府の現代化』（Cabinet Office, 1999a）で大きく取り上げられ、省庁や執行エージェンシー、そして新労働党の課題がホワイトホール全体に広がるにつれて増えた種々の横断的組織（例については第4章参照）で公務員が協力して働けるようにするための一連の取り組みを生み出した。しかし、ページ（Page, 2005: 139）が指摘するとおり、「『連携』は優れた概念として行政改革用語になったが、もはや以前のような重要性は失われている」。ページはさらに、連携政府が公務にとって持つ意味は中央政府では薄れているという。その理由の一つは、政策に関する公務の仕事は主として「伝統的な対立、競争、行動様式」（Page, 2005: 148）の中で行われ、これらは大臣や幹部公務員の仕事のやり方、組織の構造から生じているということだ。こうした状況で「連携政府」のような行政主導の取り組みが強力かつ長期的な影響力を持つには、政治文化が大幅に変わる必要がある。この点で、第1章で見た漸進的現代化論者、つまり公務の有機的、漸進的な変化を重視する立場はある程度当たっている。現代化の過程の中では、いろいろな取り組みや改革が行われ、中には当初見込まれたほど影響が大きくもなく長続きもしないものもあるのである。簡単に言えば、公務組織にしっかり「根づく」ものとそうでないものがあるのだ。

しかし、伝統的なホワイトホール・モデルを信奉し、公務の文化と組織の衰退の根は深いと考える立場からすれば、本章で扱ったテーマの多く、特に政策面での公務員の役割の変化は、彼らの衰退説を裏づけるものにすぎない。キャンベルとウィルソン（Campbell and Wilson, 1995: 14-15）は、次の三点を併せ持つことがホワイトホール・モデルの特徴であるとしていた。「イギリスの高級官僚は社会的地位の高い職業であって、正当に組織されたいかなる政権に対しても等しく熱心に仕えることが期待され、実質的に政権にとっての唯一の助言者となる」。少なくとも三番目の点は既に消えてしまっている。「公務の衰退」論者から見れば、政策面での公務員の役割に特別顧問が及ぼした影響は、根本的に状況が変わった証である。オトゥール（O'Toole, 2006: 45）は、「わずか二五年前と比べても、当時と同じ意味での公務はもう存在しない」と述べ、（ハットン報告やバトラー報告に示された）「倫理の崩壊」の影響を引き合いに出して、特別顧問が大きく寄与したのは明らかであるとしている。「公務が担っていた政策助言の役割は事実上民営化されていること、政府中枢において真に倫理が求められるのは大臣と特別顧問の関係であることが、もっと広く知られていいはずだ」とオトゥールは主張する（Ibid.: 45)。そして、その論理的帰結として、公務員が政策面の役割を事実上失って「管理者」になったことを踏まえて公務員の仕事に関する規範をつくり直すべきだと主張している。

こうしたかなり終末論的な見方に対しては、ホワイトホールが新たな現実に適応し、変化を受け入れ、公務本来の目的と機能を保っていると考える人々から、反証が示されている。例えば、ページとジェンキンス（Page and Jenkins, 2005: 117-121）は、特別顧問が関与した有名な事件の影響を認め、大蔵省の特別顧問がブラウン大臣の頃に政策面で特に強い力を持っていたことを研究によって裏づけるものの、ブレア時代のホワイトホール全体を見渡せば「政策に関わる官僚に直接指示を出す」という点では特別顧問の力はさほど大きくなかったという結論を出している（Ibid.: 121)。ページとジェンキンスが明らかにしたその他の証拠も、公務員が、確かに特別顧問が政治的な仕事をする場合があることを認識しつつも、特別顧問とともに、また場合によっては特別顧問を通じて仕事をするという難題に取り組んでいたという見方を裏づける。

特別顧問は、政治的権威の発動、利用に関わる機能を果たすことが多かった。特に時間的制約がある場合に省庁間の合意をとりつけること、公務員が用意した大臣の演説や書簡に「手を入れる」こと、注目度の高いメディア対応を行うことなどである。こうした明らかに政治色の強い役割は、必ずしも公務員の役割と競合するわけではない。それどころか、大臣が留守だったり都合がつかなかったりするときに、間接的にせよ物事を処理できる政治的権限を有する人間がいるというのは、便利なことであろう。

(Page and Jenkins, 2005: 120)

次章では、複雑さを増すイギリスの統治機構の構造が公務に与える影響に目を向けることにしよう。

第3章　多層的官僚制と構造の複雑化

歴史的に、イギリス公務の構造や組織は一元的なものと理解されてきた。北アイルランド公務が別建ての組織になっていることを除けば、中央政府の職員は、（執行エージェンシーなど）給与や勤務条件の点でわずかに差が生じ得る組織も含まれるとはいえ、基本的に単一の仕組みの下で勤務していた。究極的にはホワイトホールが公務を司っており、また内国公務の長が公務運営の統括者であることもはっきりしていた。

このような構造は、一般的に理解されているイギリスの憲法枠組にも合致していた。一元的国家の産物が、統一された公務だったのである。しかし、欧州連合（ＥＵ）への加盟や地方への権限移譲の影響で、伝統的な一元的主権国家は変質している。本章では、こうした変化が公務にとってどのような意味を持つのかを検討する。まず、一元的に見えた国家から緩やかな多層的ガバナンスの枠組への移行が何を意味するのか広く見た上で、その移行によって統一的公務が直面した課題を明らかにする。それから、権限移譲とＥＵへの加盟の結果として起きている具体的な現象を説明しよう。

1　一元的国家から多層的ガバナンスへ

一元的国家の重要な特徴として、統治権が中央に比較的集約されているということがある。イギリスはこの点が明確で、ウェストミンスターの議会が中央の執行部門を作り出し、その中心に内閣と首相が位置している。このレベルで生み出される政策を、各省庁及び執行エージェンシーの公務員が運営している。こうした形の一元的国家においては、地方政府（職員は公務員（Civil Service）には含まれない〔監訳者注：日本と異なり地方自治体職員は公務員の範疇に入らない。一五頁、図序-1参照〕。）が存在できるのは中央政府が制度を作ったからであり、地方自治体は中央政府の意思次第で再編されたり、時には合併・廃止されたりする。この枠組の範囲内で、国家の下位に位置する地域レベルの行政という要素もいくらかは考慮されていた。スコットランドでは一八八五年から、ウェールズでは一九六四年から、北アイルランドでは一九七二年から、権限移譲を受ける機関の仕組みが作られ、各地方の伝統や必要性に合わせながら中央政府の政策を実施してきた。このうち北アイルランドは、その前に五〇年間実質的に自治を行っていたという点で特異である（O'Neill, 2004: 43-44）。

権限移譲には、スコットランド省、ウェールズ省、北アイルランド省を通じて政策の形成や実施が分権的に行われるという面もあった。これらの省は中央政府の一部であり、職員も公務員で、統一的な内国公務の枠組に含まれていた。しかし、この仕組みはスコットランドとウェールズへの立法の分権を認めるものではなく、北アイルランドでも、一九七二年以降、ウェストミンスターの政府が直接統治を行った。一部の中央省庁の下部組織（職員は公務員）や国営医療機構（ＮＨＳ）、公共事業体にも地域の部局はあったが、全体としては一元的国家という原理に基づいて政府制度がつくられていた。

イギリスのこうした伝統的な一元的国家は比較的短い間に劇的に変貌し、一元的という言葉は政府制度を表すにはもはや不適切、少なくとも不正確なものになっている。今日のイギリスの政府や行政、公共管理は、多層的ガバナンスとして捉えるべき点が多い。これは、簡単に言えば、力や権限があちこちに分散している――意思決定や政策実施がさまざまな層で行われる――ということである。一元的国家はどちらかといえば単純、明瞭、確実だったが、今ではすべてが複雑化している。現代の公務をよく理解するためには、ＥＵや権限移譲を受けたスコットランド、ウェールズ、北アイルランドの機構のような、従来とは異なるレベルの政府も力を持っているということの意味を知らなければならない。一九七三年にイギリスは欧州経済共同体（ＥＥＣ）に加盟したが、これは、超国家的組織がイギリス国民に影響のある法や政策を作る権利を持つということを初めて明確に認めたものであり、公務にも大きな影響を及ぼした。また、第一期ブレア政権の権限移譲計画によって、九〇年代後半に、スコットランド、ウェールズ、北アイルランドに新たな統治機構が生まれた。これらの統治機構には従来の分権の仕組みをはるかに超える力が与えられ，かなり分権的な政策形成が（スコットランドにおいては立法も）できるようになった。メージャー政権の各地域事務局や労働党政権の各地域開発庁を各地域議会の下に置くことも計画された。実現すればさらに公務への影響があっただろう。

多層的ガバナンスとは，こうした力と権限を持つ組織の間に，政策の形成や実施，説明責任に関する複雑な関係が存在するということである。実際，第1章で見たように，ローズ（Rhodes, 1997），ピエールとストーカー（Pierre and Stoker, 2000）などは，超国家的活動を行うさまざまな国家・社会組織（EUや多国籍企業など），中央政府，権限移譲を受けた自治政府，地方自治体，「準政府組織」まで多層的ガバナンスに含まれると主張している。多層的ガバナンスは，複雑度を増す一方の政治システムを理解するのに有用な概念とされてはいるが，多くの点でかなり曖昧な概念でもあり，幅広い意味を持つ。はっきりしているのは，政府組織同士や政府組織と多数の非政府組織の間に複雑な相互作用が働くために，政策の助言や実施を調整しようとする公務員にとっては格別の困難をもたらすということである。

ピエールとストーカー（Ibid.: 44-45）は，多層的ガバナンスとして捉えられるものに対してイギリスで見られる主な政治的反応を示している。典型的には自由民主党であるが，かねて主張してきた連邦主義の概念を現代的に拡張したものとして多層的ガバナンスを歓迎する立場もある。（連邦的な欧州の中の）連邦的なイギリスでは，各レベルの政府に憲法上一定分野の力と権限が与えられ，おそらくはレベルごとに少なくとも準独立の公務員制度を持つか，ドイツのように（国の所掌も含めて）行政のほとんどを地域政府が担うことになるだろう。こうした見方とは対照的に，多くの保守派にとっては，多層的ガバナンスはイギリスの一体性や結束力を脅かすものである。そのため，スコットランド，ウェールズ，北アイルランドへの権限移譲に対して消極的で，イングランドの地域政府やEUの権限拡大にも反対している。保守派から見れば，一元的国家からどんどん権力が流出すると，責任が重複あるいは衝突する分野が出てきたり，伝統的なホワイトホール中心の公務よりさらにマネジメント改革に消極的な官僚王国が新しく誕生したりしかねない（政治的立場の全く異なる人々の中にも，こうした見方が存在する）。政府の地方部局の官僚さえ統合されないまま，さらに地方政府の官僚層ができてしまうという不安は，二〇〇四年の北東イングランドでのレファレンダムが失敗に終わる一因にもなった。他方、ロンドンでは、大ロンドン市が廃止された後を埋めていたあらゆるレベルの組織（区、区の連合、省、省の連合、ボランティア団体、企業など）を官民が協力してまとめ、ロンドン全体をカバーする行政庁の創設に成功した（Travers *et al.*, 1991: 44-49, 90; Rao, 2006: 217）。

第三のアプローチは、トニー・ブレアの労働党政権がとったもので、多層的ガバナンスによって生まれるチャンスを認めつつ、公務に関するブレア政権の白書『政府の現代化』（Cabinet Office, 1999a）に謳った「連携政府」などの取り組みを通じて、ある程度影響を制御していこうとする立場である。この戦略は、公共政策の形成と実施に関わる多くの組織の活動を指導・調整しようとするもので、公務員の業務手法にも明らかに影響を与えている。一地方自治体にすぎない大ロンドン庁の場合でさえ、その創設に向けた取り組みが目新しかったというのは、つまりホワイトホールには中央と地方をつなぐ役目を果たした例が皆無だったということである（Greer and Sandford, 2006: 250）。多層的ガバナンスに対してこの第三の立場をとる人々は、より大がかりなスコットランドやウェールズへの権限移譲にあたって、新しい統治システムを構成する（エジンバラ、カーディフ、ベルファストの）機構に対して、公務の広範な戦略的マネジメントの権限をどれだけ引き渡すべきかという難問に行き当たっている。

それでは、多層的ガバナンスが伝統的な統一的公務にどのような課題をもたらしているか、以下でもっと具体的に見ていこう。

統一的公務の直面する課題

序章で見たように、一九世紀半ばから第二次世界大戦前までの間にイギリス公務は歴史的な発展を遂げ、主にノースコート＝トレベリアン報告の示した青写真に基づき、ワレン・フィッシャーが強い影響を及ぼして、徐々に統一的な組織がつくり上げられた（Hennessy, 1990: chs 1 and 2; Pyper, 1991: ch. 2; Theakston, 1999 参照）。こうした統一的構造が絶頂期を迎えたのはおそらく一九四〇年代から七〇年代にかけてのことである。その後、公務としてまとまりのある組織構造は数々の変化によって崩れ、見方によっては断片化、あるいはバルカン化の様相も呈してきた。特に、フルトン報告により限定的な形で始まったエージェンシー化がネクストステップ戦略によって新たなレベルに進むとともに、給与及び採用面で幅広い「弾力的」運用が始まったことで、もはや公務は一元的とは言えないのではないかという見方が生まれた。チャップマン（Chapman, 1997）は、これら諸々の変化が公務の文化とエートスに与える影響を非常に批判的に見ており、公務の「終焉」と記している。他方、もっと楽観的な有識者は、内国公務の長リチャード・ウィルソンが演説（Wilson, 1999）で述べたように、一九八〇年代及び九〇年代の構造・運営上の変化によって公務の多様性は従来より高くなったが、それでも公務の統一性は保たれている、と考えた。

エージェンシー化などのマネジメント改革によって国家構造が断片化あるいは多様化するという傾向は、権限移譲を受けた自治政府の創設やＥＵへの加盟によってさらに拍車がかかったと見ることもできる。ＥＵでの交渉が増えたことで、イギリスの公務員は他省庁の同僚職員より（ウィルソンが先述の演説で呼んだところの）「他のＥＵ諸国の相手方」と親しくなり、省庁間の距離が広がっている。本章や、第1章のガバナンス論、空洞化論の議論でも分かるとおり、かつて比較的一体性が高く自己完結的な仕組みとされていたイギリスの公務は、あらゆる方向から挑戦を受け、対応を迫られている。中央集権化された階層的な統制が政策の構想及び実施に及んでいると考えられていたのが（実際には正しくなかったのだが）、はるかに大きな枠組の中で動かねばならないことが分かってきた。政府の省庁が公共サービスについて責任を負う点は変わらないが、今や、その責任は、執行エージェンシーや民間部門（次章で取り上げる）、地方政府といったさまざまな主体を通じて果たす（あるいは果たされるよう保障する）ことが期待されている（「イギリスの地方ガバナンス」全般については、Leach and Percy-Smith, 2001 参照）。他方、政策形成にあたっては、「下」の領域レベル（権限移譲を受けた自治政府との間）でも「上」の領域レベル（ＥＵや国際機関との間）でも、新たな関係が生まれたり、関係が広がったりしている。

ここからは、新しい多層的ガバナンスの要素のうち、他の政府機関との関係が公務にどのような影響を与えたかを見ていこう。

2 権限移譲の影響

ブレア政権は、スコットランド及びウェールズに対して政策と立法の権限移譲を進める（一次的立法権をスコットランド議会に、二次的立法権をウェールズ議会に与える）計画をいくつかの文書で明らかにしたが、公務についてはほとんど言及しなかった（Pyper, 1999）。白書（Scottish Office, 1997; Welsh Office, 1997）や制定法も、権限移譲を受けた組織の職員は引き続き内国公務の職員であるという点を強調するのみだった。一九九七年の夏の終わりに白書が発表されてから、レファレンダムの運動が起こったり、議会で審議が行われたりしたが、世論でも国会でも、権限移譲の公務への影響についてはほとんど議論されなかった。政府内では、この点についてある程度は検討が行われた。スコットランド省の憲法問題グループ、ウェールズ省の権限移譲チーム、内閣府の職員は、まずは白書や法案の作成、そして法案の成立に関心を向けていたが、時間が経つにつれ、権限移譲の持つ公務の側面も検討の俎上に載るようになった。検討が行われたのは主に、スコットランド行政府、ウェールズ当局、ホワイトホールの関係省庁の新たな業務上の関係について基本的なルールや仕組みを定める「協定」の作成である。四つの機関から同じ分野（農業、保健など）を担当する職員や大臣が集まって共同の取り組みを進めたり政策の相違を調整したりする「合同閣僚委員会」もつくられた。しかし、上院憲法委員会によれば（Constitution Committee of the House of Lords, 2002, para. 30）、頻繁に会合を開いていたのは欧州に関する合同閣僚委員会だけで、公務員に関する合同閣僚委員会は三年間一度も開かれなかった。そのほか、人事問題に関するガイドラインの作成も行われた（Cabinet Office, 1998）が、他の文書全般と同様、このガイドラインも、継続性を強調し、権限移譲によるキャリア開発への影響を心配しなくて済むように公務員を安心させようとしていた。エジンバラやカーディフで働く公務員も引き続き内国公務の一員であり、任用や給与、勤務条件の仕組みも、権限移譲を受けた各組織の必要に応じて若干の違いはあり得るものの基本的には変わらないとされた。

したがって、端的に言えば権限移譲が公務に及ぼす影響は限定的であるというのが大きな前提になっていた。しかし、権限移譲政策を進めている公務員や政治家の間ではそうした見方が支配的であったものの、研究者や外部の目から見れば、スコットランドやウェールズに新たな統治システムを導入して公務に何ら重要な変化が起きないということは、およそあり得ないように思われた。実際には、権限移譲は次の四つの点で公務に影響を及ぼした。

(1) **組織・構造上の変化**：スコットランド省とウェールズ省は再編され、権限移譲によって形や仕組みの変わった公共政策を円滑に進めるとともに、新しい行政当局、選挙で選ばれた議会、ホワイトホールやウェストミンスターの機構との間に新たな業務上の関係を築けるようにした。パリーとマクドゥーガル（Parry and MacDougal, 2005）は、スコットランド行政府とウェールズ議会政府の戦略を比較している。スコットランド行政府が、省庁横断的なテーマ（例えば、環境と農村開発、企業と生涯教育など）ごとに大臣を任命して一体性を維持することとしたのに対し、ウェールズ議会政府は大臣が各省を率いる構造をとった。ウェールズでは議会と政府が一つの組織として作られたため、公務員は議員を補佐する役割も担った。後にウェールズ議会は合意によって事実上「ウェールズ議会政府」と「議会サービス」とに分かれ、二〇〇六年ウェールズ政府法で改めてそのように定められた。ウェールズ議会政府は、ウェールズ開発庁などウェールズの主な「クワンゴ」を再吸収したが、これは住民への説明責任を果たしていないとしてウェールズ労働党の反発を招いた。これらの政治戦略の点で、ウェールズは、スコットランドのみならずウェストミンスターの労働党とも違う道を行くこととなった。

(2) **業務量の増加**：権限移譲によって、選挙で選ばれた議員からはもちろん、国民やさまざまな利益団体からも、新しい政策を打ち出すよう求められることが増えた。エジンバラやカーディフで働く公務員は、そうした期待の高まりに大臣が応えられるよう政策助言をしなくてはならず、負担が増すことになった。権限移譲前からの仕事に加えて背負い込んだこの仕事に、公務員は苦労させられた（Parry and MacDougal, 2005: 1）。主にロンドンで働く大臣を補佐する目的で作られていたチームが、より多くの大臣を現場に迎えることになった（Constitution Committee, 2002: para. 149）。スコットランド行政府の事務次官は、事実上首相府に当たるような組織を作った。ここに置かれた戦略室、実施室、業績革新室は、ロンドンの首相官邸の機構を手本としたものである。ウェールズの場合は、政策形成能力がスコットランドに比して弱い。クワンゴを吸収した理由には、ウェールズの公務員を雇用し続けるために「最小必要量をつくり出し」てキャリアパスを確保することもあったと言われたが、そのためには新規採用者をまとめることも必要になった。そして、ウェールズ議会の権限を広げる二〇〇六年法の実施という課題にも直面した。

(3) **性質や種類の異なる業務**：権限移譲はエジンバラやカーディフの幹部公務員に新たな課題をもたらした。従来は（地域担当省の枠組に入っていたとはいえ）まずまず普通の省の公務員として、閣内大臣一人と少数の大臣チームのために働いてきたのが、急に「首相府兼内閣府」として首席大臣及び内閣を支える役割を果たさねばならなくなったのだ。こうした新たな役割を果たすには新しい戦略・調整能力が必要であり、それまで経験のない連立政権となったため、その困難さはさらに増した。スコットランドでは行政府を「スコットランドの生活の中心」に位置づけることが最重要事項であり、ウェールズでは公務員の事業運営能力とリーダーシップの向上が最大の問題だったようである。ウェールズではサービス利用者との協同をより重視したが、これは、大きな社会目標に積極的に関わるということでもあり（Parry and MacDougal, 2005: 1-4）、地方自治体の人材と専門知識を利用することで行政能力の低さを補うためでもあった（Jeffery, 2006: 141）。

(4) **審査と説明責任の増大**：権限移譲前は、スコットランド省及びウェールズ省の公務員が議会から求められる説明責任は決して大きくなかった。下院の口頭質疑に対する大臣答弁の準備が回ってくるのは月一回のみであり、地域担当省なので決算委員会の調査を受けることも比較的少なく、エジンバラやカーディフの行政に不手際があるとして議会行政監察官（オンブズマン）の調査が求められることも稀にしかなかった。また、それぞれ専任の下院特別委員会の審査も受けてはいたが、これらの審査は委員会にとっては手強い仕事だった。多くの機能を併せ持つ地域担当省であるため、一つの機能に特化した典型的なホワイトホールの省庁に比べ、特定の政策分野に向けられる審査は比較的軽かったのである。権限移譲が行われたことで状況は大きく変わり、公務に課される審査の量は増大した（Kirkpatrick and Pyper, 2001）。大臣への定例質疑が増え（ということは、公務員が準備作業を行う必要も増え）、討議の回数も増えた。

決定的だったのは、スコットランドでは常任委員会と特別委員会を兼ねるいくつもの委員会が立法及び政策の審査を行うようになったことである。ウェールズの場合は、ボランティア組織や小規模の利益団体の役割が拡大するなど、非公式のメカニズムを通じた審査や説明責任が増大した（McMillan and Massey, 2004: 242）。

スコットランドとウェールズが「統治機構分化モデル」（Rhodes, 1997: 7. 本書第1章も参照）を体現しているとすれば、北アイルランドの公務には逆に、他のイギリス公務との差が縮まる徴候が見られる。北アイルランド公務は、アイルランド公務の「直系子孫」であり、一九二一年の分離以来、内国公務とは別になっている。もっとも、北アイルランド人事委員会の権限は国王に留保されており（Constitution Committee, 2002: para. 150）、またグレード構造や組織改革は「イギリス本土のものを踏襲することが多かった」（Carmichael, 2002: 26. また、Hyndman and Eden, 2001 も参照）。カーマイケルが言うように北アイルランド公務の記述を単なる「脚注」にとどめるのはもったいない（Carmichael, 2002: 23）が、かといって丁寧に記述しようとすればそれだけで一冊の本になってしまう（Loughlin, 1992; McConnell, 2000; Carmichael, 2002 参照）。しかし、先の項目に沿って簡潔に分析しておけば、一九七二年の直接統治によって北アイルランド公務の行政上の役割や手続が内国公務に近いものになり、その後一九九九年の「追加的権限移譲」によって政治家との関係が変わったということが分かるだろう。

(1) **組織・構造上の変化**：一九七二年まで、北アイルランド公務の職員は北アイルランド省庁に所属し、権限移譲された業務を行うとともに北アイルランドの首長を補佐していた。「留保」事項については、北アイルランド各地の税務署などの官署において、イギリスの大臣の下にある内国公務の職員が取り扱っていた（今でもそうである。二〇〇五年時点で職員数は六〇〇〇人超）。

直接統治を始めるにあたって、イギリス政府は、北アイルランド省を新設してベルファストとロンドンに置いた。主なポストは「ホワイトホール」の公務員や外交官が占めたが、ベルファストでは北アイルランド公務の職員が出向したポストもあった（Hennessy, 1990: 470; Constitution Committee, 2002: para. 153）。地方自治体の行うサービスの多くは北アイルランド省庁へ移管された。北アイルランド公務の長は北アイルランド省事務次官の下の第二事務次官とされたが，関係者の間でも，この肩書が建前上のものにすぎないのかどうか，そして北アイルランド省庁が中央政府の一部になったのかどうかについては意見が分かれた（Carmichael, 2002: 28, 44）。財務管理イニシアチブ，執行エージェンシーといった，イギリス本土と同じような「行政の現代化」のための改革（第4章参照）が，北アイルランドでも行われた。

一九九九年の追加的権限移譲によって，六つだった北アイルランド省庁は一〇に分かれ，首相・副首相府と新たな南北・東西それぞれの調整委員会が作られたが，これらはもっぱら「行政効率のためではなく政治的な御都合主義のため」のものだった（Carmichael, 2002: 46）。北アイルランド公務の職員が議会の大臣の下で行政を行った。北アイルランド公務の長は北アイルランド省を離れ，北アイルランド公務と北アイルランド省はそれぞれ別の政府につくことになった。クワンゴや執行エージェンシーが再吸収されるのではないかとも言われた（Ibid.: 44-45）が，その説を検証する機会はほとんどなかった。二〇〇二年に北アイルランド議会は停止され，一〇の北アイルランド省庁はイギリスの大臣の下に置かれることになったのである。

（2）**業務量の増加**：直接統治の下では，北アイルランド省が政治家幹部への説明を受け持った。北アイルランド公務の職員には「地方政府」の仕事が与えられたが，二五〇〇人の元地方政府職員が加わり（Ibid.: 36），また執行業務は地区委員会へ委任された。

ところが，追加的権限移譲が行われると，複雑な連立体制の中で一二人の大臣を補佐する業務をはじめ，北アイルランド公務の業務は大きく増えた。首相・副首相府の職員数は，理由は定かでないものの二〇〇二年までに四〇〇人となっていた（Constitution Unit, 2002: 5）。北アイルランド公務の職員は，直接統治の間に，北アイルランドとしてのまとまった立場をホワイトホールやEUにどう説明するかといった新しいテクニックを，北アイルランド省の職員から学んでいた（Hennessy, 1990: 472）。一九二一年の分離は，一九一九年に始まった大蔵省主導の統一過程（序章参照）

に北アイルランド公務は加わらないということを意味していたが、自治停止後は、再びイギリスの大臣が、そして北アイルランド省が立法の主導権を握るようになった。

(3) **性質や種類の異なる業務**：直接統治の間、北アイルランド省庁がイギリスの大臣から対立点について意見されることはほとんどなかった。政策決定については、以前の体制下と比べて明らかに北アイルランド公務の職員が力を持っていた。匿名性も失った（Carmichael, 2002: 3）。彼らの政策形成・実施能力は高かったが、「政治家をうまく扱う技術を持つ」必要はなかった（Osborne, 2002: 297）。北アイルランド省庁とホワイトホールの省庁の間に当初見られた緊張関係は、省により差はあるものの徐々になくなった。北アイルランド公務の長は、イギリスの立法を北アイルランドに採用することについて大臣に助言するため、政策調整委員会を立ち上げた。この委員会は、一九九七年にはホワイトホールの組織にならって「公務運営委員会」となった（Carmichael, 2002: 31-33）。

権限移譲により、北アイルランド公務の職員は四つの政党を支えることになり、匿名の存在に戻るかとも思われたが、二〇〇二年には再びイギリスの大臣の下に置かれることになった。

(4) **審査と説明責任の増大**：直接統治の下では、北アイルランドに関する立法は枢密院令の形をとっていた。地方によって政策の違いはあっても、地方の意見が入って決まるわけではなかった（O'Neill, 2004: 44）。北アイルランド公務の職員は、政策を提示する際、政治が論じる対象ではない技術的な問題のように見せることでイデオロギー的な対立を避けようとすることが多く、「政治の専門技術化」と呼ばれる状況をつくった（Carmichael, 2002: 33）。

追加的権限移譲が行われると、議会の委員会が各省を監視するのみならず政策検討や立法について補助を求めることもできるようになり、北アイルランド公務の職員には圧力がかかることになった（Ibid.: 43）。幹部公務員がウェストミンスターの慣行を導入して審議対象の制限を目論んでいるように見えて、議会に批判されるということもあった（Osborne, 2002: 297）。しかし、委員会の数少ない重要な報告書は、議員が各党の方針に従って票を投じたために実を結ばなかった（Wilford, 2004: 150-151）。自治停止後は、再び北アイルランド省が枢密院令を使ってイギリス本土と同様の公務部門改革を進めた。

このように、北アイルランドにおいては、直接統治が行われたことによって、北アイルランド公務の業務方法や内部組織構造が内国公務にある程度近づいたようである。北アイルランド公務は内国公務への統合を求めていたわけではなく、むしろ、ホワイトホールにはほとんど経験のない政党対立の中で、自治政府に仕える道を模索していた。その後、自治が停止され、北アイルランド公務の職員に対するイギリスの大臣の統制は強まった。これにより北アイルランド公務はさらに内国公務に近づくかもしれないが、「今のような北アイルランド公務があるのは、イギリス内でも北アイルランドと他の地方では政府のあり方が異なっているためである」(Constitution Committee, 2002: para.167)。

スコットランドやウェールズでも、イギリス公務に定着している諸原理にはこれまでのところ異論は唱えられていないが、それはひとえに、そうした諸原理が「自治政府が目指してきたこと」の障害になっていないからだ(Parry and MacDougal, 2005: 1)。自治政府の大臣も、特別顧問を政治的に任用できるし、幹部の任用や出向について意見を言うこともできる。しかし、スコットランドでもウェールズでも(ウェールズでは特に)、欧州の小国に見られるような公的部門の一元化とまではいかなくても、少なくとも公的部門間の人事交流を自由にして、公的部門同士のつながりを強めるべきではないかという議論があった。こうした考え方に対し、スコットランドでは、公務員組合が給与やグレードの差を問題視したり、「ホワイトホール」の他の公務員やスコットランド内の「権限移譲されていない」分野の公務員から離れてしまうと心配する声があったりして、ウェールズより抵抗が強かったようだ(Parry and MacDougal, 2005: 7)。ウェールズ議会は他の公的部門やボランティア団体を幅広く利用して政策を実施し、より明確な姿勢で一種のガバナンスを進めているが、これは、ウェールズ省の運営能力が足りないためかもしれない。しかし、ジェフリー(Jeffery, 2006: 141)が暗に示すように、ウェールズ議会が「旧労働党」や公的部門の組合の利害に影響されているとすれば、「ガバナンス」と呼べるほど多元的にはならないだろう。

権限移譲が行われて以来、自治政府の「公務」の仕事には、例えばこれまで乗り越えてきた組織・構造上の変化や、課せられる仕事量の増加、サービス利用者及び他の公的部門の職員との関係で今後果たしていく役割の違いをはじめとして、徐々に差が出てきているようだ。このように差が広がる徴候を見ると、そもそもイギリスの公務は省庁に関わらず「統一的」であったのかという疑問も生じる。幹部公務員たちは上院に対して、省庁間を移動して専門知識を広げることができるとして統一的公務の価値を強調したが、自治政府からスコットランド省及びウェールズ省以外の中央省庁に来ている公務員はわずか二一人であり、中央省庁から自治政府に来ている公務員はさらに少数だった（Constitution Committee, 2002: para.159)。リチャード委員会（Richard Commission, 2004: Summary Report: 6）によれば、ウェールズ議会政府は、ホワイトホールの省庁にとって自らは「格下にある関係」だと感じている。パリーとマクドゥーガルも、ホワイトホールは権限移譲の経験には無関心だと受け止めている。「スコットランドやウェールズの地方政治は、何か問題を起こさない限り、意識に上らない」（Parry and MacDougal, 2005: 8）。

北アイルランドと同様、スコットランドやウェールズでも、権限移譲の影響はそれまでの歴史に左右されている。マクミランとマッシー（McMillan and Massey, 2004: 238-239）は、権限移譲が行われてもスコットランドの公務はほとんど変わらず、「地方政治の中で既にできあがっていた状況がはっきりした」だけだという。スコットランド省の官僚はそれまでも長い間スコットランドの統治機構において強力な専門職グループの地位を保っており、野心家にとってはホワイトホール勤務が有用な経歴になるとしても、彼らのルーツや、教育、経験を得る場はスコットランドにあった。マクミランとマッシーは、スコットランド省の幹部公務員は自らの権力基盤を守るために移行がスムーズに見えるよう大臣に協力したのではないかと述べているが、将来的には、大臣が専門知識を得て公務員の権威が薄れてくれば、次の段階では政治化が起こるかもしれない。

これに対してウェールズでは、イングランドへの統合の時期が早く、統合の程度も進んでいたため、ウェールズの公務は、内国公務のうちウェールズを受け持つ部分という程度のものであり、ウェールズ公務としての強いアイデンティティは持たなかった（McMillan and Massey, 2004: 240-242)。その後、ウェールズ議会が自治政府の唯一の統治機構となったため、ウェールズ省の職員は（行政当局のみならず）議会への助言者にもなった。ウェールズのものとも思われていない公務が、議会の法的権限の解釈も一筋縄ではいかない中で、スコットランドと同程度の自治権を求める議員のために働かねばならなかったのである。第一回ウェールズ議会で労働党・自由民主党連立政権は、「より独立性の高い、ウェールズに根ざした公務を目指す」と表明した（McMillan and Massey, 2004: 242）。ウェールズ議会政府は今や「ホワイトホールから距離を置き、公務の果たす役割とその過程という点で独自の道を行く」つもりであるように見える（Parry and MacDougal, 2005: 1）。ただ、今のところ、スコットランド及びウェールズへの権限移譲や北アイルランドへの断続的な権限移譲の状況、またイングランドの地域政府導入に対する消極的意見の多さを見ると、これらは、従来とかく統一的と言われてきたイギリス公務の中に差異が存在するということを明らかにするものではあっても、公務員の管理や説明責任のあり方を大きく変えるには至っていないようである。

3　欧州及び多国間での関係

以前から地域によって行政に差があったとはいえ、イギリスが権限移譲を行ったことは、一元的国家からの大きな変化だった。そして、一九七三年に欧州連合（ＥＵ）に加盟したこともまた、他国と付き合ってきた長い歴史があるとはいえ、間違いなくイギリスにとって転機となった。

政府間協力――国際的な公務

政府間組織は、イギリス公務と軌を一にして拡大しているようである。政府間組織の中には、国際電気通信連合（ＩＴＵ）のように、「ノースコート＝トレベリアン」報告とほぼ同時代に創設されたものもある。ＩＴＵは、一八六五年にジュネーブで設立され、七一年にはイギリスも加盟して、今でも活発に活動している組織である。また、第一次世界大戦後の平和交渉は、より国際性の高い組織、すなわち国際連盟の創設につながった。その国際連盟は、平和を推進するには不適であることが判明し、第二次世界大戦後には代わって国際連合が作られた。ほかにも新たな組織が設立された。例えば国際海事機関（ＩＭＯ）は、イギリスとベルギーが政府間会議を主催するという従前の取り決めを吸収する形で、一九四八年にロンドンで設立された。また、イギリスを含む欧州五カ国がブリュッセルで行った交渉の結果、四九年に北大西洋条約機構（ＮＡＴＯ）が誕生した。パリに本部を置く経済協力開発機構（ＯＥＣＤ）は、アメリカの欧州諸国への援助を調整してきた欧州経済協力機構を拡張したものである。ＯＥＣＤは加盟国の閣僚や公務員が入った専門家組織も持っており、例えば「作業部会」では、一九九七年ＯＥＣＤ贈賄防止条約の検討を行い、今も同条約の監視を行っている。最後の例は、イギリス主導で一九六〇年に設立された欧州自由貿易連合（ＥＦＴＡ）である。これは、通商領域をつくることによる利益を望む一方で五七年結成の欧州経済共同体（ＥＥＣ）を支える「欧州プロジェクト」は望まないという国々を結びつけるものだった。

政府間組織に加わることによって、イギリスの公務員は国内でも国外でも「多層的な官僚」となっている。どの国際機関も、「引受人」となる省庁があり、政策についてのイギリスの意見をまとめたり、資金拠出の調整をしたりする。例えば、ＩＴＵであれば電気通信省、ＩＭＯであれば運輸省の海事部門、国連であれば外務英連邦省である。イギリスの案件についての準備は、政策に関わる他のアクターも巻き込んで行われる。例えば、一九九〇年代半ばにＩＭＯの委員会が「乗り降り自由」のフェリーの安全性を審査したとき、運輸省の委員会メンバーは、海運会議所やフェリー運航業者、消費者協会、労働組合から成る「影の委員会」から助言を受けた。

公務員は海外の国際機関にも派遣される。各国とも、自国民が国際機関で高い地位につけるよう競争している。モンテン（Montin, 2000: 300）によれば、政府は「投資」への見返りを求めるが、利益（政策変更、情報など）を直接測ることは難しいため、代わりにポストの分配に目を向けるという（「ＥＵにおける国籍問題」については、Page, 1997: 40-68 参照）。例えば、国防省はホワイトホールの職員をＮＡＴＯの機関の長に推薦し、その他のポストにも「専門家派遣」「国家としての貢献」として職員を出向させている。外務英連邦省は国連への職員の出向をとりまとめており、国防省のデービッド・ケリー博士が国連の兵器査察官として勤務していたときに給与を支払っていたのも外務英連邦省だった。彼がイラクについて得た専門知識は、その後、外務英連邦省や国防省で生かされることになった（Hutton, 2004: para. 17）。国連では、「各国外交部と国連事務局の間に『ある種の自然浸透』が起こっている」（Montin, 2000: 302）。

大規模な機関では、採用や給与の制度が似通っているため、国際機関に「送り込まれた」ホワイトホールの公務員は「国際公務」の一員になる（Ibid.: 308-309）。国際機関は、主な設立国の公務員制度の特徴を取り入れる傾向がある（Ibid.: 301）。国際連盟の運営手法がフランス及びイギリスの流儀に似ていたのも、そのためである。初代事務総長エリック・ドラモンドはイギリスの外務大臣の首席補佐官だったし、ドラモンドの副官ジャン・モネは、ロンドンに勤務するフランスの公務員で、後にＥＣを設立した人物である（Page, 1997: 4, 18 参照）。国際機関の経験の長い職員は、その機関の多文化主義に共感しているかもしれないが、それでも、「同僚に対して、自国のやり方が効率的あるいは適当であると説得しようとするもの」である（Montin, 2000: 299-300）。

このような国家間関係は慣例的に「政府間」関係と呼ばれ、「各国は、自ら選択する状況や条件の中で、共通の利害がある事項について互いに協力する。すべての参加国が協力の程度や内容を自ら決められるので、国家の主権は侵害されない」（Nugent, 2003: 475）。この定義は、各国の意思が覆され得る「超国家的」な取り決めとの対比で使われる。こちらの場合、「各国には決定を阻止する権限がないので、自らの希望や意思に反することでも強制され得る。したがって、超国家主義は、国家間関係を協力からさらに統合へと進めるものであり、国家主権の部分的喪失を伴う」（Nugent, 2003: 475）。これらの概念は、ＥＵの発展とその影響を説明する際に用いられる（Ibid.: 463-493; George and Bache, 2001; Nelson and Stubb, 2003 参照）。この二つのカテゴリーには重なる部分もあり、例えばＮＡＴＯでは、各国が配置する軍は戦時には欧州連合軍最高司令官の指揮下に入る。ワラスとワラス（Wallace and Wallace, 2000: 33-34）は、こうした強力な中央組織なしに活動する「強固」かつ持続的な関係を「政府横断的」な関係と呼んでいる。

国家間関係は、「ホワイトホール＝ウェストミンスター」モデルと衝突するものではない。公務員の役割を表す原理（「公務員が助言し、大臣が決定する」）や議会主権（大臣は自らの決定について説明責任を負い、議会は拒否または変更の権利を有する）は損なわれないからだ。国家間の合意が「公務員レベル」のものであれば、公務員は上司や大臣の指示の範囲内で動くし、政治レベルでその合意を覆すこともできる。例えば、ＮＡＴＯの「公務員レベル」会合で「覚書」による合意に達したある研究（物議を醸すようなものではない）の開始について、イギリスでは「拒否権付き法令」（両院のどちらかが反対すれば成立しない法令）として議会の承認を得られたが、オランダでは内閣が予算を減額した。同じ理由で、政府間組織は弱いものである。イギリスは一九九七年にOECD外国公務員贈賄防止条約に署名したが、そのための法律は二〇〇一年にやっと制定した（OECD, 2006: para. 10）。〇三年国連腐敗防止条約をイギリスが批准したのは〇六年二月だが、同年一二月一四日に、イギリス企業から外国公務員への贈賄の疑いについて重大詐欺捜査部が行っていた捜査を中止することをトニー・ブレアと司法長官が発表したとき、OECDや国連は不満を表明するくらいしかできなかった（*Economist*, 2006）。

こうした理由で、国際連盟では政府間関係という性質が重大なハンディキャップになったと考えられた（George and Bache, 2001: 6, 46-47）。他方、ITUをはじめとする多くの技術的な政府間組織は進展を遂げている。この違いを踏まえて、ミトラニーのような「機能主義」論者やモネのような実践家は、国家間の対立を乗り越えるためには野心的な連邦制の枠組を作ろうとするのではなく技術的な「機能」に即した政府間組織を作るべきだと主張した。政府間組織の活動幅が広がり、重なる部分が生まれ、多層的ネットワークを築くにつれて、一国単独では積極的な行動をとることができなくなり、また政治家や公務員、その他のアクターも交流に慣れて国家主義的な考え方が薄れてくるだろう、という主張である（Mitrany, 1943, 1966〈Nelson and Stubbs, 2003: 99-119 に再録〉）。大戦後まもなく欧州連邦的な構想が失敗に終わった後、一九五一年に、六カ国がモネの言う「機能」に即した枠組を採用して欧州石炭鉄鋼共同体（ECSC）を設立し、これが後にEUになった。

超国家的な欧州に加盟するための交渉

ECSCは、六カ国の石炭鉄鋼業を一つの準独立の官僚機構（「最高機関」）の下に置き、閣僚理事会（各国から大臣一人ずつ）と議会的な総会が政治的統制を及ぼすとともに、争訟については司法裁判所が裁決を下すこととした。この四つの機構は現在のEUでも踏襲されている（図3-1参照）。一九五七年にはさらに、EECと欧州原子力共同体（Euratom）という二つの共同体が発足した。官僚機構（委員会）と閣僚理事会はそれぞれ置かれたが、総会と司法裁判所はE

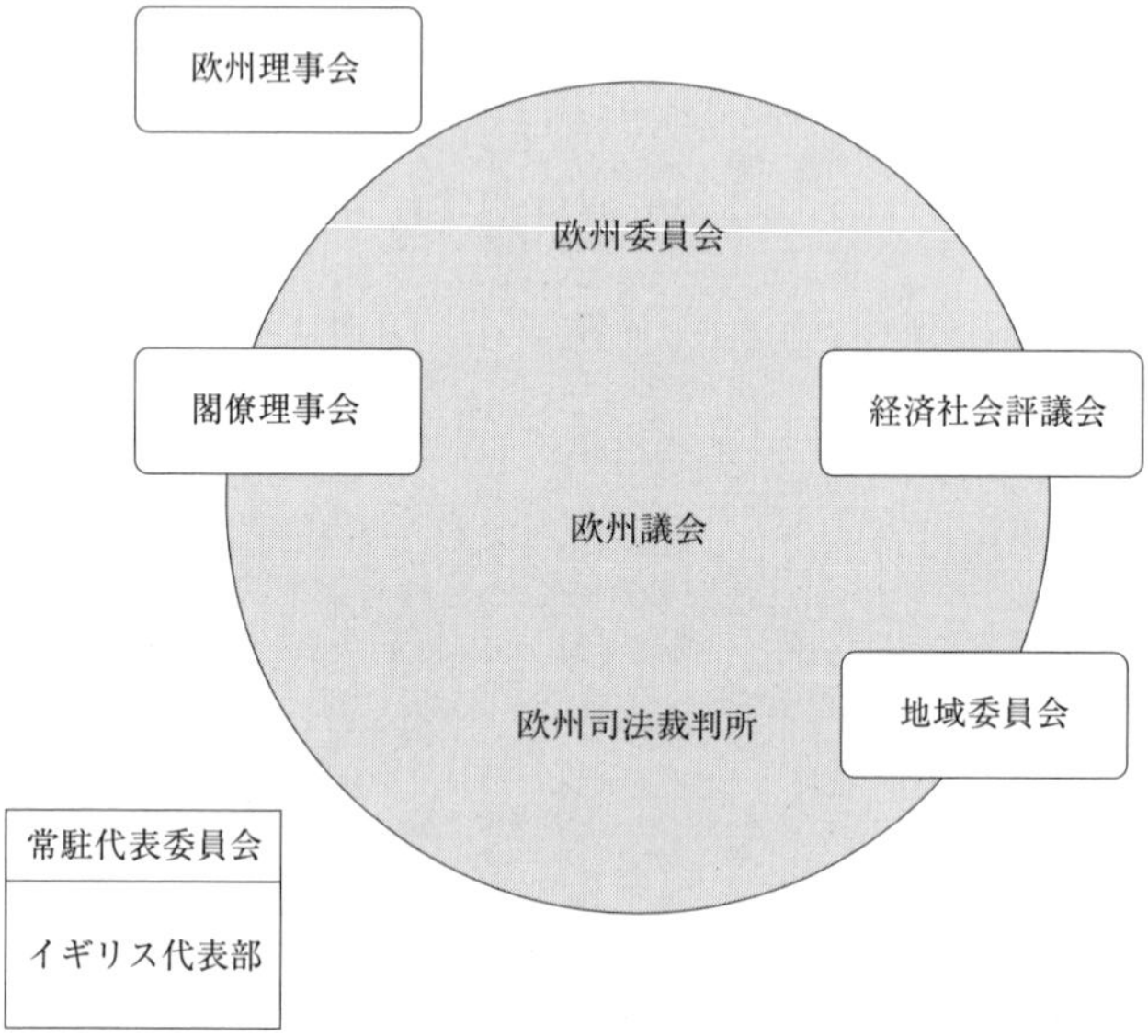

図3-1　欧州連合の機構

注：欧州委員会，欧州議会，欧州司法裁判所は，「超国家レベル」の機構であり，その役割はEU全体の視点から政策をつくることである。常駐代表委員会に集まるイギリス代表部やその他のEU加盟国の代表部は，公務員で構成される「国家レベル」の機構であり，各国の大臣がEUレベルの提案を自国の目標と調整できるように補佐する。中途半端な組織（閣僚理事会，経済社会評議会，地域委員会）は，「超国家レベルと国家レベルの仲立ち」となる組織である。EUレベルの提案を，各国政府，財界，労働組合，社会・地域のために修正する。ただし，意思決定権限を持つのは閣僚理事会のみである。欧州理事会（各加盟国の大統領または首相が集まる「首脳会合」）は，政治的に最も重要度の高い事項を，各国の「国家レベル」の利害によって決定する。

CSCに集約された（総会は後に欧州議会となった）。一九六五年に、この六カ国は三つの共同体を統合し（EC）、欧州委員会と閣僚理事会を一つずつにまとめた（閣僚理事会に出席する大臣は案件によって異なる）。一九九二年にはマーストリヒトで欧州連合条約の調印が行われ、新たな機能が加わった（単一通貨、外交安全保障政策、移民、難民）。ただ、「EC」時代からの機能に関する意思決定は今や超国家的な色彩が強い（加盟国の意思は覆され得る）一方で、新しく加わった機能については、委員会に大きな力が（場合によってまったく）付与されていないため、政府間（各国が拒否権を持つ）あるいは「政府横断的」な手続になっている。

イギリスは、一九五一年に結成されたECSCに参加しなかった。当時の政権は、その少し前に石炭産業を国有化しており、世界におけるイギリスの地位についても楽観的で、政府間取り決め的な問題解決手法や伝統的なパートナー国との付き合いを望んでいた。欧州、英連邦、米国との均等な関係を維持することでイギリスは最大限に力を発揮できるという外務省の「三つの輪」理論を受け入れていた。貿易委員会の職員はＥＥＣの準備に短期間参加していたが、自由貿易地域という性格では済まないことがはっきりした段階で離脱してしまった。しかし、イギリス政府の省庁は接触を断ったわけではない。現在のＥＵとの典型的な仕事の仕方（後述）と同じで、電力省で鉄鋼を担当する公務員が、ルクセンブルグのＥＣＳＣ、パリのＯＥＣＤ、ブリュッセルのＥＥＣ、それぞれの鉄鋼関係の会合に「オブザーバー」資格で出席していた（Le Cheminant, 2001: 65, 69）。

一九五〇年代に外務省の関与が限定的だったことは、現在同省がブリュッセルで果たしている役割からすれば意外に思われる。しかし、「外交部門」は内国公務と別であり、歴史的にも「通商」への関与には消極的だった（Hennessy, 1990: 79）。内国公務との分離は一七八二年に遡る。当時二人の大臣が率いていた秘書長室を、二人が一緒に仕事をするのは無理だという理由で首相が内国部門と外交部門の二つに分けたのである（Ibid.: 28）。外務省職員は（当時も今も）他の公務員とは別に採用され、伝統的に、知性だけでなく社会階級や人格の面でも選抜される。二〇〇六年時点でも、外務省の幹部職員（第6章参照）に占める女性の割合は一六％で、内国公務の三〇％に比べて少ない。トレベリアンやグラッドストン、それに一九一九年から三九年まで内国公務の長を務めたワレン・フィッシャーなどの「現代化主義者」は、外務省の任用も統制しようとしたが、外交官たちの抵抗にあった（Ibid.: 48, 78-80）。職員はいくつかの階級に分けられており、外務・外交部が統合されたのは一九一九年、通商・領事関係が外務省に統合されたのはさらに遅く、四〇年代であった。多くの公式報告書が外交部門を内国公務（外交官の下の事務官や補助員は内国公務に属する）に統合するよう提言してきたが、勤務条件（身体的に厳しい土地を含む、頻繁な外国勤務）や仕事内容（文化の異なる行政官と共に働き、幅広い人脈を築く）の違いもあり、今でも外交部門は内国公務とは別になっている。

一九六〇年、ハロルド・マクミラン首相は、外務省の悲観的な予測を押し切ってＥＥＣへの加盟を目指すことを決めた（Heath, 1998: 204）。副外相エドワード・ヒースが責任者とされ、多言語を操れる交渉チームの人選を内閣秘書長に依頼した（Heath, 1998: 212）。このチームには、在パリの大使、大蔵省及び貿易委員会の職員、外務英連邦省の職員も入った。外交官四人のうち、二人はエコノミスト、一人は農務省のトップであり、一人は戦時中の内閣府英仏調整委員会でモネの副官を務めた経験があった。異例にも内閣秘書長は大蔵省事務次官との併任であり、大蔵省の委員会がＥＣへの申請の調整役を果たしたが、これはおそらく大蔵省が経済問題に関してホワイトホールの調整を担っていたためであろう（Bulmer and Burch, 1998: 608）。対ＥＣＳＣのチームは、ロンドンとルクセンブルグにいる電力省の職員が率いていた（Le Cheminant, 2001: 73）。外務省はブリュッセルでの交渉を主導したが、成果については懐疑的だった（そしてそれは正しかった）。六三年、フランス大統領の反対によって討議は打ち切られた。

ハロルド・ウィルソン政権は、一九六六年に再度申請を行う意向を発表した。このときは内閣府の欧州担当室が中央での調整を行い、その体制は今も続いている。副外相の下で、外務省、大蔵省、農務省、貿易委員会、関税消費税庁の職員が働いた（Bulmer and Burch, 1998: 609-610）。フランス大統領が再び拒否権を行使した後も、いくつかの省庁は連絡を取り続け、石油政策に関するＥＣやＯＥＣＤの会合には電力省（一九七〇年からは貿易産業省）の同じ職員がイギリス代表として出席し続けた（Le Cheminant, 2001: 120）。

一九七〇年にヒースが首相になると、再度、申請の手続を開始した。外務英連邦省には、他国と協力してフランス政府を孤立させるという戦略を提案する職員もいたが、ヒースはそれを却下した（Heath, 1998: 364）。「ホワイトホールの競争意識や緊張関係のせいで申請が失敗しないように」、内閣府の大臣が国内の調整を行った（Geddes, 2004: 71 に引用された外交官スティーブン・ウォールの言葉）。一九七〇年までにＥＣの政策の潜在的影響力は大幅に高まっていた。貿易産業省の「石油」担当官は「地域開発」部門に移っており、ＥＣの農業・漁業政策によってイギリスの地域が被り得る損失を補塡するため、内閣府やＥＣの「相手方」と協力して欧州地域開発基金を設立しようとしたが、外務英連邦省はこの担当官の奮闘に不満を唱えた（Le Cheminant, 2001: 124, 131-132）。

イギリスがＥＵに加盟してもう数十年が経つ。この多層的な政策形成の仕組みにおいて、イギリスの公務員は現在どのような役割を果たしているのだろうか。そして、ＥＵに加盟していることで、省庁組織や公務員、公務全体にどのような影響があったのだろうか。

国家レベルと超国家レベルで行われる政策形成

多くのイギリスの新聞は、「ブリュッセルの官僚」がEUを動かしているという印象を読者に与えているが、EUの立法は各国の公務員や大臣が交渉したもので、実施も各国の省庁が行っており、ブリュッセルの監視はほとんどない（Burnham and Maor, 1995 参照）。正式に法案を提出するのは欧州委員会だが、詳細を決めたり実施状況を監視したりするには何百もの各種委員会が使われる（図3-2参照）。委員会の委員は、ほぼ全員が、各国政府の推薦を受けた公務員である。委員は、公式には出身国を代表する立場ではないが、法案が修正されない場合に見込まれる反対意見を欧州委員会に伝えることで、出身国の意見を法案に取り入れる役割を果たしている（Nugent, 2003: 131-140）。

修正された法案は、閣僚理事会事務局に送られる。閣僚理事会（総務理事会、農業漁業理事会など）の会合を運営する部局である。ここの常任委員会は各国公務員で構成され、大きなテーマ（国際貿易、経済財政、外交政策）について準備を行う。決定を要する具体的な法案については作業部会で議論される。二〇〇六年には約二五〇の作業部会があった。それぞれの作業部会には、各加盟国の公務員が二、三人ずつ入っている。イギリスのチームは、当該政策分野を担当するホワイトホールの省庁または自治政府の職員が一、二名と、ブリュッセルのイギリス代表部の職員一名である。イギリス代表部は、外務英連邦省、その他の省庁、自治政府の職員約四〇人で構成され、代表は必ず欧州に関する経験の豊富な上級外交官である。イギリス代表部の職員は約三年間ブリュッセルで勤務する。こうして、EUの立法は、大臣から大まかな指示を受けたイギリス公務員によって徹底的に精査されるのである。

作業部会が案について合意すると（残っている対立点についてはその旨を記載する）、次は常駐代表委員会がそれを議論する。常駐代表委員会は、政治的に微妙な案件を扱う常駐代表委員会Ⅱ（各国代表が出席）か、議論のない案件や技術的な案件を扱う常駐代表委員会Ⅰ（各国副代表が出席）のいずれかとして開かれる。農業分野は、他の分野より案件が多いので、各国の首都と代表部から公務員が出席する特別委員会が設けられている。意思決定の準備過程は、イギリスの内閣

欧州委員会が立法を提案
(EU の職員)

↓

欧州委員会の諮問的専門委員会
(主に各国から派遣されている公務員)

↓

閣僚理事会事務局
(EU の職員)

↓

閣僚理事会—常駐代表委員会作業部会
(各国から派遣されている公務員, ブリュッセル駐在の各国公務員)

↓

常駐代表委員会 I, II
(ブリュッセル駐在の各国公務員)

↓

閣僚理事会
(議題の 80〜90%は討議なしで採択)

↓

欧州委員会の実施監視グループ
(各国から派遣されている公務員)

図3-2　EC の政策形成における各国公務員の役割

注:常駐代表委員会は, 加盟国の常駐代表による委員会である(本文参照)。EU の政策過程は, 条約が関わる政策分野によって異なる。この図は基本的な「共同体」の政策形成過程を表すものであり, 外交政策や金融政策(ユーロ)には当てはまらない。

委員会制度と似た「効率性」の原理に基づいて進められる。全加盟国政府が受け入れられるような案が作業部会で合意できていれば、常駐代表委員会で、次いで閣僚理事会で議論なく承認される。懸案事項が残っていれば、常駐代表委員会がその解決に取り組む。こうして、閣僚理事会では、その限られた会合時間を、まだ対立点の残っている案件に振り向けることができる(Nugent, 2003: 165)。政治的重要度の高い案件(漁獲量の割り当てなど)や、大臣が個人的に国際交渉に臨んできた案件(気候変動など)については、必ず政治家が担当する(Bostock, 2002: 231)。

イギリス政府の職員は、ホワイトホールの慣例どおり、大臣がイギリスの立場について弁論したり、他国の提案を受け入れる場合の問題を知っておいたりできるよう、大臣への説明を行う。複数の省庁や自治政府に関わる問題についてイギリスの立場を調整するのは、正式には内閣府の欧州事務局である。早めに省庁間調整を行い、欧州委員会とやりとりする際の交渉方針を決めておくことによって、欧州委員会が法案を出す前の段階から影響を及ぼせるようにしようとしている（Lee *et al.*, 1998: 176-80）。重要な会合の前には、イギリスと自治政府の欧州担当大臣が集まる合同閣僚委員会が開かれ、「イギリスとしての方針」を決める。農業問題については権限移譲前からいつもこうして調整が行われていた（Constitution Committee, 2002, paras 30-7; Jeffery, 2006: 156）。バルマーとバーチ（Bulmer and Burch, 2000: 56）は、このようなやり方を、イギリス全体としての立場を事前に調整することによってホワイトホールの論理の中でＥＵに適応していると評している。ただ、単一市場（ＥＥＣ）に関する法令は多数決で決定されるので、他国と連携関係を築くというＥＵの非常に難しい論理を受け入れずにいれば、イギリスは不利な立場に立つことになる。

政策決定過程には他のアクターも関与する。欧州委員会に意見を求められる利益団体もその一つだし、特に重要なのは欧州議会である。マーストリヒト条約及びアムステルダム条約により、多くの政策分野において欧州議会には閣僚理事会と同等の立法権（「共同決定」）が与えられている。デービッド・ボストックは、大蔵省出身のイギリス副代表で高く評価されている人物だが（Ludlow, 1998: 575）、閣僚たちが決定するという原理が共同決定によって試されることになると述べている（Bostock, 2002: 218-225）。共同決定手続においては、常駐代表委員会に出ている公務員が自国政府に相談する時間がない場合がある。閣僚理事会か欧州議会が修正を主張して譲ろうとしない場合は、欧州議会と（閣僚理事会を代表する）常駐代表委員会の同数の委員からなる調停委員会が設けられるが、この調停委員会が、欧州議会の党と二七カ国を（特別多数決で）代表する閣僚理事会との双方にとって受け入れ可能な案をわずか六週間で用意できなければ、法案は廃案になる。常駐代表委員会の職員は各国の指示の枠内で動いているが、これまでの努力が水泡に帰すことを避けるために、各国の利害と欧州議会が受け入れそうなことの折り合いをつけようと土壇場で複雑な交渉を行っている。「ＥＵのあらゆる交渉が、暗い中で行われる不可解なものだとすれば、法案の共同決定はその中でもひときわ暗い、真っ暗闇だ」（Bostock 2002: 221）。常駐代表委員会は、機能主義者から見れば、その助言を受ける閣僚理事会と同様の「政府間交渉の場」だが、共同決定の際には、連邦主義者の理想と結びついた「共同体方式」を実践しているのである（Lewis, 1998: 486-487）。

ＥＵの政策形成への対応

各省庁は「欧州人として考え、欧州人として行動する」べきであり、欧州という要素を組み込んで適切に組織を整えておかなければならない、というのがヒースの考え方だった。省庁間調整が内閣府の大きな仕事になるとは思われていなかった（Bulmer and Burch, 2000: 52）。

一九八〇年代半ばまで、「欧州絡みの」中核省庁は、農務省、貿易産業省、外務英連邦省、そして中心にあるのが欧州事務局、大蔵省法務官室（法的助言を行う）、首相府だった。単一市場が発展するにつれて、他の省庁も引き込まれるようになった（例えば運輸については、Stevens, 2004 参照）。九〇年代半ばには、農務大臣が「仕事の八割はブリュッセルでの交渉で決まる」と言うほどの状況になり、貿易産業省の「貿易」の仕事や、環境省の「環境」の仕事の半分は、ＥＵ法令の交渉や実施になった（Burnham and Maor, 1995: 187）。農務省は「政策形成の際に欧州を考慮に入れなければならないのはどの部局も同じ」として、特別のＥＵ担当室は置いていなかった（Maor and Stevens, 1997: 539）。運輸省の方が典型的で、欧州横断ネットワークなどＥＵの諸問題のためにＥＵ担当室を置きつつ、海運など個別の政策分野についてはそれぞれの担当部局がＥＵにも対応した。保健省では、国際課に「欧州」の名を冠した。

スコットランド省では、欧州に対応するため一九九一年に大臣が組織再編を行った。同省産業部に作られた担当室が、欧州問題に関する省内の調整と、内閣府欧州事務局のネットワークやイギリス代表部との調整を行った（Bulmer and Burch, 1998: 616）。特にスコットランドが大きな利害を有する場合（漁業など）には、権限移譲前から、スコットランドの大臣がイギリスを代表して閣僚理事会に出席しており、これは権限移譲後も変わらなかった。二〇〇四〜〇五年には、スコットランド行政府の大臣の閣僚理事会への出席は、農業漁業理事会が七回、権限移譲されたその他の分野（教育、司法、運輸）の理事会が四回にのぼった。しかし、ジェームズ・スミス（Smith, 2001: 149）が指摘するように、スコットランドの大臣が閣僚理事会に出席するにはイギリスの大臣の許可が必要であるし、イギリスとしての立場を守らねばならない（逆説的ではあるが、漁業と運輸の閣僚理事会に出席したスコットランドの大臣は自由民主党だった）。自治政府の職員も、閣僚理事会の作業部会に参加したり「イギリスとしての立場」の準備に加わったりするが、「イギリス内部」の意見の不一致を明らかにすることは、たとえスコットランド議会に対してであっても許されない（Constitution Committee, 2002: para. 172）。ブリュッセルでは、スコットランドの欧州事務所は独自の外交上の地位がなく、イギリス代表部に依存している。したがって、「スコットランド行政府によれば、『EUとの関わりが強い』仕事が八割を占める」時代にありながら、重要な仕事道具であるEUの文書を入手するにもイギリス代表部に頼らねばならない（Ibid.: para. 170）。自治政府は大体どこも欧州委員会への影響力を得ようとしているが、スコットランドの場合は立法権を持っているので、多層的ガバナンスの実務（規制、権限分担、実施のあり方）をEUの職員と議論するにあたって信用を得やすいだろう。

イギリス政府の中でも、ウェールズ省と北アイルランド省は、スコットランド省に比べればEU対応についての「目的意識は弱かった」（Bulmer and Burch, 1998: 616）。ウェールズ議会や北アイルランド行政府は、今ではスコットランドにならってブリュッセルに事務所を持ちイギリス代表部にも職員を派遣しているが、ブリュッセルでの存在感は小さい。「地方の状況」の最後に、イングランドについては、欧州の開発援助計画を改良するためもあって政府に各地域事務局が作られている。ただしこれは、一九九二年及び九七年の労働党と自由民主党の選挙マニフェストへの「予想どおりの対応」でもあった。

「大蔵省自身は、組織として、欧州の統合を他の主要省庁ほど歓迎しておらず」、欧州よりもシティやIMFといった国際的な機構に注意を向けている（Bulmer and Burch, 2005: 881; また、Dyson, 2000参照）。大蔵省では、EU関係の中心業務は「海外」部の「欧州」室が担い（とはいえ、国際機構の方が重視されているのは間違いない）、その他のEU問題は各政策分野の担当部局に「下請」に出している。例えば、共通農業政策は、イギリスの農業予算を担当する部局が担当している（Pickering, 2002: 587-590）。ピカリングは、大蔵省が欧州に対して（肯定的ではないにせよ）関心を抱いていることを十分な根拠に基づいて示した上で、同省について、欧州に関わるさまざまな関心（予算問題、税、金融など）を「まとめ」、イギリスと欧州の関係という大きな文脈に位置づけるべく努力すべきだと述べている（Ibid.: 584, 598）。

中央が強力な調整を行うとともに各省庁も責任を負うというやり方は、今でも欧州に関してホワイトホールが正式にとっている戦略である。欧州事務局がホワイトホール内の調整を、外務英連邦省がブリュッセルとの調整を行う。バルマーとバーチ（Bulmer and Burch, 1998: 620）によれば、内閣制と統一的公務という規範があるため、省庁横断的な難しい政策問題については毎週内閣府で開かれる会合で徹底的に議論が行われ、早期に「全体としての方針」を形成しやすいのだという。ホワイトホール内では情報の共有も行われている。各省庁は外務英連邦省や欧州事務局に情報を流し、これらの部局も必要に応じて各省庁の「仲介をする」のである。しかし、これとは異なる慣行も生じている。第一に、非常に「欧州化」の進んだ省庁（農務省、貿易産業省、環境省）は、自ら欧州委員会の関係部局や他国の担当省庁と交渉するようになっている。一九九三年には、イギリスの農務大臣が、農業閣僚理事会で決定される措置について欧州事務局に交渉を仲介してもらう必要はないと述べており、単に決定された情報が内閣府と外務英連邦省に流されただけであった（Burnham and Maor, 1995: 194）。第二に、メージャー政権のときのように大臣の間で意見が一致しない場合は、欧州事務局は調整することができない。一九九二年と九八年に閣僚理事会の議長役がイギリスに回ってきたとき、内閣府はうまく運営することができず、外務英連邦省には、内国公務に権限が及ばないというハンディキャップがあった。このときの議長の務めぶりによって、ホワイトホールとウェストミンスターがEUの制度やプロセスに不慣れで「初歩的な知識」しか持っていないことが露呈した（Ludlow, 1993: 252-254; 1998: 580）。

一九九七年の労働党マニフェストは、イギリスの欧州戦略を変えることを掲げていた。この方針は、「一九九八年にEU議長国を務めた後に行われた政策レビューを踏まえて、さらに強化された」（Bulmer and Burch, 2005: 886）。事務局は拡張され、「EU担当首相顧問」の肩書を持つ外務英連邦省の事務次官級職員が事務局長に就いた。『政府の現代化』（Cabinet Office, 1999a: 55）は、全省庁の職員に対し、政策検討にあたってEUという要素を考慮するよう促した。しかし、EUの政策過程をよく理解しないことには、EUについて考えるといってもうまくいかないだろう。

EUへの対応を図る公務

イギリス政府は、一九八〇年代後半から、EU当局でイギリスがいかに「過小代表」かを悟り、EUに関する専門知識の向上を図ってきた（Bulmer and Burch, 1998: 619）。EUには国ごとの「割り当て」は存在しないし、欧州委員会の職員は国家のためではなくEUのために働くこととされているが、それでも、イギリスの立場に理解があり窓口にもなってくれる人間が委員会にいれば助かる。しかし、一九九三～九四年の数字によれば、欧州委員会と閣僚理事会の幹部級のイギリス人は、EU人口に占めるイギリスの相対的規模からすると六一人も少ない（Page, 1997: 44-46）。

こうしたことを踏まえて、内閣府は欧州任用室を立ち上げ、一般ファーストストリーム（第6章で説明）に加えて特別の欧州ファーストストリームの採用制度を導入した。このコースの職員は、欧州に関係のあるポストを与えられ、また、EU試験――経済、法律、国際関係または欧州行政の専門知識と、欧州に関する知識が問われる――のために指導を受ける。欧州の機関にも派遣される（九〇年代半ばまでに二十数人がブリュッセルやルクセンブルグに派遣され、二〇〇六年には一人がフランス首相府の「国際公共サービス」部局で働いている）。こうした努力にもかかわらず、欧州委員会におけるイギリス人職員は〇六年時点でもまだ少なすぎ、内閣府は、公務経験の有無に関係なく応募を考えているイギリス人のために相談サービスを始めた（www.eu-careers-gateway.gov.uk 参照）。

イギリスの公務員は今でもブリュッセルのポストに就きたがらない。マオーとスティーブンス（Maor and Stevens, 1997: 540）は、大臣秘書室や大蔵省、内閣府での勤務に比べてブリュッセルでの勤務は経歴として得にならないことを例証し、「いまだに、ブリュッセルから戻ってきた職員は、職場を離れていた間、自分が皆の意識からも消えていたと気づかされる」という。二人の行った調査によれば（Ibid: 541-543）、農務省は職員の採用・昇進にあたって欧州の機関に関する知識や経験を最も重視するが、他方、運輸省や保健省では、EUに関わる重要ポストの人選をするときでさえ、欧州の機関の知識や経験という基準は他の基準と同じ比重でしかないという。出向した職員がホワイトホールに戻っても、その職員が得た専門知識から学ぼうという努力はほとんどなされない。ピカリング（Pickering, 2002: 588）は、大蔵省の欧州担当室は「イギリスの考えをEUで宣伝しようという」大臣の野心を助長するばかりで「これまで、EUから良い考えを取り入れるという役割を果たしてこなかった」と指摘している。各省庁が欧州の経験とは無関係な国内ポストを用意する（あるいは、組織の縮小期には、そうせざるを得ない）場合もある。一九八〇年代、九〇年代のマネジメント改革は、職員が一時的に省庁を離れようとする意欲を甚だしく阻害するものだった。

メージャー政権でも、公務員を「欧州のプロ」にしようとした大臣もいた（環境省のクリス・パッテンとジョン・ガマー、スコットランド省のイアン・ラング）。彼らは、イギリス代表部への出向や政策分野の近い他のEU諸国の「同僚」との付き合いを職員に勧め、「欧州での交渉の仕方」について指南した（Bulmer and Burch, 2005: 874-875）。一九九六年の白書『公務員の育成と研修』は、各省庁が「欧州対応のプロになる」必要があると述べた（Cabinet Office, 1996: 32）。マオーとスティーブンス（Maor and Stevens, 1997: 541-542）によれば、農務省、運輸省、保健省では、職員がEUに関係するポストについてからやっとEUの勉強をさせている。公務大学校（及び前身の公務大学）にはEUに関する優れたプログラムがあり、特に意思決定がどのようになされるかを扱っているが、公務員にはマネジメント能力を身につけるよう圧力がかかっており、公務大学校のプログラム案内でも欧州の扱いは常に小さい。

バルマーとバーチ（Bulmer and Burch, 2005: 884）は、イギリスの公務員でEUや他の欧州諸国の政策形成手法になじんでいるのは「主にブリュッセルで勤務したことのある者に限られている」、つまり内閣府欧州事務局、外務英連邦省、貿易産業省、農務省の職員だけだと結論づけている。ホワイトホールの他の省庁や自治政府では、EUの経験を持つ職員がいても、でたらめに配置されているという。ただし、バルマーとバーチがここで論じているのは、「ホワイトホールにおける欧州政策形成のネットワーク」を構成している中核的組織の幹部公務員グループのことであって、彼らは、欧州委員会の最初のロビイングから閣僚理事会における交渉の細部に至るまで、政策形成過程を隅々まで理解している（2000: 58）。

しかし、多国間の政策形成に断続的に参画している公務員はもっと数多い。それは従来から同じであり、先に挙げたように、電力省・貿易産業省の職員が政府間組織でイギリスの燃料に関する利害を代表したケースや、スコットランド省の農業漁業部の職員が（権限移譲前から）ブリュッセルでの年間漁獲量割り当ての決定に直接関わっていたケースがある（Lequesne, 2000: 353）。このような職員の数を推定するのは難しいが、欧州委員会や閣僚理事会事務局の作業部会、委員会のデータからすると、毎年数百人のイギリス公務員がブリュッセルでの作業部会や委員会に参加していると推測される。「欧州化」の進んでいない省庁と同様、「彼らがEUの政策形成機構に参加するのは、たいてい『必要があるとき』だけである」(Bulmer and Burch, 2005: 869)。

EU諸国の公務員は、これまで数十年にわたって、協力して共通の法を作ったり実施したりしてきた。他国の省庁の「カウンターパート」と交渉して、プロとしての基準を満たしつつ大臣や国内の政策コミュニティによって示された自国の利害にも合致するような政策的措置にすべく、細部を詰めていく。初めに政府の立場を準備した職員が、EUの作業部会や委員会における交渉でその実現を目指し、最後に(まだ同じポストにいれば)その措置を国内法に組み入れるところまで見届ける。さらに、正式の討議が始まる前に、「事前打合せ」として他国の省庁を訪れ、重要な点について連携できるか探っていることも多い(Siedentopf and Ziller, 1988: 29)。大蔵省や科学技術庁は「第四次枠組計画の歳出を実行可能レベルに抑えるため、主に他国の財政・科学関係の省庁と連携を組んだ」(Pickering, 2002: 593)。また、環境省のある職員も、「二国間の相談や連絡は常に行われている……我々も他国の環境省の相手方とよく連絡を取り合う」と語っている(Richards and Smith, 2002: 156)。

政策領域に関わらず、一般的に、次のようなことが見られる。

・**EUの政策形成においては、各国公務員の果たす役割が大きいこと**。

政治的利害が無視されるわけではないが、公務員は自国の有力な業界利益団体の意見を代弁する。「この点は、イギリスのある農務省職員の『イギリスの産業を守ることが我々の存在意義だ』という発言にもよく表れている」(Siedentopf and Ziller, 1988: 40)。

・**政策形成が分野ごとに断片化していること**。

公務員は、政策上の措置について、他国で当該分野を担当する公務員と交渉し、連携相手を探し、欧州委員会の関係部局に働きかける。先述の環境省職員は、「我々の分野を担当する欧州委員会の環境部局(DG11)の職員とも、直接やりとりすることが多い」と述べている(Richards and Smith, 2002: 156)。

・**「政治の専門技術化」が見られること。**

これは、一面では現実である（規則や指令は技術的なので専門家が交渉する）が、中央の調整官庁（内閣府や外務英連邦省）の関与を避けて自省や自省に近い利益団体の利益を守るために、わざと「非政治的」な政策措置のように取り扱っているという面もある（Siedentopf and Ziller, 1988: 78）。

・**調整官庁の役割が低下**し、「技術的」な部局の役割が相対的に高まっていること。

ＥＵ業務が拡大するにつれ、既に一九八〇年代半ばには、内閣府や外務英連邦省の役割に疑問が呈されていた。イギリスでは、「国内官庁は、……欧州事務局は技術的な施策についての専門知識を欠くと思っている。『欧州事務局や外務英連邦省には意見を聞かなければならないが、たいして役には立たない』」（Siedentopf and Ziller, 1988: 33. また、Richards and Smith, 2002: 155–156も参照）。

以上をまとめれば、まず第一に、政府横断的あるいは国家横断的な行政上の協力関係は、発展を続けているようである。公務員は他国の「相手方」「カウンターパート」と付き合い、互いのことを職業的関心の近い同僚と考えている。ある省の事務次官によれば、ＥＵ指令の準備のため一年にわたって毎週ブリュッセルを訪れていたその省の職員たちは、自省の同僚といるより長い時間をブリュッセルで過ごしたという。ホワイトホールの他省庁よりも、他のＥＵ加盟国の当該分野の担当省庁との調整を考える時代になっているのだろうか、とその次官は自問している（Burnham and Maor, 1995: 194–195）。第二に、ホワイトホールの省庁の分化が進み、それぞれが特定分野に特化して、各々のネットワークを構成する社会的アクターの種類も、周りを取り巻く経済・政治状況も、バラバラになっている。各省庁が互いの姿を見失う危険も生まれている。典型的なのが農業で、この分野は、ＥＵの縦割り構造の中で唯一「ジェネラリストの水平的な委員会」である常駐代表委員会がカバーしておらず（Bostock, 2002: 225）、「農業政策に関する重要な国家利益の保護に資する、独自の」特別委員会がカバーしている（Rieger, 2000: 188）。そして、食物に関わる危機（サルモネラ、ＢＳＥ、口蹄疫）がイギリスを襲うたびに、農務省職員と、他分野（保健、観光、軍）、イングランド外（スコットランド省、ウェールズ省、北アイルランド省）、現場（地方自治体、警察）の職員との断絶が明らかになるようである（Maor and Stevens, 1997: 544; Richards and Smith, 2002: 9; Smith, 2004: 321-323; Constitution Committee, 2002, box 1）。「多層的ガバナンス」は、EU、イギリス、自治政府の間の交渉を理解するのに適したモデルになってきてはいるが、政策分野によってその細部はかなり異なっている。

4　公務同士のネットワーク？

国家の多様化が公務に及ぼす影響を論じると、公務そのものが多様化しているという印象を与えすぎるかもしれない。そこで、自治政府の公務員が統一的な「ホワイトホール」モデルを熱心に守ってきたことを思い出してほしい。ウェールズ議会は、ウェールズの公務員が統一的すぎるとさえ考えていたようだ。イギリスの公務員はイギリス全土のどこにいても、イギリスの大臣の下で、またウェールズやスコットランドの行政当局の下で働く。その中で動くのは省庁を移るのと同じくらい容易である。北アイルランド公務が直接統治の下で「ホワイトホール」の規範を発見し（、採り入れ）たという事実は、一九一九年以降の改革によって公務には既に特別な統一的文化が生まれていたことを裏づけている。自治政府が（権限移譲前から）欧州でのイギリスの交渉方針を準備する作業に参加してきたことも、「行政は一つ」という規範が組み込まれていることの表れである。地方の多様性を制度に組み込むことは、国家の一元性を再確認することでもあるからだ。

とはいえ、イギリスの公務の統一性は不完全だったという証拠もある。一元的な国家が一元的な公務を生んだと言えるのは、北アイルランドとその自治政府を無視した場合だけである。一九七二年以降、イギリスの行政システムにおける北アイルランド公務の法的、憲法的位置づけは不明確なままだ（それを定義することは北アイルランドそのものを定義することに他ならない）。それでも、地域を所掌している公務と、（全国的な事項について）そこを所掌するもう一つの公務は、どちらもイギリスの公務である。外交部門にしても、いまだに内国公務とは統合されず、外交という「特別な目的のための」公務とされているが、これらの公務の特殊性は薄れつつある。北アイルランド公務はホワイトホールのやり方をある程度採り入れて「行政の現代化」を進めているし、外交部門もEUに関しては内閣府と密接に連携し、また人事施策の「現代化」を進めている。

権限移譲によって、イギリス公務には、より非公式な部分での違いが生まれ、あるいはそれが見えるようになってきた。スコットランド省には、自負心の強い官僚集団がおり、他とは一線を画すほどだが、ウェールズ省にはそうした存在感はない。権限移譲前から、スコットランド省・ウェールズ省とその他の主流省庁の間には、人事、経験、文化、政策関係者といった点で事実上差異はあった。各省庁がEUの政策形成過程に引き込まれ、分野ごとのコミュニティで政策形成が行われるようになる中、スコットランドやウェールズ独自の利害がEUレベルで積極的に打ち出されることによって、イギリス公務の規範や手続の統一性に対する圧力は高まっている。

こうした断片化、多様化は、ローズその他の見方（第1章参照）を裏づけるものである。ローズらは、イギリスは実は「ウェストミンスター＝ホワイトホール」モデルが前提としていたような完全な一元的国家にはなっておらず、「分化した統治機構であり……その特徴は、機能と制度の両面で専門化が進み政策も政治も細かく分かれていることだ」と捉えている（Rhodes, 1997: 7）。統一化、行政の標準化は完全には行われていなかった。権限移譲によって制度が多様化してそれまで統一的だった公務が断片化しているわけではなく、統一的な公務の中にも既に地方による差異があったのが、権限移譲によって顕在化したということである。

政治的な力が新たに生まれたことで、公務はもっと明確に変わっていくかもしれない。もっとも、ミッチェル（Mitchell, 2003: 178）は、かつて過小評価されていた地方の多様性を今度は過大評価するようなことはすべきでないと注意している。しかし、ローズのように統治機構の多様化と「複雑化」が政府を弱体化させてきたとする立場から見れば、権限移譲は、国家や超国家のレベルで決める必要のない事項についてイギリスの大臣や助言者たる公務員から責任を取り払えるようにする（補完性の原則）ものである。将来的には、スコットランドやウェールズの公務員が、地域レベルで運営される、ないし運営され得る、保健その他のサービスを総合して「公共サービス」を作り出し、それがイングランドの地域にとってもモデルになる、という可能性もある。そうなれば、現在は「多層的な官僚」としての交渉能力を備えた各省庁や自治政府の職員は政府間組織やＥＵとの間で交渉を行っているが、そうした人材をより広く各部門に配置する必要が出てくるだろう。そのようにして、政策形成の役割が政府各層（自治体、地域政府、国家、国際機関）に広がり、また民間やボランティア組織が関わることで各層の相互のつながりが出てくれば、先に示したような「多層的ガバナンス」モデルの姿に近づいていくだろう。

第4章　効率、コントロール、サービスの向上を目指した改革

多くの学者や政治家、公務員にとって、サッチャー政権とメージャー政権が行った公務の構造改革は、ホワイトホール・モデルに対する攻撃であり、破滅的な結果をもたらすと思われた。しかし、最悪の事態が現実化することはなく、トニー・ブレアが労働党の党首になる頃には、党に関わらず改革を支持する声が多くなっていた。とはいえ、問題がなかったわけではなく、新労働党政権は『政府の現代化』によって問題に取り組んだ。

本章では、公務の改革と、その背景にあったと思われる次のような動機について詳しく見ていく。

・公務の**経済性と効率性を高める**こと。

これは主にサッチャー政権とメージャー政権が意図したことで、特に人員削減、外部委託、民営化が進められた。野党だった労働党はこれらの政策に反対したが、ブレア政権も、特に資本投資の面では、公務より民間部門を重視した。公務部門では採用が大幅に増え、二〇〇三年に効率性向上の新たな取り組みが発表された。

・省庁に対する大臣の**統制を強化し**、大臣が資源を有効に使って政策目的を達成できるようにすること。

大臣が政策形成に充てられる時間を増やすため、権限委任が進められ、特に省庁を再編して執行エージェンシーを創設し政府の目的のために働かせるということが行われた。労働党は、公務員に強い指示を与える手段として予算交渉を用いて、こうした保守党の改革に自ら必要と考える修正を加えていった。

・**サービスの質を高める**こと。

そのために保守党は、断片化あるいは差別化を進めて省庁内でも業務に応じた勤務条件とし、またサービス憲章と

して業績基準を発表した。その後政権に就いた労働党は、伝統的な政策分野の中にとどまらない問題に対処するため、省庁横断的実施主体（公的機関、民間企業、ボランティア団体）横断的な「連携政府」を推進し、「継ぎ目のないサービス」を市民に提供しようとした。「ガバナンス」の見地からすれば、このような方策は、政府がサービスを実施するために他のアクターやネットワークの力を借りているということを認めるものだった。

以上のような改革の動機は、政治指導者の注目を浴びた時間的順序に従って挙げたものだ。以下ではより詳細に分析して、これらが「現代化」に当たるものなのか、「ホワイトホール・モデル」を根本から傷つけてきたのか、あるいは公務の「衰退」をめぐる他の考え方に適合するものなのか、考えていくことにしよう。

1　政府の経済性・効率性を高めるための改革

公務の規模は一九七六年に七五万一〇〇〇人という最大規模に達し、労働党はそのスリム化に着手した。七〇年代の労働党は公務員にサービスの実施を担わせようとしていたが、政権党になって厳しい経済状況に追い込まれ、国際通貨基金の融資を得るために予算削減を行わざるを得なくなった。キャラハン政権は一万五〇〇〇人の公務員を削減した。同政権の給与政策はストライキを引き起こし、その後の公務の運命を決める一因となった。七九年の保守党のマニフェストには、無駄や官僚主義、「大きすぎる政府」との戦いが盛り込まれた（Drewry and Butcher, 1991: 198）。

マーガレット・サッチャーは、元公務員のレスリー・チャップマンが示した数々の非効率の事例（Chapman, 1978）や、W・A・ニスカネンらの学者が主張する「公共選択」論の影響を受け、変革が必要だと考えるようになった（Bevir and Rhodes, 2003: 150; Campbell and Wilson, 1995: 304）。ニスカネン（Niskanen, 1971: 21-22, 38）によれば、官僚は「権限を拡張」して予算と給与を最大化しようとするので、官僚組織はすべからく非効率になる。官僚組織の提供するサービスは独占状態にありその価値を否定しにくいので、（需要があろうがなかろうが）対象をあらゆる人に広げて、コストに十分な注意を払わないままサービスを「過剰供給」するのである。それに対して、民間企業は効率的にならざるを得ない。生き残って利益を上げるためには、必ず売れるものだけを競争相手より安い価格で作ったり仕入れたりしなければならないからである。保守党の大臣であり財界人でもあったマイケル・ヘーゼルタインの言葉を借りれば、「民間部門のマネジメントは常に公務部門より効率的になりやすい。人が違うわけではなく、損益計算と競争原理という二つの刺激があるからだ」(Heseltine, 1990: 71)。

サッチャー政権下における削減と移管

一九七九年に政権に就いた保守党は、二・五％の人件費削減を求めるとともに、八四年までに公務員数を七三万二〇〇〇人から六三万人に減らすという目標を設け、その後も八八年まで毎年人員削減を実施した。サッチャーが辞任した九〇年には、公務員数は五八万人になっていた。メージャー政権になっても数は減り続け、九七年には四九万五〇〇〇人になった（本章で挙げる公務員数は、断りがない限り「常勤換算」であり、内閣府が毎年発行する『公務統計』(*Civil Service Statistics*) から引いている）。

サッチャー首相時代の前半は、現業部門（ブルーカラー）でも非現業部門（ホワイトカラー）でも大きく公務員数が減った（図4-1参照）。減少幅が最も大きかったのは技術職であり、例えば公用財産庁では政府建物の維持管理業務が外部委託になった。他の公的組織に移管された業務もあり、例えば住宅補助の業務は地方自治体に移された。廃止された業務もある。例えば内国歳入庁は、所得税制度の簡素化と率の再評価の廃止で、一九七九年から八〇年にかけてポストを六〇〇〇削減した。政府統計庁は「レイナー・レビュー」によりデータ収集を減らした。「統計や研究、分析に無関心でコストの節約ばかりに気を取られる大臣が多かったために、ホワイトホールの政策助言につながる多くの専門的な情報源が縮小されてしまった」(Foster, 2001: 729)。

第1章で触れたように、サッチャー氏は、マークス&スペンサーの経営部長でかつてホワイトホールでも勤務したことのあるデレク・レイナーを効率性担当顧問に任命した。レイナーの効率室は、内閣府に置かれ、省庁業務の「審査」

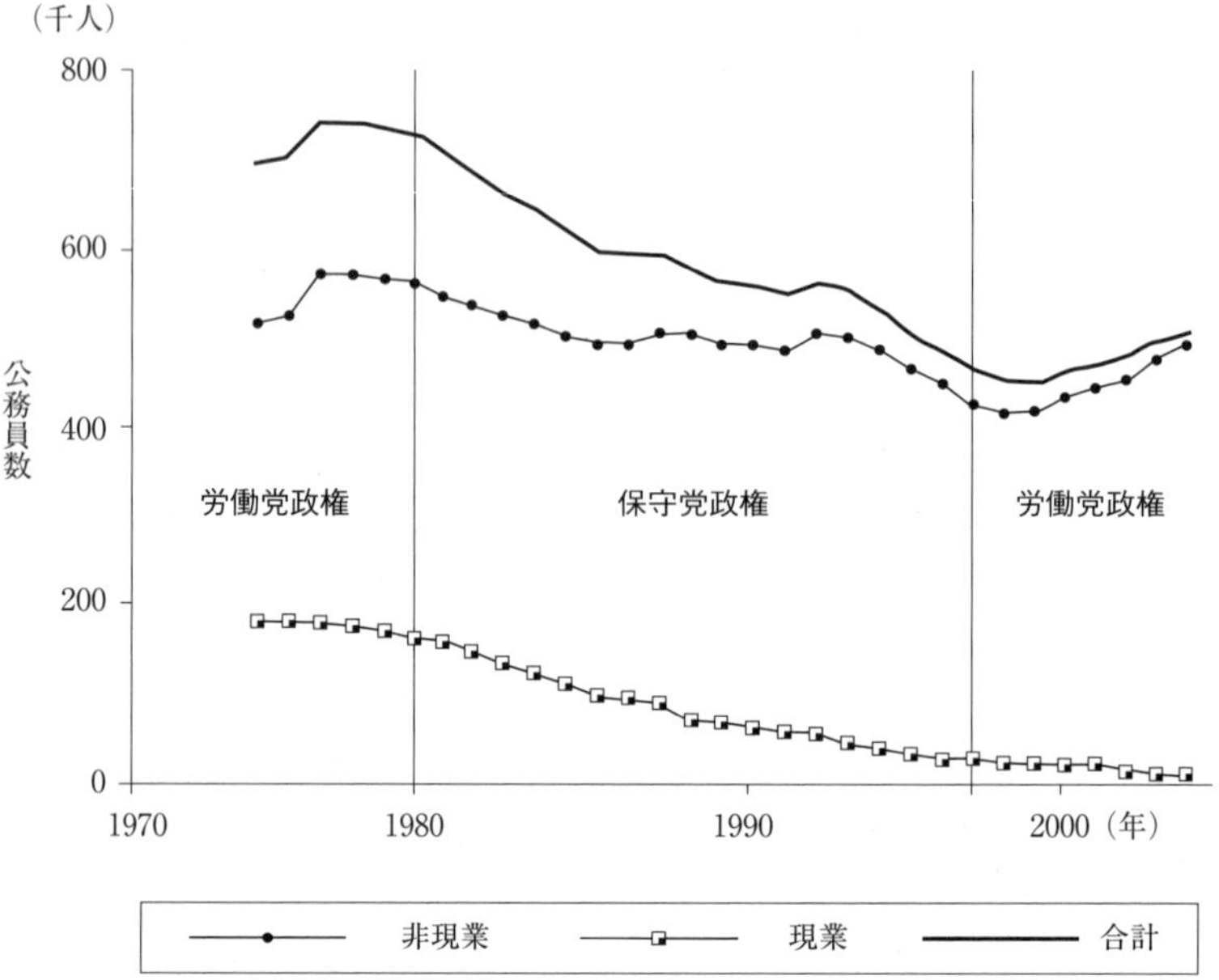

図4-1　公務員数の変化（1974年～）

出典：表序-2に同じ。

を主導して改革についての勧告を行った。効率室は、一九九三年までに一五億ポンドの節約効果を上げると主張した（Theakston, 1995: 127）。レイナーはホワイトホール全体が効率室に倣うことを期待していたが（Hennessy, 1990: 594-596）、議会の会計検査院は、実際の効果はその半分であろうと推論した（National Audit Office, 1986）。大臣たちは反対を打ち出し、例えば、年金を毎週郵便局で支給するのでなく毎月銀行口座に振り込むというアイディアは却下された。受給者たちが反対しているし、村の店もさびれる、というのが理由だった。「多くの公務員が従事していた大量の事務作業の生産性は、七〇年代から八〇年代初頭にかけて変わりがなく、むしろ下がった可能性もあることが示されている」（Mountfield, 2000: 3）。

サッチャー首相時代の後半も、公務員の削減は続いた。主にその手段となったのはブルーカラー業務の民営化であり、英国軍需工場で一万九〇〇〇人、海軍工廠で一万六〇〇〇人分の業務が民営化された。保健省の特殊病院の職員が保健局職員にされたときも、三〇〇〇人以上が公務員から外れた。こうした

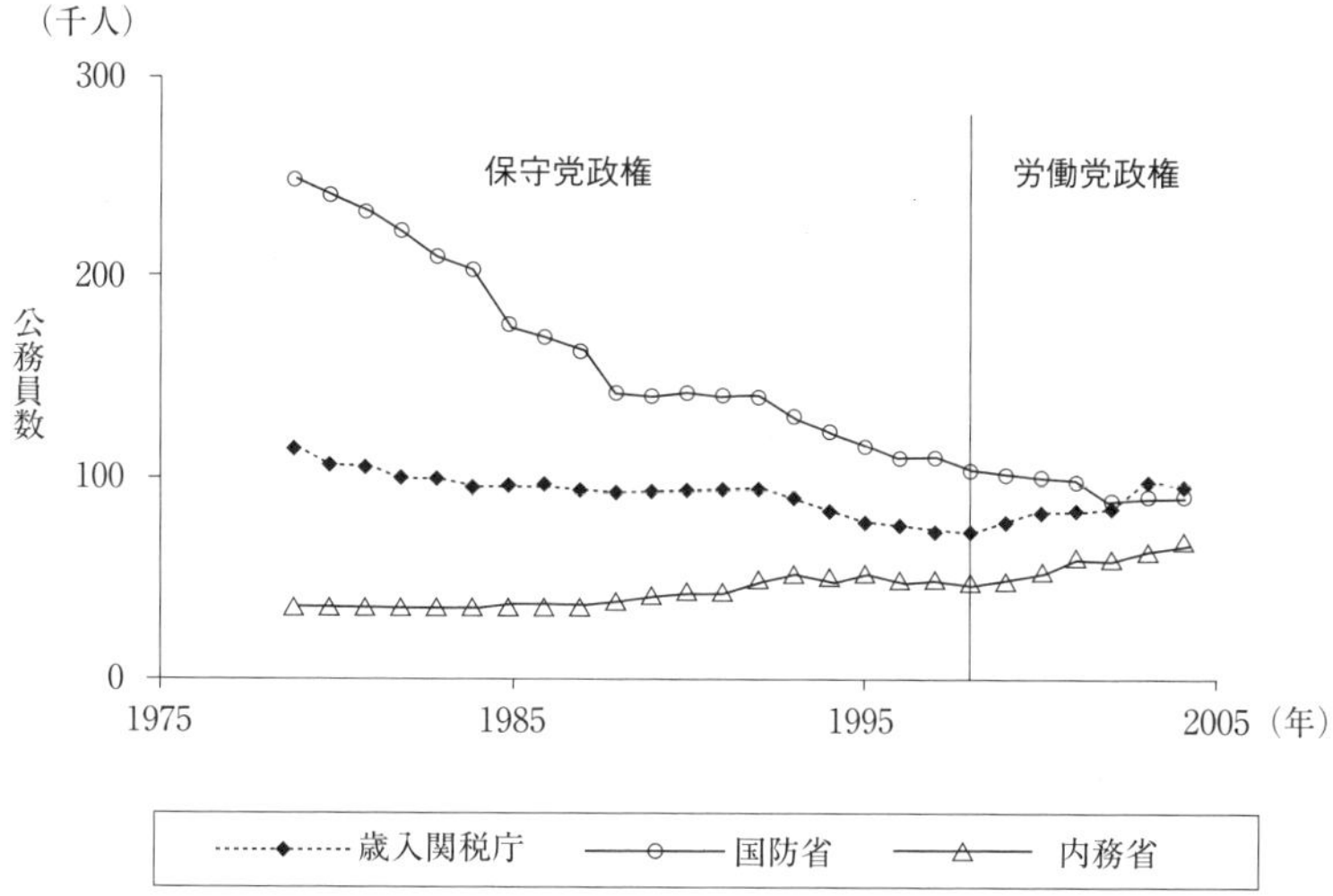

図4-2　省庁の規模の変化（1979年～）

注：現業と非現業の両方を含む。
出典：大蔵省または内閣府発行の公務統計（*Civil Service Statistics*, 1983, 1987, 1991, 1996, 1999, 2004）による。

移管による削減は、聞こえはいいが、政府が引き続き住宅手当制度や国防装備や特殊病院の大部分を必要とする以上、支出が公的資金から行われる点は変わらなかった。ただし、海軍工廠ではいくらかの節約になった。ヘーゼルタインの言うように「［かつては］費用という予算がなく、ただ、いくら使ったという記録があるだけだった」からである（Heseltine, 1990: 73）。

省庁によって公務員の削減幅にはばらつきがあり——例えば国防省は削減幅が大きい——、公務の姿も変わった。図4-2で分かるように、内国歳入庁（現在の歳入関税庁の一部）でも職員数が減っているが、これは電子化とその後のＩＴ業務の民営化が進んだためである。他方、内務省や同省の刑務所庁では増加が見られる。これは、刑務所がいくつも新設され刑務官が必要になったためである。また、失業率の高い時期にはジョブセンターや給付事務所の増員が必要になるというように、外的要因による圧力もある。

2　政策とその実施に対する大臣統制を強化するための改革

一九八八年から、「ネクストステップ」計画によるさらに抜本的な組織改編が始まった。これは、各省庁を中核的な省庁組織（主に政策助言に関することを担当）と執行エージェンシー（主に実施を担当）に再編するというものである。効率室のトップはレイナーに代わってロビン・イブスとなった。インペリアル化学工業会社の重役で、かつてホワイトホール内の「シンクタンク」である中央政策検討スタッフを率いたこともある人物である。

政府のマネジメント改善

『政府のマネジメントの改善――ネクストステップ』と題した報告書（Efficiency Unit, 1988）は、マネジメントの効率化にあたって効率室が見出したホワイトホールの問題に対処するものだった。効率室は、ヘーゼルタインの依頼で、一九八〇年から「大臣用マネジメント情報システム」（ＭＩＮＩＳ）を開発していた。環境省において「説明責任を有する単位」ごとに、その活動、職員配置、コスト、目的、過去の実績、達成目標を示すシステムである。ＭＩＮＩＳは人員削減の際の選択肢を評価するのに使われたが、どの活動がうまくいっておらず職員の増員や質の向上を必要としているのか分かるので、大臣や幹部公務員が省の運営を有効なものにする上でも役に立った。

このシステムは、サッチャーの後押しもあって、一九八二年からは、より大がかりな財務管理イニシアチブ（ＦＭＩ）に組み込まれ、ホワイトホール全体で推し進められた。しかし、ほとんどの大臣は管理者として熱心でも有能でもなかった。大多数は、在任期間が短すぎたり、マネジメントのシステムは政策実施を制御するのに役に立たないと考えていたりした。ヘーゼルタインでさえ、陸海空軍の特権を守ろうと「官僚や専門家、軍の政治家たちが絶えず内輪もめを繰り返している」（Hennessy, 1990: 414）国防省では、このシステムを活用しにくいと悟った。

下院決算委員会は、財務管理イニシアチブの「進行が非常に遅い」ことを指摘した（The Public Accounts Committee of the House of Commons, 1987: paras. 20-43）。多くの幹部公務員は、大臣への政策助言という役割の方に強い関心を向け、他方、若手公務員は、人事管理が中央で統制されていると感じて、マネジメント能力を身につけても昇進にプラスにならないと見ていた。ヘーゼルタイン（Heseltine, 1990: 27）は、給与決定が「中央集権化、標準化されていて柔軟性がない」ために、効率性を上げても公務員にはほとんど得るものがないと苛立った。

政策と実施の分離を目指して――『ネクストステップ』エージェンシー

『ネクストステップ』報告は、こうした問題に対して答えを示すものだった。同報告は、一元的な「ホワイトホール・モデル」でうまく管理するには公務は規模が大きすぎ、機能も幅広すぎると述べている。政治家と有能な管理者の役割を両立させるのはほとんどの大臣にとって無理なことだという。『ネクストステップ』の提言は、大臣が事業執行の仕事を中堅の公務員に委ねて、助言者たる幹部公務員とともに政策形成に集中する時間を増やすべきであるというものだった。少数の公務員が「中核」部門で果たす戦略的機能（政策形成、予算交渉など）と、大臣がほとんど注意を払う必要のない日常的な運営や実施の機能とは、同じ省であっても組織を分けるべき、という主張である。

ほとんどの省庁には複数の実施機能があり、それぞれを効果的に運営しようにも、グレードや給与の構造が画一的であるため業務の必要に応じた勤務条件にすることは困難だった。『ネクストステップ』報告は、それぞれの機能を準独立の「執行エージェンシー」に割り当て、採用や組織、給与を業務の必要や地方の労働市場に合わせて設定できるよう、首席執行官（CE）に権限を与えることを提言した。大臣、事務次官、首席執行官の責務や当該エージェンシーの目的を定めた枠組文書と、毎年の業績目標による統制はあるものの、それらの範囲内で首席執行官はかなりの自由を持つことになる。

この報告書は、マーガレット・サッチャーが稀に下院に対して出す声明に盛り込まれ、懐疑的な人々にも実現の意思が伝わった。準独立の公的組織という概念はイギリス政府にとって初めてのものではなく、労働党にも保守党にも既知のものだった。例えば、英国国有鉄道は、労働党の大臣ハーバート・モリソン（Morrison, 1933）が推進した「公社」の一つであり、資金調達や任命、目的に関する大臣の責任、支出や業績についての議会への説明責任、民間企業のような経営の独立性という要素を組み合わせたものだった。環境庁や教員研修機構といった「非政府公共機関」（NDPB：クワンゴ）もおなじみのモデルである。それぞれ、事業の有益性や効率、交付金については担当大臣が議会に説明責任を負うが、独立した法人格を持ち、職員も公務員ではない。

ヒース政権が一九七〇年に発表した白書『中央政府の再編』（Cmnd 4506）も、執行業務をエージェンシーに分離して説明責任を持たせるというフルトン報告の提言（Fulton, 1968）を支持していたが、ヒースは、国防調達庁（初代の「首席執行官」はデレク・レイナー）や公用財産庁といったいくつかのエージェンシーを設立するにとどまった。これらは、ネクストステップのエージェンシーと同様、所管省庁から独立した法人格は持たず、職員も公務員の身分を保持していた（Pyper, 1995a: 53-54）。そして、公社やクワンゴと異なり、政府は議会の承認を得ることなくこれらを設置することが（また、後に判明したことだが、民営化することも）できた。

『ネクストステップ』が革新的だったのは次の二点である。第一に、公務員が大臣の名において行うことすべてについて「大臣が真の責任を負うという擬制を捨てる」点で憲法原理が変わったこと。第二に、政策形成以外の執行業務に従事している公務員（効率室の推定によれば全体の九五％にのぼる）について、その人事管理の権限をエージェンシーの首席執行官に移譲したことである（Hennessy, 1990: 620）。

これらの特徴は議論になり得るものだが、いくつかについては他の章で取り上げる。ここでは、この改革の論理が、運営責任とともに政治的な責任も大臣から管理職員に委任することだったと述べれば十分だろう。議会の委員会や行政審判への対応、司法審査を通じて、公務員が説明責任を負う状況は、事実上は既にあったわけだが、それにもかかわらず、大臣が責任を負うという「擬制」を否定することを嫌がる議員もいた。そこで政府は、大臣の説明責任に変わりはないとしつつ、議員に対しては、選挙区で何かあれば首席執行官に問い合わせるよう勧めた。このような「はぐらかし」は、政策と運営に重複部分があることを解決するものではなく、むしろそうした現実に対応したものだった（Jones *et al*., 1995; Pyper, 1995b 参照。また、より一般的な話については、Giddings, 1995b 参照）。

実際には、エージェンシーに大臣が介入しないよう、省とエージェンシーそれぞれの機能を分離できる場合（首席執行官が省の職員や大臣に助言することを妨げるものではない）には、エージェンシー化が問題になることは少ないようである。運輸省はこの原理を用いて高速道路庁にする部局を選定した。このエージェンシーは、道路建設と維持に関する技術・運営業務を担うことになったが、どの事業を進めるかという政治的に微妙な事項については、本省と大臣に決定権が残された（Glaister *et al.*, 2006: 48）。

大蔵省は、当初は職員数や給与に関する中央統制をなくすことを認めようとしなかったが、やがて、下級職員の採用や業績ボーナス制の導入についてエージェンシーの裁量を認めることに同意した（Hennessy, 1990: 620-621, 626）。一層の権限委任を求める効率室の報告書（Efficiency Unit, 1991）が出された後、「一九九二年公務（マネジメント機能）法」によって、大臣が人事管理権を委任することが可能になった。ただし、人事管理に関する首席執行官の裁量は、他の事項と同じく、エージェンシー枠組文書の範囲内に限定された。例えば、資料4-1に概要を示した国防科学技術研究所の枠組文書は、集権的に管理される上級公務員グループの人事に首席執行官が介入することを禁じ、その他の決定も国防省事務次官が定める国防省の組織、管理、職員配置の必要性に適合していなければならないとしている。こうした制約は、ホワイトホールの統一的モデルの行方に不安を持つ者を鎮めるのに役立った。

こうした継続性や保護措置があっても、エージェンシー化の持つ急進的な性格が消えたわけではない。第一に、一元的な中核部分（上級公務員）は結局のところ公務員全体の一％にも満たなかった。第二に、エージェンシーの創設は、以前の改革を知る人々の予想を上回るスピードと規模で進んだ。三年以内に四八のエージェンシーが設立され、職員数は公務員全体の三五％を占めるようになった。この割合は、二〇〇〇年には七八％にまで達し、それから下がり始めた。やがて野党もエージェンシー化全般については認めるようになった。労働党の影の大蔵大臣であったジョン・スミスも、党としてこの制度を覆すことはないと述べた（王立行政研究所における演説。一九九一年五月九日付ガーディアン紙による）。

こうして、マーガレット・サッチャーが辞任する頃には、ニスカネンの理論は誤りであったように見えた。公務員は予算を最大化して権力を拡張しようとはしなかった（多くのポストを失った）し、政治指導者がことの成り行きを決めた

資料4-1　エージェンシー枠組文書の例（概要）

エージェンシー：国防科学技術研究所　（2001年12月）

ねらい　：　イギリスの軍及び政府に対し，民間部門には不適当な分野における独立かつ高度の科学技術サービスを提供すること。

成果目標
- 国防及び政府にとって重要な優れた科学研究。
- 高度かつ明晰な分析。
- 科学技術に関する総合的な助言及び問題解決。

説明責任と責務

国防大臣
- 国防科学技術研究所について責任を持つこと。
- 政策及び運営について議会への説明責任を果たすこと。
- 政策及び資源配分の枠組を決定すること。
- 国防科学技術研究所の目的及び業績目標を設定すること。

首席執行官
- 公開競争を経て任期付きで大臣の任命を受けること。
- 国防科学技術研究所の業績について，枠組文書，運営計画，財務目標に従って大臣への説明責任を果たすこと。
- 適切かつ適法な資源利用，慎重かつ経済的な事業運営に責任を持つこと。

首席科学顧問
- 国防省における国防科学技術研究所関係事項の中心。

財政，計画，統制

計　画
- 首席執行官は，5年間の戦略目標とその達成方法を示す運営計画を策定し，毎年，国防省の閣外大臣と合意する。

業績目標
- 毎年，大臣と合意する。

年次報告
- 首席執行官は，毎年，決算書と，目的・目標・当該年の業績・翌年の目標を明らかにする年次報告書に署名する。

職　員
- 国防科学技術研究所の文民職員は，国防省に属する公務員とする。
- 首席執行官は，内閣府及び大蔵省から大臣に委任された権限の範囲内で予め定められた権限を行使する。
- 職員はすべて公正公開の競争に基づいて採用される。
- 国防科学技術研究所の上級公務員の採用及び管理については，首席執行官は権限を持たない。上級公務員の管理は，首席執行官と協議の上で一元的に行われる。

見直し
- 大臣は5年後に国防科学技術研究所の業績を評価し，将来のあり方を検討する。職員や組合代表は協議を受ける。
- 大臣または首席執行官は，いつでもこの枠組文書について修正を提案することができる。

別添：国防省事務次官から首席執行官にあてた権限文書
- 事務次官は，国防省の組織，運営，職員配置，財政制度について全般的な責任を負う。
- 首席執行官は，あらゆる提案について，議会・政治・政策・説明等の要素，各省庁の利害，政策スタッフや大臣に協議する必要性を考慮しなければならない。

出典：Ministry of Defence（2001）の情報をまとめたもの。

からだ。しかし、ダンリービーは、この変化をうまく説明できる別の命題を提唱した。彼の「官僚組織形成」モデルは、官僚は確かに自らの利益を最大化するが、その利益とは「政治権力の中枢に近い小規模の権威あるエリート組織で働くこと」であるとする（Dunleavy, 1991: 202）。幹部公務員は、大臣に近いところで革新的な政策業務に携わる機会を増やそうとするが、日常的な機能は周辺組織（委託先民間企業、地方自治体、執行エージェンシー）に追いやり、大規模組織を背負うという問題を抱えることなく予算全体の統制を維持しようとする（Ibid.: 202-209）。つまり、ダンリービーによれば、サッチャーの改革は幹部公務員の利害を反映したものであった。

この理論を裏づけるように、サッチャーの行った組織再編の影響を最も強く受けたのは現業職員と補助的職員であった（一九七九年から八三年にかけて一四％減）。ただし、下位レベルの上級公務員もほぼ同様の影響を受けた（グレード4、5の職員は同時期に一〇％減）。最上級のグレード（1～3）でさえ、八〇年から八六年の間に二〇％のポストがなくなっている。八六年から九一年の間はグレード1～3の数は安定していたが、伝統的なポストの多くが大規模組織を運営するエージェンシーの首席執行官へと変えられ、外部の候補者と競争する五年契約のポストになった。したがって、幹部公務員全体としてはサッチャー改革から得るものがあったかもしれないが、個人レベルで見れば、組織再編で得をするどころか職にとどまれるかどうかも確実でなくなった。

3　メージャー政権における利用者サービスと民営化

サッチャーが辞め、しかもネクストステップ計画の責任者を務めていたピーター・ケンプが解任されると、公務再編の動きは止まると考える者もいた。しかしメージャー政権は、最初の年にさらにエージェンシーを設立し、かつ、二つの新政策を導入した。公共サービスの質を高めるための「市民憲章」と、支出に見合った価値（value for money）を高めるための「市場化テスト」である。そして、一九九二年の選挙の後、新しい指導者の下で次々と省庁の検討が始められた。ジョン・メージャーの効率性担当顧問であるピーター・レビーン、内閣府公共サービス担当大臣ウィリアム・

ウォルドグレーブ、大蔵省の閣外大臣スティーブン・ドレルらが、当選を果たしたサッチャー主義の議員たちの支持を得て中心的役割を果たした（Theakston, 1995: 149）。ウォルドグレーブは、「中核的組織を比較的小規模にし、実施機関に権限移譲して……小さな公務を実現する」と約束した（Waldegrave, 1993: 23）。

市民憲章

ジョン・メージャーは、一九九二年の選挙に先立って『市民憲章——水準の向上』（Cabinet Office, 1991）を打ち出した。この原理は既に内閣府の報告書『国民へのサービス』（Cabinet Office, 1988）でも明示されていたが、サッチャーは関心を持っていなかった。「市民憲章政策」は、メージャーを「サッチャー政策」と区別しようと彼の顧問が選んだテーマだが、「匿名の官僚」についてのメージャーの見方や、「普通の人々」にサービスを行き届かせる必要があるということ——これはメージャーがランベス区の区議会議員だったころから信念としていた——をうまく言い表していた（Seldon, 1997: 33-35, 182-195）。民営化のもたらす利益や本物の市民憲章（権利章典）に比べれば、この市民憲章は取るに足りない、と揶揄されても、メージャーはこれを擁護していた。

メージャーは（これが事実かどうかは疑わしいが）、市民憲章はエージェンシーや外部委託、市場化テストを包含する「大きな概念」だと主張し、大蔵大臣のノーマン・ラモントも（これも疑わしいことではあるが）、市民憲章が民営化を促進するとして、閣外大臣に憲章を作成させた（Seldon, 1997: 191）。しかし、市民憲章政策によって、公共サービスで重視される事柄は、投入資本と適正手続から、サービス利用者の需要で決まるアウトプットへと移った。まさにその理由で市民憲章政策に反対する大臣や公務員もいた。需要があれば公的支出を増やすことになるからである（Ibid.: 190-194）。

市民憲章室は内閣府に置かれ、ジェームズ・ブライスが長を務める委員会から助言を受けて、各省庁に市民憲章を奨励した。ブライスは、ブーツ（訳者注：大手ドラッグストア）の社長であり、国防省の防衛物資販売部長を務めたこともある。市民憲章室は、エージェンシーその他の公共サービス機関に対しても、市民憲章を作って、審査を受けた業績基準、可能な場合の選択権提供、救済可能性など一定の原理を盛り込むよう促した（表4-1は、二つの憲章の原理を比較し

表4-1　市民憲章の原理と個別の憲章

旅行者憲章「あなたへのサービスの向上」（関税消費税庁，1997年）	2000年版道路利用者憲章「役に立つ道路のために」（高速道路庁，2000年）
業績基準の設定と結果の公表	
公平に扱い，権利を尊重する。10分以上の遅れについては説明する。利用者の意見を調査して公表する。	安全性の向上と，騒音，非利用者への迷惑，渋滞の低減について目標を設定する。年次報告書で結果を報告する。
サービス提供にあたっての情報開示	
制服には名札を着用する。税金がどう算定されるか説明する。領収書を発行する。個人調査を行う際に理由を示す。「旅行者ガイド」を発行する。	事前注意報や道路標識，閉鎖車線の表示を増やし，道路標識をきれいにして，情報提供を改善する。文書回答は3週間以内に行う。
可能な場合の選択権提供と利用者の意見聴取	
支払い方法を5通り用意する。調査前，支払前または支払後に，治安判事に申し立てて無料で独立の裁判を受ける権利を保障する。	道路利用者（道路利用者委員会），公共交通事業者，地方自治体と協力して，選択肢の増加に努める。
親切で役立つサービス	
可能な限り待ち時間を減らす。荷物の入れ直しを申し出る。損傷について，簡単なものは2週間以内に，その他は1カ月以内に補償する。	道路工事は閑散期に予定を組み，事前に予告し，電話やウェブサイトで工事や遅延について情報提供するとともに，バスや鉄道も紹介する。
救済手段の提供と使いやすい不服申し立て制度	
幹部職員への照会，税関長への不服申し立てを教示する。宛先の住所，電話番号，ファックス番号を伝える。	電話番号，ウェブサイト，メールアドレス，住所を伝える。文書照会への回答は3週間以内を目指す。憲章に意見用ハガキ（宛先付きで料金先払）を付ける。
独立の裁決	
議員を通じて議会オンブズマンに申し立てる方法，独立審判官に申し立てる方法（住所，電話番号，ファックス番号）を明らかにする。	議員を通じて議会オンブズマンに申し立てられること及び高速道路庁を通じて独立の調停官に申し立てられる旨を明らかにする。ただし，連絡先までは教示しない。

出典：HM Customs & Excise （1997）及び Highways Agency （2000）の情報をまとめたもの。

たものである)。内国歳入庁や雇用サービス庁、給付庁のように、主な「営業」相手が個々の市民である省・エージェンシーは、既に同様の原理を採り入れており、既存の文書を改訂した(Butcher, 1997)。また、一九九〇年代初頭に設立された多くのエージェンシーは、枠組文書の目的に市民憲章の原理を採り入れた。それでも、表4-1に見られるように、数年経っても組織間の差は残っていた。

　市民憲章は、市民の権利すべて(説明責任、情報公開、法的救済手段)を提供するわけではなかったが、このようにサービス利用者を重視する姿勢は、それまで時として全く欠けていたものだった。労働党も自由民主党も市民憲章という考え方を支持し、場合によっては地方自治体レベルで実践し、自分たちも市民憲章は廃止しないと言明した。しかし、一〇年にもわたって人員削減が行われ、「一九八〇年代に、すべてとは言わないまでも多くの大臣が軽蔑の目を」公務に向けてきた後では、市民憲章政策を額面どおりに受け取りにくいと感じる者も多かった（ピーター・ヘネシーの公務委員会での発言。Public Service Committee, 1998: para. 285）。

市場化テストと外部委託

ネクストステップのエージェンシーの首席執行官には運営の自由が与えられていたが、市民憲章を作り、その目標を達成することが求められるようになった。そして「市民憲章」の発表から半年も経たないうちに、今度は大蔵省が『競争による質の向上』（HM Treasury, 1991）を発表して、公務部門全体で「市場化テスト」と外部委託を進めるよう求めた。ウォルドグレーブはこれを「公共サービスを担う組織とその実施の革命」と表現した（Jones and Burnham, 1995: 335）。市場化テストは、各省庁が業務を「内部」で行うコストを、企業に同様の業務を行わせる場合のコストと比較する手続である。レビーンは、省庁やエージェンシーに対して市場化テストの対象を設定した。民間企業の方がコストが低ければ、その業務は外部委託される可能性が高い。しかし、エージェンシー設立の基本となったのは、管理者に運営の自由が与えられれば、判断の結果として委託をしようがするまいが運営の効率性は高くなるという考えだったはずである。民営化に対しては好意的だった大臣からでさえ、市場化テストには反対が出た。貿易産業省のヘーゼルタインや社会保障省のピーター・リリーは明らかに市場化テストの実施に消極的だった（Pyper, 1995a: 68）。エージェンシーの首席執行官、事務次官、労働組合の指導者も、市場化テストは「（職員の）みぞおちを殴りつける」ようなもので「職員の士気という点で大変な損害になる」、市民憲章の後でこんなことをするのは「馬鹿げている」と主張した（Butcher, 1997: 67）。そして、市場化テストの決定権はひっそりと各省庁に委任された（Cabinet Office, 1994a）。

「市場化テスト」によって公務部内で行う方がコストが低いとされても、ウォルドグレーブが「戦略的外部委託」と呼ぶ手続で民間部門に移された機能もあった。シークストンは自由化されたナンバープレートの業務を例に挙げている。この業務は、運転者・車両免許庁に残した方が二〇〇万ポンド安く済むにもかかわらず、民間企業に委託された。一九九五年までに、五万四〇〇〇人の公務員が携わる業務が市場化テストにかけられ、二万六〇〇〇人分の業務が民間企業に委託された。中には公務に入札が認められない場合もあった。これらの公務員の半分は受託企業の従業員になり、残りのうち半分は公務内の空席ポストに移り、約三〇〇〇人は余剰人員として解雇され、その他は「自然減」によって減らされた（Theakston, 1995: 150-151）。

内閣府によれば、市場化テストの結果、公務内で続けるものも委託になったものも含めて一九九七年までに平均二〇%のコスト減を実現したという（Minogue, 1998: 27）。このことは、業務を精査するよう求められれば公務員はコストを下げる方法を見つけることができるということを示している。

ネクストステップ計画の初めから、各省庁は、「手法の見直し」を行って次の五つの可能性を検討するよう求められていた。業務の廃止、民営化、委託、エージェンシー化、本省への残留である。政府は一九九二年に「優先手法テスト」としてその手続を正式決定したが、これは、省庁の業績を検討する前にまずは民間部門でできないか考えるというものだった。スティーブン・ドレルは、「中核的機能」を「省庁の目的を達するために不可欠であり、当該省庁でなければ行えないもの」と定義した上で、各省庁に中核的機能を列挙するよう求めた（Jones and Burnham, 1995: 337）。ドレルは、一九九二年一一月に行った政策問題研究所での講演で「補佐機能は下請けに出す。中核的と言えない活動は民営化する」と述べ、政府にとって「不可欠の中核部分」でない活動はすべて民間部門に移すと表明した（Jones and Burnham, 1995: 328）。九三年九月には、公共財務会計協会に対して、「かつて政府は『何をしようか』と考えたが、今は『何を維持しないといけないのか』と考えるようになっている」と述べている（Lee *et al.*, 1998: 245）。

エージェンシーの民営化

エージェンシーは、独自の財務会計、「製品ライン」、実質的な買い手保障（政府）を有するため、民営化の標的になりやすかった。かつて大蔵大臣のナイジェル・ローソンがエージェンシー化を支持するようになったのも、こうした特質があったからである（Theakston, 1995: 140）。野党議員は民営化に反対し、例えばハリエット・ハーマン議員（後に労働党の大臣になった）は、一九九三年四月二六日に下院で、ラモント蔵相下の経済危機が「保守党右派にとって……これまでよく思っていなかったサービス部門を切り捨てるチャンス」になっていると述べた（*Hansard, HC Debates*, 223: 744）。

上院では、公務委員会が、採用評価庁（公務員の採用を行う機関。第6章参照）を売却しないよう勧告し、労働党の前運輸相バーバラ・キャッスルは交通研究所の売却に熱心に反対したが、どちらもその甲斐はなかった。ウォルドグレーブは、交通研究所がエージェンシーとして設立されたのは民営化に向かないためであったことは認めたが、それでも結局民営化されてしまった。交通研究所の件は、専門的業務の民営化をめぐる賛否両論をよく表している。もし国費投入なしでは新会社がやっていけないということになれば、将来的に大臣は専門的な知識を得られなくなってしまうが、他方、交通研究所と所管省の間には既に契約関係ができており、民営化すれば政府はその時々の優先事項に合致する研究のみに支出すれば済むのである（Glaister *et al.*, 2006: 48）。九七年までに、十余りのエージェンシーと七〇〇〇人の職員が民間部門に移された。

一九八〇年代の政治家たちは、必要性のなくなった（と思われる）国家業務を中止し、引き続き実施する業務については民間部門のマネジメント手法を導入する、という論理で、公務再編政策を正当化していた。しかし、九〇年代になると、公務と民間部門の間の平等な競争条件という考え方は「戦略的外部委託」によって失われ（Kemp, 1993: 40）、競争にほとんど意味がない場合も出てきた。

公共投資の民営化——ＰＦＩ

民間資金活用（ＰＦＩ）は、一九九二年に大蔵大臣ノーマン・ラモントが発表し、後任のケネス・クラークが『新天地を開く——民間資金活用』（HM Treasury, 1993）で詳細を明らかにした。各省庁（及びその所管組織）は、病院や道路、兵器といった施設・機器を調達するために契約を締結することには慣れていた。何が必要かを特定し、納入されたら業者に支払いをするというものである。大蔵省はそれに加えて、同省の設定した公共支出の範囲内で、企業が自らリスクを取り、公務部門には引き受けさせないことを条件に、有形設備に民間企業が投資することを認めた。運輸関係——公共部門では民間投資の最大の受け皿である――の例として、英仏海峡トンネルと海峡トンネル連絡鉄道、バーミンガムの北を通るM6の有料道路、セバン川やテムズ川にかかる有料橋、スカイ島への有料橋が挙げられる。これらはいずれもＰＦＩの開始前に契約締結されていたが、できあがったのは後のことである（Glaister *et al.* 1998: 209-217）。

民間の建設会社は、政府が一九九〇年に提案したその他のプロジェクトには消極的で、大蔵省は、不景気も踏まえて規則を変えることにした。ＰＦＩを用いると、民間部門に設計、資金調達、建設、そして（通常は）当該設備の運営を任せるため、政府は公共投資をより迅速に（そして借入コストを直ちに負債として計上することなく）実施できる。行政当局または利用者は二〇ないし三〇年にわたって利用料を支払う（「今買って支払いは後で」）。期間が満了したときに当該設備がその民間企業の所有になるか、公共部門に所有権が移ったり戻ったりするかは、契約内容によって異なる。

ＰＦＩは、サッチャー政権が公共サービスに適用した市場の概念を、公共投資にも適用したものである。伝統的な調達は、遅延やコスト超過が多いと言われていた。これには、当初の評価が楽観的すぎること、技術的問題が生じること、労使関係がうまくいかないことなど、（公共工事に携わる者にはおなじみの）いくつもの理由がある。民間企業であれば、利益を追求するために、労務・技術面の問題を効率的に処理し、より優れた設計をして長期的な維持費を減らしたり利用者を惹きつけたりしようとするはずである。初期のＰＦＩ事業は、同種の公共事業に比べて平均一〇％ほど安くなることが多い（Allen, 2003: 30）。最初にＰＦＩによる刑務所がいくつか作られて民間部門の職員が運営することになったときは、刑務官組合が強く反対した（Public Service Committee, 1998: para. Ⅷ）。会計検査院の見積りによれば、運営は民間だが建設は公的資金で行った刑務所に比べ、ブリジェンドとファザカーリーの刑務所は、約一〇％コストが低くなるとされた（National Audit Office, 1997）。刑務所庁の局長は、民間刑務所は公務部門の好調な刑務所と同じくらいの実績を上げているが賃金その他の契約条件は悪く、そのために民間運営の刑務所の方が「一一～一七パーセント」安くついていると述べた（Public Service Committee, 1998: 275）。

表4-2　男女別上級公務員数

（各年４月１日現在：人）

	男　性	女　性	合　計
1994	3,300	450	3,780
1995	3,250	430	3,680
1996	3,200	480	3,690
1997	3,160	540	3,700
1998	3,120	590	3,720

注：数字は「上級公務員レベル」の常勤職員換算であり，事務次官及び外交官を含む。端数処理のため，合計は男女の和と正確には一致しない。

出典：Cabinet Office, *Civil Service Statistics*（1995, 1998）のデータをまとめた。

メージャー政権の遺したもの

一九九二年以降の改革によって、非現業公務員の数は再び減少した。当時公務運営を率いる公務員だったロビン・マウントフィールドによれば、九三年から九九年の間に毎年四％近く減少したという。「一％相当は民営化その他の『境界線』の変更によるもので、残りの三％近くは生産性の向上によるものだった」（Mountfield, 2000: 5）。幹部公務員も例外ではなかった。内閣府の白書『公務——継続と変革』（Cabinet Office, 1994a）が、公務の「階層削減」を行って幹部公務員の三分の一を減らす意向を表明したからである。個々の幹部公務員に与えた影響は大きく、大勢が早期退職した。しかし、上級公務員の数はほとんど変わらなかった。「一九九四年から九七年の間に最も職員が減ったのは書記補（ＡＡ）と上級執行官（ＨＥＯ）のレベルで、上級公務員レベルの減少は最も小さかった」（Cabinet Office, *Civil Service Statistics 1997*: 11）。書記補と上級執行官の職は一七％減らされたが、上級公務員の職の減少はわずか二％だった。表４-２に示すように、男性を中心に早期退職する上級公務員がいた一方、女性を中心に新たに上級公務員に昇進したり採用されたりする者もいた。九四年には女性は四五〇人だったのが、九七年には五四〇人になっている。つまり、保守党による人員削減が行われた最後の数年間に、上級公務員は一新されたが数はさほど減っていない。既に多くの指摘があるとおり、サッチャー政策のねらいは「公務の特権を取り払う」（Hoskyns, 2000: 141）ことだったが、その影響を最も受けたのは最も特権の少ない層だったのである。

上院公務委員会は、保守党政権時代の公務の変化について総合的調査を行った（Public Service Committee of the House of Lords, 1998）。同委員会は、政府の組織戦略を批判し，「近年行われている公務の変革には，一貫した理論的根拠がほとんど，または全くない」（Ibid.: paras. 423-424）と述べた。しかし，さまざまな情報を踏まえて，「執行エージェンシーはうまく機能し，効率性が高まって」おり，少なくとも場合によっては「国民へのサービスも良くなっている」とした（Ibid.: para. XVI）。そして，採用評価庁については民営化は誤りだったが，その他のエージェンシーの民営化については戻す必要はないと述べた（Ibid.: para. VI）。国の刑務所にまで委託を広げることについては心配しつつも，容易に購入できる物資やサービスについては外部委託は「意味がある」と認めた（Ibid.: para. VII）。また，ホワイトホールでの豊富な経験を持つコンサルタントのC・D・フォスターとF・J・プラウデンも，ほとんどのエージェンシーはマネジメント効率と利用者満足度を高めることに成功しているとした（Foster and Plowden, 1996: 147-167）。ただし，彼らの知る公務がほかにどのような影響を受けるかについては懸念を示した（Foster, 2001 参照）。

公務委員会は，全体としては肯定的な意見であったが，労働党政権への警告も表明した。組織構造改革の規模とスピードが大きく，併せて職員数の大幅な削減が行われたことは，「人々を大きく動揺させた」と述べ（Public Service Committee of the House of Lords, 1998: para. XX），公務には組織の変化を「消化するための時間」が必要であると勧告した（Ibid.: para. XXII）。そして，さらなる構造改革を行う前に，「公共サービスが断片化し」て弱ってしまう可能性も考慮する必要があると述べた（Ibid.: para. XIII）。

4　新労働党——調整と統合

新政権は，公務の断片化という問題に取り組み，更に新たな改革を行うのではなく保守党の行ってきた改革の統合を行った。ただし，修正された点も多く，もし公務の拡大が併せて行われていなければこうした変化も動揺を生んだかもしれない。労働党は，伝統的な「指揮命令」モデルに戻ろうとはせず，かといって保守党のようにとにかく市場が優れているという考え方も採らなかった。「第三の道」を目指したのである。労働党も，「健全な財政運営」ができることを有権者に示す必要があり、競争と投資への民間算入が公的支出の抑制に役立つことは知っていた。エージェンシーや市民憲章についても否定しようとはしなかった。これらによって政治家は公共サービスの目的を決める際に意見を言いやすくなり、また利用者すなわち有権者の需要に対応することにもなったので、野党時代からこれらを認めていたのである。

新労働党が掲げた公務の課題

新政権が初めて公務に対する態度を示した主要文書は、『イギリスのための現代の公共サービス』という白書であり、大蔵省から出された。この白書は官僚主義についてポピュリスト的な前提に立ち、「バックオフィス」機能を、「第一線」の仕事の基礎であり公共サービスを提供するための資金を作るものとしつつも、無駄であるとしている。

本白書『イギリスのための現代の公共サービス――改革への投資』は、政府の優先事項に対応して無駄と非効率を一掃するために、これまで公共支出がどのように再配分されてきたかを明らかにしている。

……

政府は次のような手段でこうした目的を果たす。

改革に投資して公共サービスを現代化すること。例えば、官僚主義を断ち切って第一線のサービスを向上させること。

(HM Treasury, 1998: Summary)

この白書は、「サービスの供給は、最も効果的にできる部門が担うべきである」として、公共部門、民間部門、ボランティア団体を同等に扱った (Ibid.: para. 4)。「優先手法テスト」は (呼び名は「チャレンジ」と変わるものの) 引き続き行うこととされ、各省・エージェンシーは五年ごとに見直しを行うものとされた。ただし、機械的に民間部門が優先するというやり方ではなくなった (Ibid.: para. 4.13)。同時に、厳しいメッセージも示された。公共サービスのための予算は

表4-3　運輸省の公共サービス協定の達成目標

2002年に設定した達成目標	業績測定指標	2003年の進捗状況
道　路		
2010年までに渋滞を2000年以下のレベルにする。	渋滞のないときと比べた1 km当たりの平均所要時間の差（新指標を開発中）	道路建造により余剰能力が生まれつつある。交通管制センターからの情報が増加。 事故対応のため交通巡査を採用。
鉄　道		
定時性，信頼性を高める 2000～10年までに利用を50%増やす。	定時性と信頼性に関するデータを組み合わせた定時運行率 旅客キロ数	定時運行率が2000～01年の79.1%から2003年には80.5%に。 旅客キロ数は2000～01年に比べ，2003年は5.8%増加。
バスと軽便鉄道		
利便性，定時性，信頼性を高める。 2000～10年までに利用を12%以上増やす。	年間旅客利用回数 車椅子対応低床式車両の割合 バスの信頼度 定時性の指標は現在開発中	2000年～03年までの間に利用回数は12%増（すべてロンドン地域）。 車椅子対応のバスの割合は2001～02年の28.8%から2002～03年には29.3%に。 2003年のバスの信頼度は98.2%で2000～01年と同じ。
道路の安全性		
事故による死亡・重傷者数を1996年から2010年までに40%（子どもについては50%）減らす。 低所得地域での事故多発に取り組む。	事故による死亡・重傷者数 事故による子どもの死亡・重傷者数 交通事故による死傷者の減少についてイングランドと88の低所得自治体との比較	2002年の死亡・重傷者数は96年に比べて17%減。 2002年の子どもの死亡・重傷者数は96年に比べて33%減 低所得地域の方がイングランドより高率で死傷者減少。
大気環境		
7つの化学物質について大気環境戦略の目標を達成する（環境・食糧・農村省との共同目標）。	大気環境監視ネットワークのデータにより毎年評価（イングランドのみ）。	7物質のうち5物質については予定どおり。 NO_2とPM_{10}の目標は都市部全域で達成困難な可能性あり。

注：自動車のエンジンから排出されるNO_2（二酸化窒素）とPM_{10}（炭素粒子）は，人体及び生物多様性に有害な物質である。

出典：Department for Transportation, *Annual Report* 2004 (The Stationery Office, 2004), Appendix D: 125-140からまとめたもの。

増やすが、それは公務員のために使われるものではなく、「公務運営費は実質的におおむね横ばいとする」(Ibid.: para. 4.11)。公共サービス協定という新しい方法により、各省庁のサービス実施に対する政府の統制が強まることになった。予算交渉の際、各省庁は自らの達成目標を示さねばならず、それが達成できなければその後の予算配分に影響する。表4-3には、ほとんど正式の権限関係がない民間のサービス実施者と協力しなければ目標を達成することができない省の例として、運輸省の公共サービス協定を掲げている。

首相と内閣府大臣ジャック・カニンガムも、翌年、『政府の現代化』という白書を発表した(Cabinet Office, 1999a)。ここでは、各省間及び政策実施主体との調整を重視していた(Ibid.: 15)。政府が断片化する従来の政策に対し、労働党が目指すこととしたのは「連携政府」であった。複雑な社会問題については新しく省庁横断的なチームが作られることになった。実際、首相は既に、社会的排除対策室や(短期間だが)薬物対策室を立ち上げていた。ほかにも、省庁横断的な問題に対応する部局として、業績革新室や電子特命局(イギリスにおける電子ビジネスやITを利用した公共サービスの推進を担当)がつくられた。

調整の強化は、ブレアが省庁再編を行う理由にもなった。一九九七年に設置された環境運輸地域省は、環境・社会問題と交通を結びつけるものとされた。二〇〇一年には、年金給付と雇用に関する政策を統合するために雇用年金省が設置された。〇五年に内国歳入庁と関税消費税庁が統合されて歳入関税庁になったのも、当時大蔵省事務次官だったガス・オドンネルによる見直し(HM Treasury, 2004)を受けてのことである。多くの企業が一つの「連携」省庁とやりとりすれば済むようになり、「税制を欺いて利益を上げる者」の情報を共有できるようになる(大臣の言)とともに、三〇〇〇のポストを削減し二つの制度をよりきめ細かく管理できるとされた(Seely, 2004: 3-4, 13-17)。しかし、政治的議論を起こさずに省庁を率いていくことができない大臣の場合、「連携」がうまくいかないこともあった(環境運輸地域省の構成は二〇〇一年、二〇〇二年、二〇〇六年と再編された)。

サッチャーやメージャーと同様、ブレアも公務改革を進めるチームを内閣府に置いたが、その構造は頻繁に変更された。一九九七年には公共サービス実施課が新たにつくられ、その中に、かつてレビーンが率いた「効率・有効性室」

（引き続き、エージェンシー、市場化テスト、業績基準などに取り組んでいた）、「市民憲章室」から名を改めて国民委員会などブレアの他の構想についても補佐することになった「サービス第一室」、白書を準備する「政府向上チーム」が置かれた。同年に設置された憲法事務局は、スコットランドやウェールズへの権限移譲に向けた準備をする部局だったが、権限移譲が公務に与える影響にはあまり関心を払わなかった（第3章参照）。

一九九九年に『政府の現代化』が発表されると、効率・有効性室とサービス第一室は統合されて公共サービス現代化グループとなり、その中の業績担当課が両室の業務を引き継いだ。政府向上チームは白書の実施について追跡調査する事務局になった。この事務局は初めて『市民第一主義——政府の現代化年次報告』を発表し、その中で内閣府大臣のイアン・マッカートニーは、翌年進捗状況を報告すると請け合った（Cabinet Office, 2000: 3）が、「翌年」までに大臣や組織構造はまたしても変わっていた。政府商務庁が新たに作られてピーター・ガーション（マルコーニの元商務部長）がトップに就き、準独立組織として、PFIを含め調達について各省庁に助言することになった。重要課題が効率性に移ると、政府商務庁は「効率性向上による利得」を生むための各省庁の取り組みを監視した。

二〇〇一年の選挙が終わると、ブレアは「首相直属実施室」を作り、マイケル・バーバーを長として、公共サービス改革に取り組ませた。内閣府も、従来からの公務管理部門が一時的に名前を変えた公務運営改革課と、より広い公共部門を対象とする新設の公共サービス改革局で、独自に公務部門改革に取り組み続けた。〇二年に新しく内閣秘書長になったアンドリュー・ターンブルが、公務運営課、公共サービス改革局、首相直属戦略実施室、電子特命室を連携させようとしたが（Winstone, 2003: 25）、混乱は解消されなかった。

電子特命室のポストは二〇〇四年に廃止され、電子政府室は規模こそ大きいものの通常のIT担当部局になって、ホワイトホールは、各省庁のIT業務の民営化や外注によって失っていた技能をいくらか取り戻した。〇五年の選挙が終わると、公共サービス改革局の責任は旧来の内閣府の組織内に分散することになった（過去の取り組みについては、www.archive.cabinetoffice.gov.uk で見ることができる）。首相直属実施室は、各省庁の「能力レビュー」を行った。これは、新しい内閣秘書長ガス・オドンネルが導入したもので、公務員が「公共サービスの指揮・実施に必要な能力」を持っているかどうかの調査であった（Cabinet Office, 2006d: 7）。

改革を推進する中央の組織が頻繁に改組され、上院が遺憾の意を表するような状況の中で、そうした組織が推進するはずの改革は、すなわちエージェンシーや公共調達、利用者への応答性は、どれほど一貫して進んだのだろうか。

執行エージェンシーの発展

最初の『ネクストステップ』報告から一〇年の節目にあたって、労働党政権は、「主要なエージェンシー計画は完了したので今後はその業績の改善に力を入れていく」と述べた（Cabinet Office, 1998b: 1）。当時、内国公務には一一六のエージェンシーが存在し、公務員の七七％がエージェンシーに属していた。二〇〇四年四月までにエージェンシーの数は一〇減り、エージェンシーに属する公務員は全体の七三％になった。大臣は改革が「終わった」という認識だったが、その後もエージェンシーは発展を続けている。表4-4が示すように、一つの省をとってみても、常にどこかの部門がエージェンシー化もしくは民営化されたり、一つのエージェンシーに統合されたりしている。

同じような動きは政府全体に見られる。一九九七年から二〇〇四年までの間に、イングランドないしイギリス全体をカバーするエージェンシーが少なくとも一〇、スコットランド行政府のエージェンシーが三、新設された。北アイルランドでは七つの新しいエージェンシーが発表され、その他に七つのエージェンシーが合併によって再編された。「連携政府」という意味で最大かつ最重要だったのは、給付庁と雇用サービス庁が合併してジョブセンタープラスになったことである。また、二つのエージェンシーは所管省を移され、別の一つはクワンゴになり、さらに別の一つ（無線通信庁）は新たな規制機関である情報通信庁の一部になった。独立では機能しないと判断された三つのエージェンシーは再び省庁に組み入れられた。ジョブセンタープラスのように、政策を実施するための新しいアイディアとして再編が行われる場合もあれば、国防省のエージェンシーが合併を繰り返したり（後述）、〇五年鉄道法によってスコットランドの大臣に与えられた大きな権限を使いこなすためにスコットランド交通局がつくられたりしたように、（政府内ではあるが）外的な環境の変化に対応するために組織が変更される場合もある。

表4-4　運輸省の執行エージェンシー

	設立年	職員数(人)	業　務
本省（中核部門）		1,940	以下の事項に関する助言 全体戦略，予算，人的・法的資源，航空・海上・道路・鉄道交通，運送，地方交通，大規模事業，警備，統計
自動車検査所	1988	—	2003年に交通委員会と統合し，自動車・車検サービス庁に。
運転免許試験庁	1990	2,450	自動車・オートバイ運転者の試験，運転指導者の認可。
運転者・車両免許庁	1990	6,290	運転者・車両の登録免許，自動車税の徴収。
車両認証庁	1990	110	欧州基準・国際基準による新型車及び部品の検査・認証，排気ガス・燃費・騒音に関するデータの公表。
自動車・車検情報技術庁	1992	—	運転者・車両免許庁から分離。1993年の職員数371人。同年550万ポンドでEDS社に売却。EDS社は7000万ポンドで5年間の契約。
交通研究所	1992	—	1995年の職員数423人。1996年に民営化。
高速道路庁	1994	2,100	戦略的道路網の維持・運営・向上。
海上・沿岸警備庁	(1994) 1998	1,160	海上安全庁と沿岸警備庁（ともに1994年設置）が統合。イギリス船舶の検査及びイギリスの港湾での船舶検査（汚染検査を含む），海上探索・救助。
自動車・車検サービス庁	2003	2,580	車検実施者の養成・監督，トラック・バスの試験，車検実施免許の付与。
運輸省の公務員総数		16,630	

注：「職員数」は現業及び非現業の常勤職員換算で，*Civil Service Statistics 2005* による2005年4月1日現在の数である。

出典：各年のCabinet Office, *Civil Service Statistics*（The Stationery Office）及び各エージェンシーのウェブサイトからまとめた。

五年ごとのエージェンシー見直しは、大臣や幹部公務員が政策目標を新しくしたり、そのエージェンシーの機能が依然として重要か、支出に見合った価値があるかといったことを振り返ったりする機会となった。他方で、公共サービス改革局によれば、職員には相応の利益がなく、士気が下がった可能性もある。見直しにあたっては、エージェンシーの業績だけでなく、（中核省による）政策形成からエージェンシーの担う政策実施の結果までの流れ全体を考慮する必要があるという。一九九〇年代半ばの報告書では、省庁の介入が多すぎるとされていたが、二〇〇〇年には逆に、省庁がエージェンシーから離れすぎてしまっているように見えた（OSPR. 2002: 10-11）。これは、大臣や首席執行官（刑務所庁のデレク・ルイス、児童給付庁のロス・ヘップルホワイトなど）が政策と運営の区別を守れなかったために政治的混乱が起きた事例の影響かもしれない（Pyper, 2004: 524-525）。

エージェンシーの民営化

ブレア政権は、国防省のエージェンシーを中心に六つのエージェンシーを民営化した。最大規模だったのは、八〇〇〇人の職員を擁する国防評価研究庁である。国防省の研究機関の再編は欧州における冷戦終結によって加速し、一九九一年から、保守党の大臣が国防省のさまざまな研究機関を国防評価研究庁という一つのエージェンシーに「合理化」した。九七年にブレア政権の最初の国防大臣ジョージ・ロバートソンが国防評価研究庁の見直しに着手し、これによって国防省は、支出に見合った価値の観点から説明できない研究を援助してくれる民間資金を探すことになった。そして二〇〇一年に、国防評価研究庁は、国防科学技術研究所という小さなエージェンシー（前掲資料4-1参照）とキネティックという政府所有企業に分割された。国防科学技術研究所は、機密に関わるため民営化できないような研究を継続した。キネティックは、一定の要件の下に「民営化できる」組織であったが、民間部門は関心を持たなかった。〇二年に国防省はキネティックの三分の一を四二〇〇万ポンドでカーライル・グループに売却した。職員にも株が与えられ、それ以上に買うことも認められた。〇六年にキネティックの株の八割が売却されたとき、カーライルは一億六〇〇〇万ポンド、国は三億ポンド、国防評価研究庁の前首席執行官は二七〇〇万ポンドを得た。カーライルの助言によってキネティックの企業価値は大きく変わったと言われており、会計検査院が売却を失敗と考える可能性は低いと見込まれた（*Financial Times*, 13: 21-22, 26 January 2006; *The Independent*, 11 February 2006）。政府は初期の民営化で教訓を得ていたので、〇四年には株主執行庁を置いて、「納税者のために国の投資価値を高める」こととしていた。この正式な機関が、一部民営化された公的組織及び民営化可能な公的組織について、政府に助言し、また政府を代表する。キネティックの民営化に関して批判されたのは〇二年の時点で過小評価されていたと思われる点についてであって、民営化そのものではなく、民営化自体は受け入れられているようだ。

サービスの質の向上――官民連携

白書『現代の公共サービス』は、続いて出された『政府の現代化』とともに、公共調達について「サービス向上戦略」を導入するものだった。新労働党政権は、サービスを担うのが公務部門でも民間部門でも官民連携でも「こだわらない」と表明していたが、競争は必須であり、各省庁が事業を競争にかけずに内部組織に行わせるときは内閣府と財務省の両方に協議が必要であるとしていた（Cabinet Office, 1999a: 41）。

労働党は、厳しい財政状況の下でいくつもの市を運営してきた経験から、一九九七年までに賃貸借契約方式の利点を悟っており、官民連携の最も一般的な形としてＰＦＩを熱心に採用した。九七年以前に締結されたＰＦＩ事業が約一〇〇であったのに対し、〇六年には、大蔵省のデータベースに登録されたＰＦＩ契約は七五〇に上った。教育、運輸、保健分野は、ＰＦＩでなければ大蔵省が支出を認めないという思い込みがあるように見えるほどだった（Glaister *et al.*, 2006: 229）。初期の事業で節約効果を上げやすかった刑務所庁や高速道路庁では、それ以降、新たなＰＦＩ契約を結ぶことに職員が慎重になっていたが、他方、省庁が「距離を置いて」監督している学校や病院、地方自治体はまだＰＦＩに積極的であり、ただ節約効果は最小限にとどまっている（Allen, 2003: 26, 33）。

二〇〇三年までに、ＰＦＩ計画には重大な問題が生じていた。将来の予算に大きな負担がかかること（契約締結時の資本価値は約三六〇〇万ポンドだったが、〇三～二八年の国庫から契約先への支払予定額は一一〇〇億ポンドとなっていた）と、借入金の追跡が公会計上困難なことである。ＰＦＩによる借入金の透明性を高めるため、〇三年四月にＰＦＩ政策の責任がＰＦＩのデータベースとともに政府商務庁のピーター・ガーションから大蔵省のガス・オドンネルに移された（Allen, 2003: 11, 16）。大蔵省は、低価格住宅の提供や都市再開発、既存刑務所の運営などＰＦＩに適した新分野をなおも提言していた（HM Treasury, 2003）が、小規模事業やＩＴシステムにはＰＦＩが必ずしも得にならないということも認めた。

二〇〇五年の選挙が終わると、各省庁の大臣は新規の民営化事業から手を引くようになった。内務省のチャールズ・

クラークは、刑務官組合が全刑務所での業務改善に向けた協力に合意したことを踏まえ、かねてから提言されていた三つの既存刑務所の運営委託を延期した（*Financial Times*, 30 May 2005; 30 June 2005）。パトリシア・ヒューイットも、PFI手法を用いて作る病院を減らすことを示唆し、保健局とトラスト（訳者注：病院等の運営母体）から成るNHS連盟もすぐにそれを追認した。NHS連盟は、保健省職員の警告を受け、患者の選択や医療の変化についていくには三〇年契約では硬直的すぎると判断していた。また、民間の側も、新規PFI事業の獲得コストに対してだんだん慎重になってきていた（*Financial Times*, 16 June 2005; 29-30 July 2005）。PFI計画は、終わりを迎えたわけではないにしろ、下火になった。

市民憲章とサービス第一

二〇〇五年には、「市民憲章政策」の価値にも疑問が呈されるようになっていた。内閣府大臣のジョン・ハットンは、元運転免許試験庁首席執行官のバーナード・ハーダンに対し、憲章マーク（訳者注：表彰を受けた優秀な団体がマークを掲示できる制度）を「修正、改訂、刷新できるか」について検討を依頼した（Herdan, 2006: 12）。「サービス第一戦略」は、サービス基準に関する利用者の発言権を高めるものとされており、一九九八年から二〇〇二年までの間、市民五〇〇〇人で作る国民委員会に、公共サービスや個々の実施業者について意見が求められた。しかし、「サービス第一」によって標準化されたのは、手の届きやすさと選択の幅、サービス向上につながる新しい工夫と協力関係、利用者や第一線の職員からの意見聴取といった、新労働党の目標に関する憲章マークの基準だった（MORI〔訳者注：民間調査会社〕が行った研究によれば、公共サービスの利用者を満足させる最大の要素はもっと単純で、約束したサービスを約束したタイミングで実施することであった。Herdan, 2006: 19-20）。大蔵省が公共サービス協定による達成目標を導入した（本章で先述）ため、地方の利用者の意見をサービス基準に反映させることはますます難しくなった。他方、「サービス第一」による質の管理を行ったため、一九九九年のパスポート庁のように、サービスの質が著しく低いところは憲章マークを取り消されたり更新できなくなったりした。

憲章マークの申請が非常に多かったため、内閣府はこの制度を高コストと判断し、二〇〇二年に見直しを行った（Herdan, 2006: 39）。憲章マークは職員の士気向上には役立ったが、「公共サービスの質や利用者満足度との因果関係」の「確かな証拠」はなかった（Herdan, 2006: 14）。しかし、新しく内閣秘書長になったアンドリュー・ターンブルは証拠を特に重視した。「新たな問題にしっかり対処し、サービス利用者の期待に応えるために、我々は直ちに変わらなければならない。そのためには、顧客と十分に向き合っているか、根拠に基づいた政策を行っているかといった、難しい問題についても考える必要がある」（Winstone, 2003: 1に引用された二〇〇三年三月の発言）。内閣府は二〇〇三年から憲章マーク制度を改正して、従来ほど大々的ではないものとし、申請者が自費で四つの認証団体のいずれかから評価を受ける仕組みにした。

一九九一年の時点では、市民憲章は全く新しい制度であり、多くの国がこれに倣った（外務省も『水準の向上――イギリスの市民憲章と公共サービス改革』として積極的に宣伝した。Varin, 1997: 204-208）。九八年には、カナダの連邦・州政府をはじめ他国の制度の方が進んでおり、利用者の需要が明らかになるとそれに合わせてサービスを向上させる仕組みができていた。下院行政委員会がこの点を大臣たちに示している（Public Administration Committee, 2005a: 68）。労働党政権は「選択権」を強調しすぎ（たいていの人々にとってさほど重要ではない）、「声」に注意を向けて公共サービスの応答性を高めることができなかった（2005a: 45, 66, 68）。行政委員会は、カナダの共通管理ツール（CMT）のような標準的な「国民満足指数」を作るよう政府に勧告した。CMTは州同士を比較するものだが、個別のサービスにも応用することができる。

公共サービス改革局は、国民満足指数という行政委員会のアイディアに対して前向きに反応し（OPSR, 2005: 17）、ハットンは、すべての公共サービス実施主体に適用する指標について検討を始めると発表した（*Financial Times*, 25 August 2005）。MORIがイギリスで行った調査によれば、公共サービスに対する顧客満足を大きく左右する要素は、カナダと同様、重要な順に、実施、タイミング、情報、プロ主義、職員の態度の五つだった（Herdan, 2006: 19-20）。そこでハーダンは、政府に対する報告書の中で、顧客満足の点で業績が向上していることを示せるよう憲章マーク制度を改めるべきこと、憲章マークは「顧客満足を生み出す主要な要素と完全に対応」させるべきことを、いささかの自信を持って述べることができた（Herdan, 2006: 5）。

5　効率とサービス実施のための改革

ブレア政権は、ホワイトホールの効率を高める取り組みの一つとして、公的支出を分析する制度をつくり、発展させた。それに先立つ一九九三年に、メージャー政権は、主要な支出事業についての「基本的歳出レビュー」を始めていた。これは、政治に左右される通常の決算審査を補完するため、より長期的かつ戦略的に公的支出の分析を行うものだった。ブレア政権の下で、ゴードン・ブラウン率いる大蔵省は一連の「包括的歳出レビュー」を行い、全省庁の支出事業を項目ごとに評価して、三年サイクルの固定総支出計画を作った。このように公的支出をより戦略的に分析するようになったことで、各省庁は新しい会計・予算方式をとり入れるようになった。九〇年代以降、民間部門で行われている資源会計・予算を採用する執行エージェンシーが少しずつ着実に増え、やがて、大蔵省の実施計画の下で政府全体の包括的歳出レビューの基礎となる基本方針として正式に導入された（Likierman, 1998）。資源会計・予算は、金銭資源についての従来型の会計制度に、より広範な非金銭的資産を計上する方法を組み合わせて、「支出に見合った価値」（value for money）を調べ、支出の結果として生み出されたアウトプットを測るものであった。簡単に言えば、この新しい方法は、あらゆる「インプット」（金銭を含む）と、公的支出のねらいと目的、測定可能な「アウトプット」を密接に結びつけ、各省庁が政策目標を追求するためにどのような資源配分をすべきか判断できるようにしようというものであった。

このような進展があれば、効率性向上による節約効果を求めるのが自然な流れであろう。このために、ブレアの下で、二つの主要な検討がライアンズとガーションによって行われた。下院行政委員会は、「選択と声」の調査にあたってガーションへの質疑を行い（Public Administration Committee, 2005a: 35）、政府が選択権に関する（そして必然的に、余剰能力や、支出に見合った価値の劣る選択肢に関する）政策をとっていることと、ガーションが報告を行ったばかり（後述）の規模の経済による効率性向上の節約効果を重視していることとの間には矛盾があることを明らかにした。サッチャー政権が経済性を売りにしていたのに対し、ブレア政権のとった新政策は、公務員の採用増につながるものだった。例えば内務省は移民と刑務所の部門を拡張してきていた。また、内閣府の強化によって政府の連携を進めようとしたり、大蔵大臣が新たな世帯税額控除や印紙税の変更を打ち出したりしたため、ますます職員数は増えることになった。二〇〇三年までに公務員数は再び五〇万人を超え、一九九七年と比べて二万五〇〇〇人増となった。さらに、統計局が初めて公務部門の生産性を測定しようとしたところ、労働党が政権についてから生産性が大幅に低下したというような結果になった（*Independent*, 5 June 2003）。

ブラウンは、二〇〇三年の予算演説において、「効率性向上による節約効果を生み出して、公共サービスの第一線に資源を振り向け」たいと発表した（Gershon, 2004: 5）。そして、首相と大蔵大臣が共同で、人件費を節約する方法について二つの調査を依頼した。一方のマイケル・ライアンズは元バーミンガム市事務総長で、どれだけの公務員をホワイトホールから低コスト地域に動かせるかを調査した。他方、ガーションは、公務部門の効率性を調査し、「バックオフィス」（事務管理部門）で節約して第一線のサービスに回せるような方法を探した。

ライアンズ・レビュー（Lyons, 2004）は、二〇一〇年までに二万人のポストを移転し、二〇億ポンドを節約できると弾き出した。『ネクストステップ』報告と同様、ライアンズも、本省には大臣が必要とする中心的な職員のみがいればよく、他の職員は離れているべきという考えに立っていた。職員が抵抗したり事務所賃貸契約の違約金がかかったりしたため、二〇〇六年までに実際に動いたのは七〇〇〇のポストのみだったが、ライアンズは、計画が予定どおり完了し二〇一五年に向けての第二段階に入るよう期待していた（*Financial Times*, 24 July 2006）。

ガーション・レビュー（Gershon, 2004:3）は、省庁の構造、業務過程、設備を変えれば、二〇〇八年までに年二〇〇億ポンドにのぼる「効率性向上の利益」が得られると弾き出した。その三分の二は「金銭的利益」、つまり投入資源を減らして同様のサービスを生み出すことができ、浮いた資金を第一線のサービスに回せるという利益であり、残り三分の一は「非金銭的利益」つまり同じ予算でサービスの質を高められるというものである。公務と国防の補助的ポストは

表4-5　ガーション・レビュー及びライアンズ・レビューの勧告

省	2008年までの削減人数　（人）	2010年までの再配置人数（人）	第一線への投資例
教育技能省	1,460	800	事務職員を教員助手に再訓練。
雇用年金省	40,000	4,000	1万人の職員を就労面接などの第一線に移す。
地域社会・地方政府省	400	240	低価格住宅の提供を増やす。
内務省	2,700	2,200	警察が第一線の業務に充てる時間を増やす。
国際開発省	170	85	国際開発協会への資金援助を増やす。

出典：Gershon　(2004), Appendix C のデータをまとめた。

八万四〇〇〇減る（うち一万三〇〇〇人は別の部署に移るので、純減は七万一〇〇〇人）とされた。雇用年金省は、「バックオフィス」のポストを四万人減らし、うち一万人を「第一線」の活動に移すとされた。ライアンズ・レビューでは約四〇〇〇人の同省職員をロンドンから地方に移すとされている。職員の削減や再配置の例を他にもいくつか表4-5に示しているが、ガーションの報告書では、ほとんどの省庁について、こうした削減分をどのように第一線のサービス実施業務に移すかが明らかにされていなかった。

ライアンズ計画、ガーション計画、歳入関税庁の合併は、合わせて「三〇年間で最大の公共サービス改革」と見られた（The Work Foundation, 2004: 4）。しかし、ライアンズとオドンネルのレビューは政治的にもおおむね了解を得られたが、ガーション・レビューはそうはいかなかった。公務員に与える影響、もたらされる結果の評価、そして何より大事な点としてサービス利用者への実際の影響といった点が、厳しく批判された。大蔵省は通常の離職による自然減で大量の人員削減をまかなえると主張したが、現実的とは思われず、労使関係に重大な問題が生じると予想された（The Work Foundation, 2004: 8. また、本書第6章参照）。会計検査院は、各省庁及び大蔵大臣が予算書で挙げた数字の妥当性に疑問を呈した。「進歩は見られるものの、効率性向上の利益として挙げられた四七億ポンドという数字は暫定的なものと見るべきであり、さらに検証が必要である」。利益の総計を挙げているのにその利益を生むために必要な投資のコストを計上していない省庁もあり、また、三〇〇の事業のうち六八は、利益の見積りに用いたデータが示されていなかった（NAO, 2006a: 5）。「非金銭的利益」は特に検証が困難であった。その後の報告書において会計検査院は、「効率性向上の利益として挙げられた数字は、いまだ不正確であるおそれがある」としている（NAO, 2007: 5）。人々の目も懐疑的であり、特に、進展をチェックするのが比較的閣僚から独立している統計局ではなく政府商務庁であったことがその見方に拍車をかけた（*Financial Times*, 8 April 2006. また、信頼性の高いイギリスの公的統計をまとめるという問題を扱った優れた文献として、Treasury Sub-Committee, 2006 も参照）。

二〇〇五年夏におけるジョブセンタープラスの給付申請者への対応が「とんでもない怠慢」だったことを踏まえ、雇用と年金に関する下院特別委員会は、雇用年金省の業務の対象者に対する「ガーション」の影響を調査した。その結果、ジョブセンタープラスでは、既に始まっていた重大な組織変更と効率化の取り組みが重なったために、管理職員が「IT、職員配置、業務過程、通信、財政に関する無数の計画」によって生じた問題に「苦しんでいた」ことが明らかになった。「効率化計画のためにサービスが低下してはならないということがガーション計画の基準の一つだが、ジョブセンタープラスに関する限り、特に二〇〇五年夏においては、この基準は満たされておらず、利用者と職員の両方を失望させていた」（Work and Pensions Committee, 2006: 3, 4, 39）。

しかし、この委員会報告からひと月も経たないうちに、大蔵大臣は、二〇〇六年の予算声明において、効率化計画を引き続き進める旨を明らかにした。従来、効率性向上による節約分として〇四年〜〇七年までの間、毎年二・五％ずつ支出を減らすよう各省庁に求めていたが、新たに、雇用年金省、歳入関税庁、内閣府、大蔵省の予算を〇八年〜一一年までの間に一五％削減することを表明した。内務省の予算は凍結とされた。〇六年七月には、他の省庁も、行政効率向上による節約分を一一年まで毎年二・五％生み出すように求められた。また、市場化できるもの（陸地測量部や、議会の向かいにあるクイーンエリザベス二世会議場など）を有している部門は、さらに売却か官民連携を進めることとされ、「民間部門で効率的に運営できるもの」も同様とされた。政府は「公共サービスの目的を達成するために必要な資産だけを保有する」こととされたのである（HM Treasury, 2006b: 33-34）。

二〇〇六年にブラウンが発表した計画は、その一〇年前に保守党が推進したものと実によく似ていた。ワーク・ファウンデーション〔訳者注：イギリスの非営利団体〕の指摘によれば、保守党政権においては公務員に対してコスト削減ということが盛んに言われていたが、ブレア政権になってからは彼らに与えられる資源が大幅に増えた。「しかし、効率性向上による利得の獲得という計画が始まったときほど、コスト削減とサービス向上の両方を実現するという絶対的な義務が管理職員に課されたことは近年なかった」(Work Foundation, 2004: 8. 強調原文)。これは、以前の「聖ならぬ三位一体、すなわちエージェンシー、契約、憲章」(Rhodes, 1997: 97) が公務員に与えた圧力を過小評価しているきらいはあるが、サービスの質をより高く、税をより低くという市民の要求に政府が応えようとした時代の精神をよく表している。

6 結論

公務が数々の多様な組織に細分化していったことを示すと、「ホワイトホールの終焉」(Campbell and Wilson, 1995) を裏づける大きな証拠のように見える。チャップマン (Chapman, 1992) は、エージェンシー化の過程を、ホワイトホール・モデルの他の要素を加速度的に変えるものとさえ見ている (三二頁の資料1-1参照)。労働党が省庁体制からサービス提供主体をまとめた「連携政府」へと構造を変えようとしたことを置いておくとしても、保守党がつくったエージェンシー制度をブレアが維持したことは、「ホワイトホールの死」という見方を裏づけるものであろう。他方、構造改革の中には、公務がもともとホワイトホール・モデルと正確に一致するものではなかったことを示すものもある。例えば、第二次世界大戦の頃から存在する現業職員は、ジェネラリストの行政官という型に当てはまらないものだった。そして、今やその存在はかなり小さくなっている。また、エージェンシー化と外部委託により、中核省庁の規模は、大臣や幹部公務員に政策を議論する時間があったころの規模に近くなった (前掲表4-3参照)。最後に、枠組文書や目的・達成目標を入念につくることによって、大臣は、正式に直接責任を負っていたつい最近までに比べて、公務員に委任した業務を統制しやすくなった。これに対して、伝統的なモデルは、利用者に提供するサービスの質については何も示していなかったが、本章で見てきたように、一九九一年以降まさにその部分が大きな関心を集めてきた。したがって、エージェンシー化は、ホワイトホール・モデルの要素の一部（特に一元性という点）に疑問を投げかけるものではあったが、逆に強化される要素（政策助言）もあったのである。そして、公務に起きている他の変化（現業職員の減少、サービス実施への関心の高まり）によって、ホワイトホール・モデルがこれまで説明しようとしなかった公務の性質が明らかになった。

エージェンシー化や民営化、外部委託は、「ガバナンス」論の強力な経験的証拠になるものであり、ガバナンスに関連して国家が「空洞化」してきているとする立場にとっても証拠となる（Weller *et al.* 1997. 本書第1章も参照）。一九六〇年代、七〇年代であれば幹部公務員は階層組織の権限を行使して自省の事務職員や現業職員にサービスを実施させることができたが、今や、当時よりもはるかに細分化した省外の複雑なサービス実施主体のネットワークと、大臣に代わって交渉しなければならない。公務そのものも、八〇年代、九〇年代に、一部の機能が廃止されたり職員が整理解雇や民間部門への移転にあったりして「空洞化」した。省の機能を外注してしまったために――大臣が聞く耳を持つかどうかが変わったためでもあるが――、専門技術的な事項について幹部公務員が大臣に助言する能力さえ失っている可能性がある（Foster, 2001: 741）。しかし、外部委託を行うかどうか、行うとすればどの会社に委託するか、エージェンシーその他のサービス実施主体の目的をどう設定するかといった、戦略性の高い決定については、幹部公務員の助言はより重要な役割を果たしている。「漕ぎ手」の役割が執行エージェンシーや民間企業に移っているとしても、各省庁の最上層部は「舵取り」としていまだ重要な役割を果たしているのである。

「政府《ガバメント》」が「ガバナンス」に置き換わったことで国家が弱体化した、とする立場も、すべてを説明できるわけではない。児童援助庁やいくつかのＰＦＩに見られたような業績の低さは、階層組織であるホワイトホールでも起きていたことである（一冊の本〈Drewry and Butcher, 1991: 81, 207-208〉から例を引いただけでも、一〇〇万人もの自動車所有者を無保険状態に陥れたビークル・アンド・ジェネラル保険の破綻、見積もりの倍の費用がかかっているスウォンジーの運転者・車両免許庁、支出に見合った価値の低い海軍魚雷事業が挙げられる）。準独立のエージェンシーでなく省庁内部で業務を行えば結果が保障されるというわけではないし、そのことは、大蔵大臣の指示の下で内国歳入庁が実施した共働き世帯税額控除という最近の例からも分かる。

ビークル・アンド・ジェネラルの裁判においても明らかになったように、一九七〇年代には、各省庁の業務があまりにも広がっていて、伝統的な行政システムでは、大臣が自省で起きていることをすべて知っているという建前は到底実現できなくなっていた。八〇年代の新しい財務管理システムがなければ、マイケル・ヘーゼルタインのようにマネジメントに熱心な大臣でも、省庁の機能や予算、業績の全体像を戦略的に捉えることはできなかっただろう。こうしたシステムがあってすら、ほとんどの大臣はマネジメント業務より政治的業務に時間を割こうとする。サッチャー政権やメージャー政権は、政府の機能を「喪失」して弱体化したのではなく、国の関わることではないと考えた機能を意図的に捨てて、重要と考えた機能の統制を強化したのである。委託できるものを委託したことで、大臣や幹部公務員は、「漕ぐ」ことより「舵取りをする」ことに多くの時間を充てられるようになった。エージェンシー化の過程や枠組文書、毎年の予算や目標設定によって、大臣は、それまでほとんど注意を向けてこなかった業務の内容やアウトプットについて理解できるようになり、また一定分野に自ら関与したいと思う大臣はそうすることも可能になった。しかし、まさにこうした理由で、大臣や最上層部の公務員は、関心のない執行エージェンシーから遠く離れてしまっているのかもしれない。

さらに、「空洞化」も、一般的なトレンドや原理になっているようには見えない。政府がある時期に新しい組織をつくって後にそれを「失う」ということはあるものだ。例えば、一九六〇年代、七〇年代のウィルソン政権及びヒース政権の下では産業が国有化されたし、もっと遡れば、ハロルド・マクミランが経済計画に関する評議会を立ち上げたり大蔵省を再編したりして、盛んに政府組織が改編されたこともある。「一九五八年から一九六四年まで……は国家の『空洞化』以外の何ものでもなかった」(Lowe and Rollings, 2000: 112)。サッチャー政権及びメージャー政権が人員削減を行った後、ブレア政権はいくつかの分野(家庭・社会政策、移民統制)について関与を強め、そのために省庁の規模も拡大した。「国家は、少なくとも内政面では、空洞化しているのではなく、その定義又は形態が変わってきているのだ」というマイケル・セイワードの分析の方が適切であるように思われる(Saward, 1997: 26)。

マクミランが行った経済分野の政策形成の改革は、「イギリスの現代化の試み」という歴史的な転換点の一部を成していた。この頃、政府は、戦後世界の経済、社会、政治面の現実に順応しようと大変な努力をしていたのである(Lowe and Rollings, 2000: 100)。本章で説明した一連の改革は、それと似た転換点を指しているように見える。すなわち、教育程度が高くなり個別化が進み国への遠慮がなくなったポスト産業化社会の要求に応えようと、イギリスの公務は現代化を進めてきたし、今も進めているのである。サッチャーやメージャーは、後の新労働党と異なり、公務を現代化するという壮大な主張はしなかった。本章で見たように、一つの活動が次の活動を生んで、効率性向上の取り組みが次々つながっていったということのようである。しかし、他にも多くの欧州諸国（オーストリア、ベルギー、デンマーク、フランス、ギリシア、オランダ、ポルトガル）が一九八〇年代後半に「行政の現代化」に取り組んでおり、これらはどれも、公的部門の縮小、財務管理・業績管理の向上、行政の分権化、民営化、外部委託、サービス利用者との関係の向上といったことをテーマとしていた（OECD, 1990, 1995)。学界ではこれらを総称して「ニューパブリックマネジメント」と呼んだ（本書第1章参照)。こうしたテーマに関しては、イギリスの公務は（スウェーデンやオーストラリア、ニュージーランドに学んで）早い時期に現代化したと言えるだろう。他方、いくつかの国（スウェーデン、デンマーク、フランス、スペイン、イタリア）では、現代化として、地方政府への分権を進めることで中央政府の負担を減らしていたが、サッチャー及びメージャーの改革にはその要素が欠けていた。リチャーズとスミスが述べるように、保守党政権は、公的部門改革によって国家を「再構成」あるいは「変質」させはしたが、「憲法は変わらなかった」(Richards and Smith, 2002: 233-234)。イギリスで「ニューパブリックマネジメント」のこの部分が実現したのは、第3章で見たとおり、労働党政権になってからのことである。

第5章　説明責任、情報公開、開かれた政府

本章で議論する基本的なテーマは、説明責任、情報公開、開かれた政府といった領域にも公務の現代化が及び、その結果や影響が（これまでの章からも予想がつくとおり）さまざまに表れているということである。ウェストミンスター＝ホワイトホール・モデルは、公務員、大臣、議会をつなぐ「説明責任の鎖」を想定していたが、ネットワーク・ガバナンスや統治機構の分化といった複雑な現実世界が——そしてもちろん、「情報化時代」の有権者の多様な期待も——、単純で確かなものに見えた「伝統」に迫ってくるにつれて、この伝統的な説明責任にも変化の波が押し寄せた。その結果、現代化の他の側面と同じように、公務は（第2～4章で見たような変化を吸収する力を発揮して）新たな課題に徐々に適応し、現代化したガバナンスという複雑な現実に（完全、完璧にではないにせよ）対応してきている。

1　ホワイトホール・モデルを超えて

第1章でも触れたように、大臣責任に関する憲法原理を軸として説明責任の枠組がつくられていることが伝統的な公務のホワイトホール・モデルの大きな特徴であり、下位の公務員から上位の公務員、そして大臣へと、下から上に向かって明確かつ一見単純な説明責任のラインが伸びていた。議会への説明責任は大臣が負っていたので、公務員の説明責任は一貫して省庁内部の問題だった。唯一例外だったのは、各省庁の会計官（通常は事務次官）が議会に対して負う財政責任である。二〇〇六年版『公務員規範』の第一段落は、この状況を次のように簡潔に言い表している。「公務員は大臣に説明責任を負い、大臣は議会に説明責任を負う」。

このホワイトホール・モデルは、一九八五年に出された『大臣との関係における公務員の義務と責任』においても明確に示されている。これは、サラ・ティズダル、イアン・ウィルモア、クライブ・ポンティングその他の公務員が文書を漏洩し、「勝手に」国民あるいは議員への説明責任を果たしてしまった（第2章参照）ことを踏まえて、当時内国公務の長だったロバート・アームストロングが作成したものである。ティズダルは外務英連邦省の事務員で、グリーナムコモン空軍基地へのミサイル配備に関する文書をガーディアン紙に流した。ウィルモアは雇用省の「ファーストストリーマー」であり、同省の新しい事務次官と最高裁判事が反労働組合的な立法の可能性を話し合った記録をタイム・アウト紙に流した（ウィルモアは、議論を呼びそうな労働組合絡みの事案の決定にあたってその判事が政権からの独立に背いていると考えていた。Pyper, 1985 参照）。ポンティングは、国防省海軍部門に属していたグレード5の職員であり、フォークランド戦争時に起きたアルゼンチンの巡洋艦ヘネラル・ベルグラーノの撃沈について議会が欺かれていると考え、議員の一人に文書を送った（Ponting, 1985）。アームストロングが定めたルール（Armstrong, 1985）は、公務員に対し、「良心に関わる重大な問題」がある場合には上司に、最終的には事務次官に上申するよう指示し、事務次官は内国公務の長に相談できることとした（もっとも、ポンティングやウィルモアにとっては、省内の上司は人事権を持つばかりか問題そのものでもあったわけだが）。

第2章で述べたように、アームストロングのガイドラインは、翌年の「ウェストランド問題」で破綻した。これは、貿易産業省の報道官コレット・ボーが、大臣レオン・ブリタンの指示と首相府職員の唆しを受けて、前国防大臣マイケル・ヘーゼルタインの評判を落とす意図の機密文書をプレス・アソーシエーション（訳者注：通信社）に流したという事件である。彼女は、貿易産業省の人事担当局長や事務次官に連絡することはできなかった（Pyper, 1987b）。さらに、下院国防委員会が関係職員に聴取しようとすると、政府は、「公務員は大臣に対してのみ説明責任を負う」という原理を持ち出して止めようとした。財務・公務委員会は、アームストロングのガイドラインを精査し、「大臣が自らの行動について責任を否定する場合には公務員に議会への説明責任を果たさせるような仕組みを作らなければならない」としている（Treasury and Civil Service Committee, 1986, i : para. 3.19）。アームストロングは「こういうことは十分理解されている」ので修正の必要はないと述べた（Ibid., ii：230）が，結局一九八七年にガイドラインを改め（「アームストロング・メモ」），公務員が直接内国公務の長に訴えることを認めた。

『大臣との関係における公務員の義務と責任』の最新版（一九九六年）は，アームストロングの後任となったロビン・バトラーが，新しい『公務員規範』（第２章参照）と併せて出したものであり，この頃には，財務・公務委員会報告（Treasury and Civil Service Committee, 1994），『公職者の基準』に関するノーラン報告（一九九五年），「イラクへの武器輸出」問題の調査（Scott, 1996）の進行など，さらにいくつもの「問題」に関する調査が行われていた。公務員規範は，人事委員へ訴える道を公務員に開いた（ただし，まずは省庁内で問題提起することとされており，このハードルは二〇〇六年にようやく取り除かれた）。「伝統的」な原理は次のとおり効力を保っている。

大臣と公務員の説明責任に関する基本原理は，一九八五〜八六年の国防委員会第四次報告［ウェストランド問題の調査報告］に対する政府の応答（Cmnd 9916）において明らかにされている。

・各大臣は，自省の行為について議会に対し責任を負う。政府の政策を実行するため，あるいは大臣に課された職務を遂行するために自省が行う活動についても同様である。
・大臣は，議会に対して説明責任を負う。すなわち，自らの権限及び義務の執行について議会に説明する義務，大臣として自ら行うこと，あるいは自省が行うことについて議会に説明する義務を負う。
・公務員は，自らの活動及び行為について，大臣に対し責任を負う。

（Butler, 1996: para. 4）

この原理により，省内で起きた過ちについて責めを負うのも成功の手柄を得るのも大臣であると受け止められるようになった。そして，公務員は「無名」あるいは「匿名」の状態に置かれ，世間の目から守られることになった。公務員には成文化された（口に出されることはあまりない）共通の行動規範が課されており，職務遂行の効率性，有効性，経済性について説明責任を負う。こうした説明責任の性質はおのずから一様ではなく，業務が政策助言か，マネジメント機能か、サービス実施かによって変わってくる。しかし、公務員が「憲法上」あるいは「伝統的に」議会への説明責任を負うのは、厳密に定められた限定的な場合のみであり、まして一般国民に対して説明責任を負うことは少ない。ウェストミンスター＝ホワイトホール・モデルによれば、国権を有する議会に対して大臣が責任を負うこと、その帰結として公務員が匿名性を持つこと、この二つの概念が合わさって、省庁の活動に関する説明責任が果たされていたし、今もそうである。

しかし、大臣責任と公務の匿名性という原理が、はたしてこのモデルの支持者の想定どおりに機能していたかどうかは疑わしい。バーベリス（Barberis, 1997b: 132-137）やパイパー（Pyper, 1987a）は、大臣と公務員の説明責任に関して一九世紀半ばに発展したこの「伝統的」な考え方が、実は大部分、憲法学者、特にA・V・ダイシー（一八三五～一九二二）及びアイバー・ジェニングス（一九〇三～六五）の生んだ人工的な概念であることを示している。これらの学者は、実際に目にしているものを書いたのではなく、議会主権と法の支配が憲法の基本要素となる立憲君主制の下で大臣や公務員がどうあるべきかを論理的に導き出していたのである。

一八八五年初出のダイシーの論文によれば、「大臣責任」とは、第一に、大臣が関与した王の行為、特に王の書記官役たる大臣の下で各省が行う活動について、大臣が法的責任を負うということを意味している。したがって、公務員は自らの名ではなく大臣の名において仕事をしている。第二に、大臣はこうした活動について議会に対して責任を負っている。すなわち、下院の信任を失った場合――当該省庁の政策や個別の活動に議員たちが満足せず、大臣を辞任させたいと考えた場合――、大臣はその職を失う。最後に、公務員が大臣の名において仕事をしている以上、責任を負うのは大臣であって、公務員は匿名であるべきである（Dicey, 1959. また Barberis, 1997b: 132 も参照）。

ジェニングスはこうした考え方を発展させ、『イギリス憲法』（初版一九四一年）において、大臣が公務員に決定を委ねた場合は、それによって行政の過ちが起きた場合の政治的影響も引き受けなければならないと主張した（Jennings, 1966. また Barberis, 1997b: 133 も参照）。大臣は、自ら関与しないという不適切な判断をした責任をとって辞任するのである（Jordan, 1994: 216）。公務員に大臣を責める機会を与えないまま公務員を責めるのは不公平であるし、かといって、将来どのような政府になっても公務が引き続き専門知識の源として機能するために公務員は非党派的かつ匿名でなければならないという大原則がある以上、大臣を責める機会を与えることは不可能である。そこで、公務員は自らの過ちについて説明責任は負うが、それはあくまで省内のこととされる。この原理は、現代の公務にも原理として根づいている。国防省におけるデービッド・ケリー博士の取扱い（第2章参照）にもそれが表れている。ケリー博士は、軽率にも「イラク報告書」についてBBC記者に政治的な発言をし、『公務員規範』及び国防省の規則に違反した。当初、国防省の事務次官、人事担当局長、所属の上司は、国防大臣にケリーの名前を伏せ（基本的事実は伝えたが）、内部の懲戒問題として処理しようとした（Hutton, 2004: paras. 48, 51）。国防省の報道官は、記者たちにケリーの名前を直接出さず、「質疑応答」資料で「推測」させるよう骨を折ったが、こうした逆説的なことをしてまで、匿名性の慣行が守られていた（paras 295–297）。

いずれにせよ、ダイシー、ジェニングスらの一般的な結論は、マーシャル（Marshall, 1989a: 7）によれば、公務員の行動について大臣が法的責任をとるという「当然の」原理であり、公務員の行動が大臣の行動のように扱われて大臣が公務員の代わりに辞任するという通例があるということではなかったようだ。大臣が「身代わりになって」つまり他人のために辞任するという例は、いつの世にも稀である。一八六四年、ウェストミンスター型の政党民主主義が始まった頃、教育大臣に相当する職についていたロバート・ローが、配下の官署が視学官の報告書を書き換えたことに対して議会で制裁が議決されたことを受け、辞職した。議会の特別委員会は後にローの罪を否定し、辞職は不要だったと認めた（Barberis, 1997b: 135）。最近になって、ダイアナ・ウッドハウス（Woodhouse, 1994: 35）が、ローが辞任したのは名誉を汚されたからであって、配下の公務員の行為について責任を認めたからではないことを明らかにした。また、S・E・ファイナー（Finer, 1956）は、大臣が省庁の過ちの責任をとるべきという原理を議会が主張したために大臣が辞任した例は、一九世紀全体を見てもほんの一握りしかないということを示している。ファイナーによれば、大臣が辞任するかどうかは、主としてその本人、首相、党によるという。現代は、下院の党議拘束が厳しいため、大臣が辞任するかどうかは、過ちそのものよりも政府や党がどれだけ政治的ダメージを受けるかにかかっている。

省庁の失敗についての大臣責任という原理は、一貫した解釈があるわけでもないし、まして大臣が一貫した適用を行ってきたわけでもない。一九八二年、フォークランド諸島への侵攻後に外務大臣キャリントン卿が辞任した際、筆者は、大臣が自省の行為について責任を取ったように見えるが実際はそう単純なことではないと主張した（Pyper, 1983）。というのは、政策や情報分析、軍備の失敗に関係する省庁は、首相府をはじめ数多いからである（Franks Report, 1983: 79, 93; Campbell and Wilson, 1995: 270）。むしろこれは、政府や首相への信頼の低下を最小限にとどめたという事例である。同様に、ウェストランド社のヘリコプターの問題でブリタンが辞任したのも、自身の責任を認めたのではなく首相を守るためであった（Lawson, 1992: 679）。

一九五四年のクリケル・ダウン問題は、大臣が「身代わりで」辞任した最後の例だと広く考えられていたが、この件でさえ、記録を精査したところ（Nicolson, 1986）、政府が政治的ダメージを抑えたかったためであることが判明した。公式調査では、公務員が大臣に「適切な説明」をせず、「非常に不適切な態度」で、「重大な判断ミス」を犯したと非難されたが（Nicolson, 1986: appendix 2, paras. 8, 13, 14）、この調査は間違っていた（Nicolson, 1986: 162-174）。爆撃演習のために収用された良質の農地について、農務省が戦前の政府の約束に反して頑強に売戻しを拒否しているとして、土地所有者の子孫が訴えを起こしたのを、調査は誤って支持してしまったのである。ニコルソン（Nicolson, 1986: 10-17, 32-34, 49-61, 70-78）が明らかにしたところによれば、所有者は痩せた土地を自発的に売っており、将来買い戻すという期待もなかったので、非はむしろ訴えた側にあった。また、一九四七年農業法により大臣は生産を最大化する法的義務を負っており、大臣トマス・ダグデールと閣外大臣キャリントン卿は、その土地は規模を大きくした方が生産性が上がると自ら判断していた。

しかし、保守党の平議員たちは、大臣が伝統的な保守党の農業政策に立ち戻らず公務員の「懲戒手続」も取らなかったことに反発した。ダグデールは、首相と話し合った結果、辞任することになった。局長級（グレード3）の職員たちは日の当たらないポストに移され、下位の職員二人が調査での扱いに抗議して辞職した。事務次官や副事務次官もこの調査で批判されたが、同じような罰を受けることはなかった（Nicolson, 1986: 189-193, 201）。クリケル・ダウンの事例は、大臣責任についてのホワイトホール・モデルの典型例のように思われていたが、実は、省内で深刻な問題が起きたときに大臣が責任をとるかどうかは政治的要素によるという「現実世界」の公式に則っていたのである。しかも、執行責任を有する公務員のキャリアは大きく傷つけられたが、最上層の公務員は傷を受けなかった。

ホワイトホール・モデルの原理によれば大臣が公務員の代わりに辞任すべき状況でも、実際に大臣が辞任することはめったにない。例えば、重警備刑務所での脱走事件――一九八三年のメーズ刑務所、九一年のブリクストン（Pyper, 1992 参照）、九五年のホワイトモアとパークハースト――が起こっても、内務大臣のジェームズ・プライアー、ケネス・ベーカー、マイケル・ハワードは辞任しなかった。ベーカーは「責任を認める」と述べたものの、その責任は職員と閣外大臣に属すると明言した（Jordan, 1994: 235）。いずれの事件でも刑務所長は辞任したし、九五年には刑務所庁の首席執行官デレク・ルイスがマイケル・ハワードによって不当に解任され、後に内務省はルイスが訴訟を起こさないように二二万ポンドを支払うことに同意した（John Rentoul, *Independent*, 23 May 1996）。九一年に内務省職員が政治亡命希望者の申請を拒否し、裁判官の延期要請にかかわらず国外追放した際、ベーカーはそれによって大臣として史上初めて法廷侮辱罪とされたが、それでも辞任しなかった（Jordan, 1994: 235）。

スコット報告書は、公式の禁輸措置が行われているイラクへの武器輸出許可が出された件について、大臣たちが議会に対して行った陳述は「大臣が説明責任を負うという憲法原理上の義務を果たしているとは言えない」とした（Scott, 1996: D4. 63）。三人の閣外大臣は議会に情報を出さないことを決定し（Ibid.: D4. 42）、他の大臣も、公益特権証明書に署名して、輸出業者の弁護に役立つはずの書類を裁判所に提出しなかった。辞任した大臣は皆無である。しかし、複数の公務員が、紛らわしい議会答弁案を作成した、調査報告書に目を通さなかった、輸出許可申請に十分な注意を払わなかったとして、名指しでスコットに批判された。キャリア面でその代償を払った公務員もいた。例えば、ある貿易産業省職員は地方出先機関へ送られた（*Independent*, 1 March 1996）。もっと下位のある外交官は、ウィリアム・ウォルドグレーブ大臣からの「事実に反する」書簡の案を作成することになり（Scott, 1996: D4. 13）、そのとき事実を告げなかったことも理由となって一九九〇年に外務英連邦省を辞職し現在は失業中だとスコットに語った（Bogdanor, 1996: 32）。

児童援助庁は、「この福祉国家における史上最大の失敗機関と言える」ものである。設立初年には査定の八六％に誤りがあり、一〇年経っても保護者から徴収すべき金額の三分の二しか徴収できておらず（Nicholas Timmins, *Financial Times*, 18 November 2004）、二〇〇六年には大臣が、政策もこのエージェンシーも「目的に合致していない」と表明している（Ben Hall, *Independent*, 10 February 2006）。一〇年間に、四人の首席執行官のうち二人が辞任したが、社会保障担当大臣を辞任した者は一人もいない。

大臣責任というホワイトホール・モデルのお題目は今でも唱えられるが、これは、省庁のことについては大臣が民主主義上議会に対して説明責任を負う、という考え方を議会が放棄しないためである（Barberis, 1997b: 149）。しかし、前記の例で分かるように、この原理の「制裁」的な要素は（重大な過ちが起これば大臣が辞任するという可能性も含め）その時々で作用の仕方が異なり、何か問題が起きたときには、大臣にとって都合がよいとなれば、公務員が名指しで非難を受けるのである。

2　大臣責任の現代化

クリケル・ダウンをめぐる議会の議論の中で、保守党の内務大臣デービッド・マクスウェル・ファイフ（Maxwell Fyfe, 1954）と労働党のハーバート・モリソンは、次の点で合意した。すなわち、大臣は従来どおりあらゆる案件について責任を負うし議会は大臣の辞任を要求することもできるが、一定の場合には公務員を公に非難することも許される（Marshall, 1989a: 9-10）。マクスウェル・ファイフは、一九世紀の小さな省庁なら実行可能でも現代では説得力のない旧来の原理を事実上放棄したことになる。下院歳出委員会が一九七七年に公務に関する調査を行った際、内閣秘書長ジョン・ハントが述べたように、「名前を聞いたこともない人間がミスをしたからといって大臣が辞任しなければならないという考え方は時代遅れだし、時代遅れになってしかるべきだ」（Marshall, 1989a: 11-12 に引用）。むしろマクスウェル・ファイフが悩んだのは、公式に公務員が責任を問われるのはどのような場合かということであり、その後も多くの人々が頭を悩ませることになった。マクスウェル・ファイフがそれに該当すると考えたのは、重要な政策事項や個人の権利に関わらない場合、大臣が承認しないと思われる行動を公務員が取った場合、詳細について大臣が知り得なかった場合である（Pyper, 1995a: 14）。この考え方はその後も大きくは変わっておらず、大臣の責任の取り方は曖昧なまま（特に重要な政策問題について）であるものの、現在、いくつかの形で表されている（Pyper, 1996 参照）。

応答責任すなわち説明を行う責任は、省庁の政策や活動に関する説明責任の基本である。官職に就いている者は、政策やマネジメントに関する質問に対して、事実に基づく正確な情報を出す義務を有する、ということである。議会に対して事実に反する答弁をすることは、特に批判の対象となる。よく引用されるスコット報告の一節にもそれが表れている。

> ゴア・ブース氏［上級の外交官］は、答弁が正確であるべきという点には同意したが、「すべてを示さなくても正確ではあり得る」と述べた。……ロビン・バトラー卿も、ゴア・ブース氏と同様、場合によっては事実の一部のみを明らかにすることも許されるとしている。「一部のみ」を明らかにすることの問題は、その不完全な答えを受け取る側には隠されている部分があることが……分からない点である。
> (Scott, 1996: D4.54-55)

スコット報告は次のように結論づけている。

> 省庁の活動について情報を出し、公務員の作為及び不作為について情報や説明を示すという大臣の義務は、大臣の説明責任の核心を成すものであり、大臣が議会や国民に情報を出さないと判断することは、大臣としての説明責任を果たさないこと、場合によっては説明責任から逃げることにさえ該当する……という認識が必要である。(Ibid.: D4.56)

このような説明責任を果たすためには、大臣は、自省の行ったことについて、たとえ自分が承認していなくても、また議会から大臣の関与を求められていなくても、説明をしなければならない。例えば、労働党の農務大臣ニック・ブラウンは、保守党政権時のＢＳＥ（「狂牛病」）の流行に関するフィリップス報告（Phillips, 2000）について質疑に答えた。この報告書は、農務省職員の間に行き過ぎた機密主義と独善主義があったこと、農務担当と保健担当の職員の間で「押し付け合い」があったことを明らかにしていた。ブラウンは、消費者保護の所管を新設の食品基準庁に移したとして批判をかわした（Michela Wrong, *Financial Times*, 2 October 2000, 27 October 2000）。対照的に、裁判所が国外追放を勧告した千人もの外国人拘留者が、移民国籍局と刑務所庁の連絡不足や、移民国籍局が政治亡命問題を優先させたことのために「自由の身」になってしまった事件では、内務大臣チャールズ・クラークの説明は、議会やメディア、刑務所庁を納得させることができなかった。「首相は、このまま［クラークが］職にとどまれば、必要な改革を引き続き進めていく上で支障になりかねないと判断した」（Clarke, 2006）。

矯正措置は、省庁の手続や組織の落ち度で重大な過ちが生じたと大臣が認める場合に、それを正す方法を提案することである。ダグデールは、決定を翻したり職員を替えたりしようとしなかったために、議員の反発を受けた。ジョン・リードは、チャールズ・クラークの後任になると間もなく内務委員会に出席し、「移民国籍局全体を一から点検し」内務省の組織を見直すと述べ、「咎めるべき者がいた場合には責任を取らせる」と約束した（2006: Q. 866-879）。矯正措置に関連して、苦情に対する救済という概念がある。これは、政府の過ちによる被害者に対する補償や、オンブズマンという特別の職の制度（一七九頁参照）を含むものである。

犠牲的責任とは、重大な政策誤りが起き、大臣がそれに関与していた場合または関与すべきであった場合に、大臣が辞任その他の制裁を受けることをいう。省庁の失敗に関して大臣が自ら辞職することは稀だが、強いられることはあり得る。チャールズ・クラークは、事業執行の失敗について代償を払わされた。こうした事件は、辞任に至るかどうかはともかく、将来のキャリアには「汚点」となり得る（Woodhouse, 1994: 174）。しかし、そうでない例もあり、例えばキャリントン卿は外務大臣になったし、マイケル・ハワードは保守党の党首にまでなった。

ここで二点、注意すべきことがある。第一に、大臣は必ずと言っていいほど特定の公務員や比較的匿名性の高い「事務方」が関わったと説明するが、公務員の側には、物事を「公に」して自分たちを弁護することは許されていない（そんなことをすれば往々にして政府のマスコミ対策機構を敵に回すことになる）。

第二に、マクスウェル・ファイフの作った慣行によれば、重要性の低い決定については公務員が名指しされ得るが重要な政策事項については大臣が責めを負うので、結局、最上層の公務員よりも中下層の管理職の方が名指しで非難されやすい。一九七一年のビークル・アンド・ジェネラル問題（保険会社が倒産し、一〇〇万人もの自動車運転者が第三者損害賠償の強制保険を失った事件）の調査審理では、貿易産業省の大臣はほとんど運営業務に注意を払っておらず、したがって責任を取ることは期待できなかった――この会社の問題を全く知らなかったとは考えにくいが――という結論が出された（Pyper, 1995a: 14）。局長一人（グレード3）と課長数人（グレード5）が名指しで非難されたが、大臣は無傷で済んだ（Drewry and Butcher, 1991: 82, 154）。近年、「スキャンダル」に関する調査がいくつも行われ――例えば、スコット（Scott, 1996. ――イラクへの武器輸出）、レッグ（Legg, 1999. ――シエラレオネへの武器輸出）、フィリップス（Phillips, 2000. ――ＢＳＥ）、アンダーソン（Anderson, 2002. ――口蹄疫）、ハットン（Hutton, 2004. ――デービッド・ケリーの死）――、公務員が議会や国民の監視を免れる度合いは、どのような職位であれ、我々が信じ込んでいたホワイトホール・モデルの歴史的神話に比べてはるかに小さくなっている。

3　機密保護の文化

公務は、いつの時代も、その原理から導かれるほど「閉じた」ものではなかった。例えば、ワレン・フィッシャーやエドワード・ブリッジズといった二〇世紀半ばの幹部公務員は世間でもかなり知られていた（Theakston, 1999; Fry, 2000）し、六〇年代後半から、議会の特別委員会は、大臣の許可を得てのことではあるが、国民に公開された場で公務員への質疑を行うようになっている。それでも、正式には認められにくいものの、一体的な内閣と個々の大臣責任というモデルから導かれる、ある重要な帰結が存在していた。それは、イギリス政府の中心部には機密を守る文化が浸透しているということである（Vincent, 1998）。この文化は、許可を得ずに行う情報開示を犯罪として扱う数々の法令によってつくられたものであり、この扱いは退職後も同様である。基礎となったのは「一九一一年国家機密保護法」で、二〇年、三九年に改正され、八九年に全面改正されている。この全面改正は、八五年にポンティングが裁判で主張した「公益の抗弁」を、これ以後遮断するために行われた。

機密保護に関する法律は、一連の規則、規範、慣行によって強化されている。これらは、政府で働く人々の行動を規定し、公務員が開示できる情報の種類について、議会の委員会調査に対応する場合も含め明確な制限を設けている。本書第2章では、特に政策の選択肢に関する大臣への助言について公務員が特別委員会に出せる情報を制限する「オズモザリー・ルール」を説明した。ポンティング（Ponting, 1990: 1）は、「イギリスは、西洋民主主義国家の中で政府情報の統制が最も厳しい国の一つである」としている。このような機密保護の文化は、憲法面、歴史面、政治面のさまざまな要素から生まれている。

憲法面の要素

イギリス憲法は「書かれていない」つまり成文憲法でないので、政府や公務員の運用によって、情報を開示しないように仕向けたり、一定の政府保有情報を国民が入手できないようにしたりしやすい。さらに、大臣たちは、一体として責任を負う慣行があるため、政府のあらゆる政策及び行為を支持しなければならず、ホワイトホールの省庁や内閣、内閣委員会という閉じた世界で行われた政策論議の内容（や対立）を外に出してはならないことになっている。

歴史面の要素

戦争（冷戦を含む）や国際紛争の時代が続いたことが、特に政府内の風潮に影響を与え、何より、不要あるいは時期尚早な情報開示が嫌われるようになった。包括的な機密保護規定としては、「一九一一年国家機密保護法」第二条が有名である。これは、王に仕えるすべての者に適用され、明確に開示が許可されていない情報はすべて対象になる。ドイツのスパイ活動によるパニックのさなかに導入され，敵国に対する防衛策と説明されたが，今になってみると，真の目的は，勢力を強めつつあった下級公務員――つまり，「紳士」のように，能力と信頼，機密保持のすべてを期待することはできない層――からの情報流出を統制することであったように思われる（Vincent, 1998）。

「一九一一年国家機密保護法」とその第二条は八九年に改正され，政府はこれを緩和措置と説明した（Drewry and Butcher, 1991: 192）。第二条を適用する分野を，国防，安全，諜報，国際関係，法執行に限定したからである。例えば，四五分で兵器の使用準備を完了できるとした「イラク報告書」についてデービッド・ケリーがＢＢＣ記者のアンドリュー・ギリガンと話をしても，国防省はこれを国家機密保護法違反とは見なかった（Hutton, 2004: paras. 49, 60）。しかし，この改正法によって，「公益のために」情報を公にしたと抗弁すること（ポンティングのように）や，既に公になっていたと主張すること（一九八七年に，元Ｍ15職員ピーター・ライトの著書『スパイキャッチャー』の発行禁止をイギリス政府が求めたのに対して，オーストラリアの裁判所が，二人の非公務員による類似の本が既に発行されているとして却下したように）は，封じられてしまった。さらに，同法による刑法の適用を外された分野の情報は，『公務員管理規範』（第2章参照）によってカバーされることになった。つまり，情報を開示した公務員はなお懲戒処分の対象になり，場合によっては免職され得るということである。

政治面の要素

二党が競う「二大政党制」は，機密を守る文化に一役買っている。野党によって政権の信用を落とされたり内閣の一体性に亀裂を入れられたりしないよう，情報をその時々の政府内にとどめておくことが重要になるからである。連立政権であるとはいえ，ウェールズ議会政府が専門の政策顧問集団を共有すると決めたことは，イギリスでも他のやり方があり得るということを示している。ただ，今のところは，ホワイトホールの公務員は前政権の文書を守る役割を負っており，彼ら自身は情報にアクセスできるが，現職大臣にとっては教訓を学べる機会が制限されている。

こうしたいくつもの要素によって，公務には用心深さと機密を守る気風が醸成され，国民や政治の目にさらされると悪影響があるのではないかという疑念が深く根づいている。

4　公務の説明責任の拡大

公務の説明責任の現代化は、まだ部分的、不完全であり、イギリスの憲法スタイルの常として、場当たり的に少しずつ進んできた。スコット調査の際には短期間ながら盛んに議論されたが（Treasury and Civil Service Committee, 1994; Public Service Committee, 1996; Public Finance Foundation, 1996）、原理を見直して行動計画をつくるには至っていない。最近そうした計画を求める声が上がったのは、下院行政委員会（後述）が、説明責任も含めホワイトホールの仕組みのさまざまな面を規定するために改めて公務員法の制定を求めたときであった。それでも、大きな変化は起こっている。ただ、伝統的なホワイトホール・モデルの信奉者はそれを批判している。大臣責任だけでは、一九世紀当時の政府システムにおいてはともかく、この複雑化した二一世紀においては十分に説明責任を果たすことにはならないということが、彼らには認められないのである。

旧来、対外的な説明責任という概念は、基本的な事実を（大臣を通じて間接的に）答えることに重点を置く限定的かつ貧弱なものだったが、これは目に見えて拡大し、求めがあったときに十分な説明をすることに加えて、少なくとも苦情に対する救済や矯正措置の可能性を含む概念になっている。公務の説明責任はいくつもの点で拡大しており、互いに重なり合う部分はあるが、以下のように大まかに分けて分析することができる。

議会に対する公務員の説明責任

議会オンブズマンの出現や下院特別委員会の新設（すべて、質疑、討論、常設委員会、決算委員会の財政審査といった伝統的な議会審査体制を補うためのものである）に見られるように、一九六〇年代後半から議会の審査体制が着実に拡大したことで、大臣責任という概念は新たな意味を持つようになり、公務員もその中に含まれる（厳密に定められた限定的な責任であり公式に認められているわけではないが）ようになった。

議会質疑は、議会に対する説明責任の仕組みとして古くから確立しているが、近年さらに注目されるようになり、大臣から議員宛ての「答弁書」の数は、二〇〇〇～〇一年の三万三〇〇〇件から二〇〇二～〇三年の五万二〇〇〇件へと増えている（各年度のデータはRogers and Walters, 2004: 302から）。議員は大臣に「口頭」質問をすることもできる（この場合は議場で答弁される）が、書面による答弁の方が省庁の業務について多くの情報を得ることができる。議会質疑の処理方法は省によって異なる（「議会対応部局」のある省もあれば、大臣直属の部署が直接指揮を執る省もある）が、基本的に、議会質疑を受けると当該事項に関する業務を省組織の隅々まで調べ、当該事項の責任者である公務員と大臣が答弁書案に「署名」してから、議員に渡されるとともに議会議事録に掲載される。

二〇〇六年に、欧州連合（EU）の補助金を農家に出す「単一農家給付」が導入されたが、これに関してなされた議会質疑（資料5-1参照）は、イングランドにおける農村給付庁の業務実施の不手際ぶりをまざまざと見せつけた（ウェールズとスコットランドの政府はイングランドより簡素な支給計算式を選んでおり、〇六年三月までに補助金のそれぞれ九〇％、八六％を支給し終えていた。NAO, 2006b: 28参照）。議会質疑によって、環境・食糧・農村省は手続を迅速化するよう圧力を受け、農村給付庁の首席執行官が解任された。「ガバナンス」論によれば、「クワンゴ」その他政府の委任を受けた組織の増加に伴って、政策やその実施に対するこうした議会の影響力はなくなっていてもおかしくないが、実際には、政府が間接的な形で実施する政策についても大臣は議会質疑に応じ続けている。例えば、二〇〇六年五月には、イングランド地方自治体の交通計画が温暖化ガスの排出に与える影響について運輸大臣が、地方自治体が保護する児童数について教育大臣が、民間福祉施設の業務に関する政府の独立の監査・規制体制について保健大臣が、それぞれ答弁書を出した（*Hansard, HC Debs*, 445: 1735-1769）。

ただし、このような形の説明責任には限界がある。第一に、農村給付庁の問題が何であるかについては議会質疑では明らかにできなかった。会計検査院（NAO, 2006b）や議会委員会の方がこうした問題を調査するには適している。第二に、議会質疑は下院の「議事事務局」を通じて大臣に「上がる」が、この事務局の規則が課され、例えば大臣が一度答

資料5－1　議会質疑：単一農家給付

2006年3月30日の議会議事録に掲載された質疑の一部 議員1：これまでに行われた単一農家給付は何件で，何％か。 大　臣：受理した申請は12万367件であり，3月17日までに1万116件（8.43％）の支給が行われている。 **著者のコメント**　この議員は，大臣が約束した3月30日という期限までに支給される申請がわずかしかないことを明らかにした。 議員2：単一農家給付の支給が遅れた場合に農村地域の他の産業が受ける影響について，環境・食糧・農村省はどのような調査を行ったのか。 大　臣：農家でキャッシュフローの問題が生じれば，農業以外の産業も影響を受ける可能性がある。法律上可能な限り速やかに支給が行われるよう環境・食糧・農村省が対策をとっていることは，農村地域の全産業にとって喜ばしいことと思われる。 **著者のコメント**　環境・食糧・農村省は影響調査を行っていない（またはその結果を公表しようとしていない）。「前向き」な言葉を付け加えているが，実際には2005年12月1日から法律上支給可能であり，農村給付庁は，2006年2月から支給できる見込みと述べていた（NAO，2006: 28，32）。 多数の議員：これまでにデボン／ランカシャー／サマセット／バース……地域から何件の申請がなされ，何件について支給を行ったのか。 大　臣：本制度の運営は地域別に行っていないため，農村給付庁においては，デボン／ランカシャー／サマセット／バースの地域別の記録は有していない。 **著者のコメント**　イングランドでは，職員を削減しようとして，「申請者ごと」の処理（1つの事務所でそれぞれの地域の申請を処理）から「業務ごと」の処理（どの申請のどの処理段階でも任意の事務所から電子的に処理できる）に変更されていた。議員は選挙区の状況をチェックできなくなり，農家は自分の申請の進行状況をチェックできなくなっていた。2006年に，農村給付庁は職員を増やして申請者ごとの処理システムに戻した（NAO，2006: 2，5）。

出典：*Hansard HC Debs*，444: 1102–5W（The Stationery Office）掲載の質疑から。

弁を拒否した質疑に類似するものは却下される。第三に、議会質疑に対する答弁は、『スパイキャッチャー』に関するオーストラリアでの審理の際に内閣秘書長ロバート・アームストロングが述べたように、「事実を出し渋る」ことがある。つまり、なるべく政府にとって得になるよう、明らかな嘘にならない範囲で最小限の情報しか出さないのである。スコット報告書は、議会質疑について「政治または行政上、開示が不都合な場合、政府は往々にして一部のみの開示に傾く」と述べている（Scott，1996: D1.165）。議会質疑に対する貿易産業省、外務英連邦省、国防省の答弁は、スコット報告書によれば「不正確で紛らわし」く、「不適切」で「事実でない」ものであり、しかも案を作成した公務員たちはそれが不正確であることを知っていた（Scott，1996: D4.25–42）。

資料5-2　議会質疑：作成に当たっての指示

議会質疑の答弁案作成に関する公務員向け手引き

大臣の責任と権利

- 「大臣が議会に正確かつ真実の情報を提供し，不注意による誤りをできるだけ早く正すことは，非常に重要である。……大臣は，議会及び国民に対してできる限りオープンであるべきであり，情報提供を拒むのは，開示が公益に反する場合に限られるべきである」（『大臣規範』）。
- 「どのように情報を出すかを決定するのは大臣の権利であり責任である。政府の政策及び活動については良い印象を与えるように説明したいと考え，政府の立場を十分に正当化できるような答弁案を求めるのが当然である」。

公務員の責任と手続

- 大臣が議会に対して義務を果たせるよう補佐すること。
- 答弁のコストを考慮し，関連情報を十分に，ただしなるべく簡潔に示すよう努めること。
- 全情報を入手するコストが大きすぎるためすべてを出すことはできない場合でも，求められた情報のうち容易に入手できる部分については提供すること。
- 「情報公開によって政治的問題または行政上の不都合が生じ得ることのみをもって，求められた情報を不開示にしてはならない」。
- 公益保護の観点から開示と非開示の利益が衝突する場合は，情報公開連絡官の助言を求めること。
- 微妙な利益衡量の結果，不開示の決定をしたときは，大臣に伝えること。
- 通常は非開示の情報が答弁の中に含まれる場合は，大臣に伝えること。
- 関連情報を開示できない場合は，答弁の中でその旨と理由を明示すること。その際は，情報公開法と同様の用語を用いること。
- 厳密には真実であっても誤解を与えかねないような答弁は行わないこと。

出典：Public Administration Committee，2005b，Appendix A に掲載された内閣府の文書を要約した。

議員が金を受け取って議会質疑をしているなど，多くの「不正」が一九九〇年代初頭に糾弾されたこともあって，一時はジョン・メージャーが「開かれた政府」に向かう動きを見せた（Pyper，1995a: 158-162）。その産物の一つが，「一九九四年政府情報アクセス規範」――現在は情報公開手続に代わっている――であり，省庁が情報を開示しない場合，「商業秘密」などいくつかの理由のいずれに該当するかを示さなければならなくなった。内閣府は，「議会質疑への答弁案作成に関する公務員向け手引き」を出した。この二〇〇五年版（資料5-2参照）は，情報公開法を踏まえて改訂されたもので，『大臣規範』に示された大臣の議会に対する義務，大臣を補佐してできるだけ十分で紛れのない答弁を出すという公務員自身の義務を確認する内容となっている。政策を「前向き」に見せようとする大臣や政治的顧問から公務員に潜在的に圧力がかかっていると見るのはたやすいが，真実でない答弁案と知りつつそれを知らない大臣に署名を求めた公務員が五人いたということも忘れてはならない(Scott, 1996: D4. 25-42)。

省庁業務に関する**議員からの大臣宛書簡**は、一九四五年以降、議員が選挙区におけるその役割に関心を向けるにつれ、使用頻度が格段に上がり(Pyper, 1995a: 120)、その数は増える一方である。議員から大臣やエージェンシーの首席執行官に送られた書簡は、二〇〇一年には一六万通であったのが、〇五年には二〇万三〇〇〇通になっている(*Hansard HC Debs*, 386: 674W; 444: 75WS)。議員が大臣に書簡を送るのは、有権者から、病院から早く退院させられたとか、親戚がイギリスへの移住を認めてもらえないとか、刑務所で劣悪な状況に置かれているといった陳情を受けたり、「ややこしい官僚組織とやり合うために議員の援助を求め」られたりした場合である(Rogers and Alters, 2004: 309)。省庁に説明を求めるには議会質疑より書簡が使われることが多い。議事事務局による制約を受けずに済むし、下院の閉会中でも出すことができ、ある程度分量があっても許されるからである。省庁の扱いは議会質疑より優先度が劣るが、下院行政委員会が、情報公開法を利用する「一般国民」の方が議会質疑より良い扱いを受けていると不満を表明した(Public Administration Committee, 1998b: para.15)ところ、政府は議員に書簡を利用するよう促し、今では書簡による説明責任も以前より効率的に果たされるようになっている。省庁側がいずれにせよ「一般国民」に対応するために態勢を整えざるを得なかったことも理由であろう。

議員への対応の早さは、それ自体、省庁の説明能力の高さを示す。二〇〇一年を見ると、多数の書簡を受け取る省庁のうち、外務英連邦省は一カ月以内に書簡の八〇%に対して回答したが、保健省と雇用年金省は約六五%にすぎなかった。環境・食糧・農村省、教育省、内務省(刑務所庁を除く)は、三週間という野心的な目標を立て、教育省は七六%について目標を達成したが、環境・食糧・農村省と内務省の達成率はわずか三五%だった。環境・食糧・農村省は口蹄疫発生のためと説明し、内務省は改善措置を講じていると述べた。貿易産業省も、企業への補助金や書類の様式について議員から多数の書簡が届く省であり、二週間以内の回答を目指したが、達成したのは半数のみだった。同省は議員書簡の処理体制を見直していると述べた(*Hansard, HC Debs*, 386: 674W)。

二〇〇五年には、内閣府が各省庁の業績を議会に報告するようになり、多くの省庁で大幅な改善があった。保健省と雇用年金省は一カ月以内に書簡の九〇％に回答するようになった。保健省は、無所属の議員リチャード・テーラー博士が自分の出した書簡への回答の遅さを行政委員会に訴えてから、体制を改めていた（Public Administration Committee, 2004c: 233）。教育省、環境・食糧・農村省も、三週間以内の回答率が以前より高くなった（それぞれ八六％、七五％）。内務省では移民関係の書簡を除いて七九％で、少なくとも問題のある分野は特定された。移民国籍局は〇四年に新たなシステムを導入し、〇五年までには、三週間以内に書簡の半数に回答するようになった。貿易産業省は、業績改善のため、一元的に対応するシステムを導入した（*Hansard, HC Debs*, 432: 137WS; 444: 75WS）。

省によって業績が異なるのは、一元的に見える公務の中に実は違いがあるという証拠である。内閣府が議会質疑についてのガイドラインを定めているものの、組織構造を決めたり独自のガイドラインを出したりするのは各省庁であり、それらをどれだけ真面目に適用するかも省庁によって異なる（Public Administration Committee, 2005b: para. 2）。二〇〇三〜〇四年を見ても、国防省では必ず政府情報アクセス規範に掲げられたカテゴリーを使って不開示の理由を明示したのに対し、内務省でそうしたのは不開示の場合の一〇％にすぎなかった（Public Administration Committee, 2005b: para. 4）。

会計検査院（NAO）も内務省を批判してきた。会計検査院は、一八六六年にW・E・グラッドストンにより設立された組織である。省庁の会計を監査し、議会の議決を受けた予算に従ってきちんと使われているかをチェックして、乖離があれば、これもグラッドストンが一八六一年に設立した決算委員会に対して報告する、というのが伝統的な業務である。この機能は今でも重要性を失っていない。二〇〇四〜〇五年には、「内務省が適切な会計処理を怠っていたことを突き止めた」。内務省の会計書類と銀行口座の間には三〇〇万ポンドの差があった（もっとも、内務省のこの年度の予算総額は一二〇億ポンドにものぼる）。会計検査院と決算委員会は、新しい会計制度、会計担当部局の能力の低さ、幹部のチェック不足を非難した。批判の矛先を向けられたのは「内務省」であって内務大臣ではなかったが、これは、財務管理については会計官（事務次官）が議会に直接説明責任を負っているためである。翌年、会計検査院は内務省の進歩を称えた。ただし、「強力な財務管理の文化を内務省に定着させるにはまだ道のりは遠い」状況であった（二〇〇六年一月

三一日及び一二月一一日の会計検査院報道発表)。

議員や学界から監査の現代化を求められたことを受けて、一九八三年から、会計検査院の守備範囲は「帳簿の検査」から「支出に見合った価値」の審査に拡大した。地方政府における新しい監査委員会の役割と同じである。会計検査院は伝統的な業務手法を徐々に変えていった(地方政府の監査委員会は、元企業経営者が運営しており、テーマを選んだり目を引くタイトルの報告書で上手に提言を示したりする上で会計検査院のお手本となることが多かった)。単一農家給付に関する二〇〇六年の会計検査院報告は、政府の実施方法を自治政府や他のEU諸国と比較し、農家への影響を調べたものだった。議会の特別委員会が公務員や大臣の責任を追及しようとして行った質問は、この報告を受けてのものである。会計検査サイクルの全体像は、『船舶による汚染への対応』の例で見ることができる。会計検査院が二〇〇二年に出したこの報告書は、〇三年の決算委員会の勧告につながった。勧告は、港湾管理当局や地方自治体の適切な緊急事態対応を確保するとともに船舶所有者の責任逃れを防ぐために、運輸省及び同省の海上・沿岸警備庁が行うべきことを取り上げていた。そして、運輸省は、議会に提出する〇四年の年次報告書において、決算委員会の勧告を実施するためにとった措置を報告した。ここで留意すべきは、当該分野の「ガバナンス」のネットワークに含まれる公的機関、民間企業、非営利団体と協力しなければ、運輸省はこれを実現できなかったということである。

決算委員会は、公務員が最も恐れていると言われる委員会である。もっとも、かつてセインズベリー(訳者注:小売り大手)の内部監査を率いたことのある刑務所庁財務局長に言わせれば、決算委員会は、手続上の些細な過失を気にしすぎ、内務省の財務管理システムの重大な弱点を見抜くことができず、刑務所内で節約して再投資に回せた予算を十分に評価せず、エージェンシーや業績給について政治的な主張を通すことに熱心だという(Landers, 1999: 196)。決算委員会は、議会で唯一公務員自身が説明責任を負う場であり、他の委員会のときのように大臣に責任を転嫁することができない点で、特に恐れられる。「決算委員会に呼ばれるのは、官僚にとっては、おまえは不要だと言われるのに等しい。……決算委員会が関心を持つかもしれない、という言葉は強烈な警告を意味していた」(Ibid.)。

会計官たる事務次官は、大臣の歳出計画が財政規則に反する、あるいは支出に見合った価値が低いと考える場合、自らの法的責任を回避するため、大蔵省及び会計検査院に会計官覚書を送ることができる。実際には稀だが、有名な例として、トニー・ベンが貿易産業大臣だったとき、第二事務次官のピーター・ケアリーが、カークビーの労働者協同組合に出資するというベンの決定について、その財政的影響に鑑みて反対するという覚書を送ったことがある（Fry, 1985: 26）。「遵法性」から「支出に見合った価値」に軸足が移ったことで、会計官は大臣の政策選択に関して公に意見を言いやすくなった。海外開発庁の事務次官ティム・ランケスターは、ペルガウ・ダムへの補助金が同庁の援助目的に添っていないという覚書を出し、これがきっかけで政府の貿易援助政策に疑問が呈されることになった。ワールド・トレード・ムーブメントは、サッチャーがダムへの補助金に合意したのはマレーシアにイギリスの航空機を購入させる取引の一環だと主張した。会計検査院と外交委員会は一九九四年にこの問題を調査し（Foreign Affairs Committee, 1994）、ワールド・トレード・ムーブメントは政府を高等裁判所に訴えた。高等裁判所は、当該ダムへの援助の割り当ては経済上または人道上マレーシアの利益になるものではないとの判断を下した。政府はこれを受けて援助政策のあり方を変えねばならなかった（Marr, 1996: 248–249）。

一九七九年に導入された**新しい下院特別委員会**は、省庁の活動を体系的に審査するという点で大きな進歩であった。このような形の説明責任は、二〇世紀になって断続的に拡大したものである。対象範囲も体系的に決まっていたわけではなく、例えば農業委員会は「各省庁が反対運動を繰り広げた結果、一九六九年に廃止」された（Rogers and Walters, 2004: 313）。七〇年代後半に、総合的な審査制度の導入に特に熱心に取り組んだのは、野党（保守党）議員であった。「公務の各部門に均等かつ定期的に特別委員会の審査を受けさせる」ことを手続委員会が勧告し、新しく下院議長となった保守党のノーマン・セントジョン・スティーブスが、新政権が反対の態勢を整える前の機会を捉えてこの勧告を実行した（Adonis, 1993: 158–159）。

まもなく公務員の匿名性は失われた。一八カ月の間に六五二人の公務員が委員会に証人として出席した（Drewry and Butcher, 1991: 183）。公式には、公務員が答弁するのは大臣の代理であり、大臣が質疑の範囲を決められることになっているが、省庁の活動を方向づけたり公務員個人に光を当てたりする上で委員会の仕事の重要性は増している。第2章で見たように、公務員はいわゆるオズモザリー・ルールによる正式の制約を受けている。このルールは、広く行われていた慣行を農業委員会が破ったことを受けて一九六七年に作られ、ホワイトホールに行きわたった（Lee *et al.* 1998: 240-241）。九四年と〇五年に改訂されたが、制約の内容は変わっていない。このルールによれば、公務員は「可能な限り特別委員会の役に立つ」ことが望ましいが、出せる情報の範囲は限定されている。他省庁との協議や大臣に対する政策助言の情報を外部に出すことは許されないし、どのレベルで決定が行われたかも明らかにできない。下院は自らこのルールを有効と認めたことはないが、すべての情報を出すよう迫ったこともない。実際にはこのルールを守っても深刻な制限がかかることにはならないので、新しくルールを設定して政府が今より厳格になるくらいなら、現行のルールを守ったほうがいいのである。時には——特に、委員会が特定の公務員（ウェストランド問題の関係者やデービッド・ケリー博士など）に話を聞こうとすると——激しい対立が起こることもある。大臣は公務員の出席を差し止めたり質疑を制限したりすることもできる。最近不満が出ているのは、調査の方が優遇されているということである。例えばスコット調査（Scott, 1996）は公務員を呼んで自らの名において話をさせることができたし、ハットン調査（Hutton, 2004）は、文書や電子メール、電話記録を入手できた。これに対し委員会が「アクセスできる情報」は書面または口頭による証言のみである。

委員会の有効性は評価しにくく、特に、大きな政策変更に及ぼす影響は評価が難しい（そうした役割は政党の方が向いているという意見もある）。日常的な説明責任については、委員会の有用性がもう少しはっきりしている。つまり、業務実施の改善や、実施結果を踏まえた政策修正につながるような審査をすることである。例えば運輸委員会は、断固反対だった急進的な政策——保守党による鉄道民営化（一九九三年）や労働党によるロンドン地下鉄の官民連携（二〇〇二年）など——をやめさせることはできなかったが、国の港湾政策に関する、特に（雇用、事故といった）労働関係のデータを出させることには成功した（Transport Committee, 2003）。当時はほとんど影響力のなかった委員会調査（例えばウェストランド問題に関する議会ヒアリング）でも、財務・公務委員会の一九九四年報告書のように、後から見れば大臣や公務員の説明責任を前進させるのに役立つこともある。移民政策に関する内務委員会報告（Home Affairs Committee, 2006）やジョブセンタープラスの効率性向上計画（第7章参照）に関する雇用年金委員会報告（Work and Pensions Committee, 2006）など、特定の活動に関する調査報告も、関係する公務員のみならず、いつか下院委員会の調査を受ける可能性がある者に熟慮を促すことになる。人々の記憶に残るのは議会が脚光を浴びた歴史的事件だが、省庁の活動に関して日常的に説明責任を果たさせるには、下院議会で行われる伝統的な審議より委員会の方が効果は高い。

ネクストステップの執行エージェンシーが設立されると、このような議会に対する公務の説明責任の重要性が改めて認識されることになった。（議会とサッチャー政権の真剣な議論を踏まえて）エージェンシーの首席執行官が議会質疑への文書回答を出すよう制度が変更され、議会の特別委員会がこうした実施機関の公務員から文書又は口頭による証言を得ることも、公務員の職位に関わらず増えた（Giddings, 1995 への寄稿参照）。こうして議会に対する対外的な説明責任が拡大したが、マイナス面もあった。その一つは、さまざまな説明責任を区別しようとして混乱が生じたことである。「政策」の問題と「運営」「マネジメント」の問題を完全に区別できるという誤った考え方（例えば、ネクストステップの執行エージェンシーの設立や、政策・マネジメント二分論への固執も、背後にはそうした考えがある）によって、説明責任の分割が試みられた。説明責任を、政治的なもの、企業的なもの、消費者主義的なもの、専門家としてのものなどに分けようとするマネジェリアリズムの哲学は、実際には、説明責任のギャップや混乱を生みかねない。それが最も顕著だったのは二つの執行エージェンシー（イングランド・ウェールズの刑務所庁と、児童援助庁）で、大臣と幹部公務員の「責任の押し付け合い」や、これらのエージェンシーの問題が政策の失敗によるのかマネジメントの失敗によるのかという論争のために、議会や国民の深刻な不安を招き、説明責任もすっかり崩壊した（Talbot, 1996; Hogwood *et al.*, 2000）。

議会行政監察官（オンブズマン）は、一九六〇年代に導入された仕組みであり、不十分、不公平、不正確な行政による問題について、市民個人が救済を求めることができる（Gregory and Giddings, 2002）。現在は、イングランド医療監察官と統合されて議会・医療オンブズマンという肩書になっている（二〇〇七年現在、この職についているのはアン・アブラハム）が、これはスコットランドや北アイルランド、近年ではウェールズに（部分的に）倣ったものである。他の多くの国と異なり、イングランドでは、オンブズマンへの訴えは議員を通じて行わなければならない。オンブズマン局は訴えについて調査し、当該議員及び関係省庁の事務次官に報告する。そして、議会の行政特別委員会に出す「匿名扱い」の総合判断と年次報告を作成する。委員会は、省庁に共通する教訓があるかどうか検討し、政府がオンブズマンの勧告を拒否した事案について詳しく審査する。

筆者の同僚であるジャック・ヘイワード教授は、第二次世界大戦中日本に抑留されたイギリス文民の一人として、オンブズマンに訴えを持ち込んだ（Hayward, 2000, 2002, 2007）。国防省が、補償制度の設計を急ぎすぎたり明確な発表を怠ったり、あるいは施行後に（請求者に周知することなく）基準を変更して一〇〇〇人のイギリス人抑留者を除外したり、という「不手際」がなければ、補償を受ける資格があるはずだった。アン・アブラハムは、補償制度の目的どおり「道義的責任を果たす」べきと勧告したが、国防省が当初この勧告に従わなかったため、一層国防省への批判が集まることとなった（PHSO, 2005）。行政委員会が国防大臣に審問すると決めてようやく国防省は過ちを認めた。

議会・医療オンブズマンの取扱件数は増加しており（PHSO, 2006: 9）、二〇〇五～〇六年に調査した「議員」からの不服申し立ては二〇〇〇件近い。件数が多いのは、ゴードン・ブラウンが導入した共働き世帯の税額控除制度（非常に複雑で、収入が変動する人々には適さない）を取り扱う内国歳入部門（申し立ての九〇％が是認）、ジョブセンタープラス（五二％が是認）、児童援助庁（八二％が是認）である。移民国籍局についての申し立ても九〇％近くが是認されている。オンブズマン局は、公務員個人に（非公開の場ではあるが）審問したり、省庁に関係文書を探すよう求めたりすることができるので、公務員に説明責任を果たさせるという点で議会の特別委員会より強力な正式権限を持っている。議会との協働も重要である。省庁がオンブズマンの勧告を拒否すれば、行政委員会のヒアリング――この場にはジャーナリストもいる――に事務次官や大臣が呼ばれる可能性もあるからだ。

議会に対する公務員の説明責任について検討した二〇〇七年の行政委員会報告書は、決定について公務員個人が法的に説明責任を負う（例えばスウェーデンやフィンランドのような）「説明責任の正式な分離」には否定的であるものの、次のように述べている。

しかしながら、大臣責任の原理を脅かさないことと、公務員が議会に対してもっとオープンになることは、両立できるはずである。……公務員が議会に対して率直に説明することとしても、大臣責任の原理を損なうわけではなく、むしろ全体としての説明責任を強化することになると考える。

(Public Administration Committee, 2007: paras 56-57)

内部的な説明責任

議会に対する公務の「対外的」説明責任が高まったことにより、省庁内で事務次官、大臣までつながっていく従来の「内部的」説明責任も、一九七〇年代から拡大した。幹部公務員や大臣は、議員からの書簡、特別委員会やオンブズマンからの質問を受けるようになり、下で起きていることに注意を向けざるを得なくなったのである。

しかし、従来の内部的な説明責任が独自に進化した面もある。前章で見たように、一九七九年以後の政権が公務の統制権を行使して自らの望む方向へ公務を動かそうとしたためである。八〇年代初頭から各省庁を巻き込んで進められてきた財務管理改革（財務管理イニシアチブ、マネジメント情報システム及びその後継システム）の影響の積み重ねで、公務員が組織の上司に、そして究極的には大臣に対して負う内部的な説明責任は高まった。予算システムの移譲、資源会計（省庁の目的との関連が分かるように歳出予算区分を組むこと）、公共サービス協定に沿った政策の結果と省庁予算とを連動させるというゴードン・ブラウン蔵相の導入した仕組みによって、活動の目的や公務員が達成すべきことが見えるようになり、省庁やエージェンシー内での説明責任の関係がある程度明確になった。執行エージェンシーの枠組文書で始まった業務計画システムの導入も役に立った。

こうした仕組みのほとんどは、政策決定や目標設定の責任と実施責任は分離できる、という原理に基づいて行われた。その分離を組織構造に明確に反映できてはじめて責任の所在が明らかになる。運輸省と同省の高速道路庁はその例である（前者は、新規道路事業など高度に「政治的」な決定について助言を行い、後者は技術的な道路建設・メンテナンスを行う）。刑務所庁や児童援助庁を見ても分かるように、本省の大臣や幹部公務員が運営業務にも「介入」できる。ポリット（Pollitt, 2003: 22, 50-51）は、エージェンシー化や外部委託といったニューパブリックマネジメントの手法は「公共性」の高い――すなわち、補助金を受けている、複雑な法的制約を受ける、市民への強制を伴う、政治的象徴性がある、政治の介入を受けやすい、といった性質の――機能に適用するのは困難だとしている。したがって、二〇〇六年七月にジョン・リードが内務省移民国籍局の問題を解決する方法として執行エージェンシー化を提案したのは驚くべきことだった。ただし、伝統的な組織構造の方が内部的な説明責任を果たせたと考えるのは間違いである。ジョン・リードは「非難すべき人間がいれば責任は取ってもらう」と内務委員会に請け合ったが、事務次官のデービッド・ノーミントンは、「我々には公務員としての説明責任があるし、皆にその責任を果たさせる必要もよく分かっている」が、「外国籍の受刑者に責任を持つ者はいなかった。刑務所や受刑者一般についての責任者はいたが、そうした特定の事項に特化している者はいなかった」ことを明らかにした（Home Affairs Committee, 2006: Q869）。さらに、ジョン・リード（在職一カ月）と一緒に出席した公務員のうち、事務次官は在職四カ月、移民国籍局の局長は在職九カ月、犯罪者管理庁（刑務所）首席執行官は在職五カ月で（Ibid.: Q866）、誰が責任者と言えるのか定かでなかった。議会が省庁の執行業務に関心を寄せる（政府が執行業務に関する説明の役割もエージェンシーに移そうとする理由の一つである）ほど、伝統的な組織構造下での説明責任が正式の理論上はともかく実際には弱いということが露呈しているとも言える。

行政委員会は二〇〇七年に、公務員の内部的な説明責任には今なお「大臣と公務員各々の責任についてコンセンサスが存在しない」という問題があるとしている（Public Administration Committee, 2007: para. 23）。

消費者主義的な説明責任

対外的な説明責任は別の面でも拡大してきた。消費者主義的な説明責任、すなわち利用者への応答性という考え方が強まり、公務員は国民への直接的な説明責任を負わないという厳格な憲法論には疑問が呈されるようになったのである。市民憲章、サービス第一、「サービス実施計画」「ダイレクト政府（電子政府）」「情報化時代の政府」などの進展の土台には、公務員はサービス利用者・顧客・消費者に対して説明責任を果たす義務があるという考え方があった。

メージャー政権の市民憲章主義は、幹部公務員やその上に立つ大臣の最優先事項を、省庁の予算やインプットからアウトプットへ、さらにサービス利用者がアウトプットをある程度決めることへと変えていく過程の一環となった。このような変化が起きたのは、メージャーが、ランベス住宅委員会の長を務めた経験から、利用者の希望やニーズに合わせたサービスを提供するという強い信念を持っていたからでもあり、また、顧客満足度は業績測定が比較的容易で公務員に改善への圧力をかけやすかったからでもある。市民憲章チームは、審査を受けた業績基準を設定することや救済措置（金銭的補償）を導入することを各省・エージェンシーに促し、各憲章には、議会オンブズマンへの申し立てなど不服申立ての可能性が盛り込まれた（第4章参照）。

このような説明責任相互の関係が正確にはどういう性質のものであるかは議論になり得る。最も強力な形の説明責任は、修正あるいは矯正の措置や、（金銭的補償も含め）さまざまな手段による救済措置を含むものだが、消費者主義による説明責任はかなり限定的であることが多い。それでも、一九七〇年代における地方出先機関の文化やエートスと、現代の政府機関やそのウェブサイトに見られる顧客志向との間には、彼我の差がある。当時は、サービスのレベルに関して、そのサービスを受ける側に基本的権利や期待があると考えてみるのはむしろ奇異なことだったのである。

権限移譲を受けた統治機構

四番目のカテゴリーは、権限移譲を受けた統治機構における説明責任である。（スカンジナビアの民主主義国家のように）人口が比較的少ないためか、（例えば政党制がイングランドと異なるように）政治文化が異なるためか、あるいは単に制度検討の時期が現代に近かったためか、スコットランドとウェールズへの権限移譲は公務員の説明責任の範囲を大きく変えた。

権限移譲が行われるまで、スコットランド省及びウェールズ省で働く公務員は業務に関して最低限の審査しか受けていなかった。どちらも、上に立つ大臣は少なく、議会も遠方にあって、説明責任を果たさせる十分な仕組みを持っていなかった（多機能を併せ持つ省であるにもかかわらず、それぞれ一つの委員会が全体をカバーし、それに加えて決算委員会が財政面を見るだけだった）。スコットランド議会及びウェールズ国民議会ができると、状況が変わり、エジンバラやカーディフの公務員は議会をはじめ一連の監視メカニズムにさらされるようになった。

キーティング（Keating, 2005: 98）がスコットランドについて述べているように，大臣の数が増えると，公務員の仕事に対する大臣の統制や政策上の指示も増える。しかし，逆説的ではあるが，「スコットランド政府の可視性が高まり，見える範囲が広がるほど」――つまり，行政が一般国民の目に触れるほど――，マネジメントやサービス実施面の問題は深刻化した。ウェールズの場合と同様（Laffin, 2002: 40），スコットランドの大臣も地方のネットワークとのつながりが強く，ある公務員の言葉によれば「大臣は公務外から多くの情報を得ているので，我々もがんばらなければならない」（Rhodes *et al.*, 2003: 96）。ただし，大臣や議会が関心を持たない政策分野――ウェールズの地域医療保険制度はその例のようである（スコットランドでは議会が関与していた）――の場合は，公務員の方が政策ネットワークをよく知っているので，計画や戦略への影響力が大きく，大臣の援助も必要としないし，したがって政治的な監視も受けない（Rhodes *et al.*, 2003: 96, 125–127）。

公務員は大臣に対しては説明責任や応答義務を負うが他の議員には負わないという正式の慣行に，スコットランド議会やウェールズ議会の議員は驚いたかもしれないが，公務員の方では，地元に密着した徹底的な監視を受けることに慣れていなかった。どの党の議員でも，公務員と直接に話をしたければ電話したり電子メールを送ったりしてよいこととされ，実際，そうした機会を利用してきた。しかし，あるスコットランド議会議員へのインタビューによれば（Pyper and Fingland, 2006），スコットランドの「新しい開放的な」制度と，従来から受け継がれてきた大臣を通じての説明責任という概念の間で，公務員には不安が残っており，委員会ヒアリングでもそれが見て取れるという。ウェールズでは，それほどの不安はないようである。ウェストミンスターの伝統とは異なり，ウェールズでは，公務員が大臣に追従することなく委員会で直接議員に答弁することが多い（Laffin, 2002: 38）。

少数の議員で通常の範囲の省庁とそれに対応する主題別委員会をカバーするということは，多数の委員会を掛け持つ議員が多く，議場での審査に費やす時間が短くなるということでもある（委員会は立法準備も担うのでなおさらである）。ただし，この点は，大臣経験者（「内部知識」を持っている）と将来大臣を嘱望される議員が委員会に出席していることで，ある程度補われる。刑務所の財産に関する企業・生涯学習委員会の報告書のように，スコットランド議会の委員会審査報告が実際に影響を与えたと言われる事例もある（Arter, 2004）。ウェストミンスターの議会とは異なり，スコットランドでは，委員会報告から一定期間内に行政府が応答しなければならない。ウェールズでは，二〇〇一～〇二年の議会委員会に関する調査によれば，議員が審査にほとんど時間を割かないため，説明責任が弱まったという。また，主題別委員会は大臣からの月例報告について討議する時間を増やし始めたものの，議会政府が委員会の提案に応じている証拠はほとんど見られない（Jones and Osmond, 2002）。実際，リチャード委員会（Richard, 2004）は，ウェールズに立法権が与えられるのであればウェールズ議会の議員数を増やすべきであると述べており，その理由は単に，現在の委員会には監査したり異議を唱えたりする十分な能力がないということだった（Osmond, 2005: 13-18）。

ウェールズでは二〇〇五～〇六年に公共サービスオンブズマンが設置され，ウェールズ行政オンブズマン，ウェールズ医療オンブズマン，ウェールズ社会住宅オンブズマン，地方政府オンブズマンが統合されて，市民に「総合的サービス」を提供するようになった。スコットランドでは既に〇二年にこのような統合が行われている。これに対しイギリスのオンブズマンは，二〇〇五～〇六年に医療関係の役割は引き取ったものの，中央と地方にまたがる事項については任意に地方政府オンブズマンと協力するのみである。新しく作られたオンブズマン制度は，政府から独立させた点（議会が指名して君主が署名する），議員を通じて申し立てる必要はなく市民がアクセスしやすくなっている点で，他国の制度により近づいている（Gay, 2005）。ウェストミンスターの両院議員も，イギリスのオンブズマン制度をそのように変えたいと表明してきている（一九九三年，二〇〇〇年，二〇〇三年）。自由民主党の上院議員アンソニー・レスターによる議員立法の法案が二〇〇四～〇五年に上院を通過したが，政府は，イングランドの制度をスコットランドやウェールズのように現代的にするための審議時間を議事日程に組み込もうとしなかった。

5　政府をオープンに――情報公開と公務

一九八〇年代以降、公務は、緩やかにではあるが確実に進む「開かれた政府」に順応し、長く延期されていた情報公開法の施行に対応する、という課題に向き合ってきた。イギリス政府全般、とりわけ公務の底流にある機密主義についてこれまで述べてきたことを踏まえれば、政府を開放することが大変な難題であったことが分かるだろう。

機密を守る文化が広く浸透していたため、場合によってはそれが公務員への厳しい制約となり、機密情報を公表することが公益に適うと信じる公務員は良心の呵責を感じることになった。サラ・ティズダルやクライブ・ポンティングがその例である。これらの件で、公務員は訴追され（その結果は一様ではなく、ティズダルは有罪判決を受けたがポンティングは無罪で放免された）、公務員の説明責任が限定的であることがアームストロング・メモという形で改めて明確にされた――ただし、この内容は、先述したように一九八六年のウェストランド問題で崩壊した（にもかかわらず『公務員規範』に組み込まれたが）――、また、一九八九年国家機密保護法によって機密保護法制が強化された。この法律で、一定の範疇の政府情報については規制が緩和されたが、改革主義者たちが望んでいた「内部告発者保護憲章」は盛り込まれなかった。

政府の姿勢が変わる最初の兆しとなったのは、メージャー政権が一九九三年に白書『開かれた政府』を、次いで九四年に『政府情報アクセス規範』を発表し、もれなく公表される情報の量を増やしたことである。九七年に政権に就いた労働党には、開かれた政府や情報公開に関する立法を目指してきた長い歴史があったが、この政策は大臣間に深刻な対立を引き起こした。幹部公務員は白書や法案をめぐってそれぞれにロビイングを行った。情報公開法は二〇〇〇年にようやく成立したが（スコットランドでも同様の法律が二〇〇二年に成立）、完全施行までには長い期間を要した。〇二年一一月から、各省庁は、前もって自ら公開する情報の種類とそのアクセス方法を明らかにしておくことが必要になった。公務員はこの作業にかなりの時間とエネルギーを費やすこととなった。国民の情報入手権は〇五年一月にやっと施行されたが、施行後も、国防、調査継続中の事項、他の法律により公開が禁じられている事項に関わる情報や、他の方法で「無理なく」入手できる情報は、適用外とされた。不服申し立ては、情報コミッショナー（ロンドンとエジンバラに一人ずつ置かれている）に対して行うことができる。

情報を公開するかどうかの最終決定権は大臣が持つとはいえ、情報公開法の規定は、公務員にとっては新しく審査が増えることを意味した。一定の種類の情報が省庁内部から社会へ流れることがかなり日常化し、省庁で働き始める公務員にとっても、自分たちが生み出したり扱ったりした情報がいつか情報公開請求の対象になり得るということはある程度常識になっている。このような認識が公務の文化や勤務慣行に与える影響はまだ定かでないが、大きなものになるだろう。情報公開をめぐる小競り合いも既にいくつか起こっており、その多くは新しい「自由」の限界を試そうとするジャーナリストによるものである。例えば、二〇〇五年に情報公開法が施行されてまもなく、イギリスが一九九二年に欧州為替相場メカニズムから脱退したことに関する大蔵省の資料が開示請求され、元大臣（ジョン・メージャー及びノーマン・ラモント）が文書内容について協議を受ける間、決定が延ばされた。この文書はその後開示され、現代有数の金融危機のさなかにその中枢たる大蔵省の中でどのような動きがあったかを（開示請求がなかった場合よりずっと早く）明らかにする上で役立った。法の運用には常に批判もあるが、七六年に労働党の蔵相デニス・ヒーリーがイギリスのポンド危機を回避するため国際通貨基金に二三億ポンドの融資を要請した書簡が〇五年後半に公開されたことと比べれば、進歩は歴然としている。この書簡により、ヒーリーが融資を受ける代わりに公務の縮小の引き金となる二五億ポンドの予算削減を申し出ていたことが明らかになったが、三〇年近く経って（公文書が公開される標準的な期間である）公開されたので、現代の政策形成にはもはやあまり関係がなかった（*Financial Times*, 10–11 December 2005）。

「ジョー・ムーア」事件を受けて出された行政委員会の勧告（Public Administration Committee, 2002）を踏まえ、政府は、広報制度を見直すためにフィリス・レビューを行った。電子メールその他の情報が初めて、しかもほとんど間を置かずにハットン調査に対して提出され、この調査が三〇年間沈黙を保つのではなく「政府の動きを覆っていたベールを取り去った」ことで、フィリス・レビューへの関心はさらに増した（Sue Cameron, *Financial Times*, 24–25 January 2004）。

フィリス・レビューは、政府に対する政治家、メディア、一般国民という三者の信頼が崩壊している根底に、情報公開に消極的な機密主義の文化があるとした（Phillis, 2004: 4）。そして、「国民の信頼を回復する強力な手段」として、施行された情報公開法をよりリベラルにすることを提言した。具体的には、大臣が拒否権を行使しない旨を発表すること、開示を原則とすること、政策分析一般を対象外とする扱いをやめ、スコットランド情報公開法やウェールズ議会の「開かれた政府」規範と同様に「危害の検証」をして、「重大な危害」を引き起こす可能性が高い場合に限り非開示を認めること、である。

イギリス政府は早急な見直しを認めなかった。政府の姿勢は、二〇〇六年末に情報公開業務の予算の制限を提案したことによく表れている。各省庁と大規模な執行エージェンシー、規制機関（いずれも職員は公務員）は当時合わせて月に約一二〇〇件の請求を受けていた。そのうち、請求どおり認められたのは約六〇％、完全に却下されたのは二〇％であった。〇六年六〜九月期に、請求のすべてを認めることが少なかったのは、外務英連邦省、憲法事項省、ガス電力市場局である。国防省、運輸省、雇用年金省では、請求された情報をすべて開示したケースが四分の三を占めた（Department for Constitutional Affairs, 2006）。却下の理由として多かったのは、個人情報に関わる、（司法）調査が継続中である、守秘を前提に提供された情報である、というものだった。これらに比べ、「政府の政策形成に関わる」「公務の適切な遂行を阻害する」というのは非開示の理由としては議論の余地があり、これらが適用されたケースは一三％であった。

イングランド情報コミッショナーのリチャード・トマスは、非開示をめぐる争いを平和裡に解決しようとしているが、二〇〇五〜〇六年に一八七件の正式決定通知を出しており、その中には開示を命じるものもあれば、開示の必要がないことを認めるものもある。前者の例としては、教育省に会議録の開示を命じた通知がある（Information Commissioner's Office, 2006: 14）。これは、学校の財政危機が叫ばれていることに関心を持ったあるジャーナリストが、教育省の幹部職員が学校予算について話し合った会議の議事録を請求したという件である。教育省は「政府の政策形成に関わる」という適用除外条項を用いて非開示とし、開示を命じた情報コミッショナーの決定に不服を申し立てた。情報審判所は、歴史的判決となりそうなその判決において、この適用除外理由は開示の公益より重大とは言えないとした。元内閣秘書長アンドリュー・ターンブルは、政府側証人として呼ばれ、開示は「公務員の守秘義務と真っ向から衝突する」と述べたが、審判所はこれに同意しなかった。政府が重要な政策問題にどのように取り組んでいるか理解されることの方が重要であり、公務員の氏名に特段の意味があるとは思われないがそれを伏せる公益もない、としたのである（Robert Verkaik. case report, *Independent*, 9 March 2007）。

開かれた政府に関する正式の規定によって、省庁の活動についての情報公開と透明性は拡大してきており、イギリスも（特にスコットランドとウェールズは）他の自由民主主義国家の規範・慣行に近づいている。しかし、本章で（そして本書全体で）触れた多くの「スキャンダル」や「問題」の例でも分かるように、公務の姿勢や手続は、正式の手続規定よりも、思わぬ結果をもたらした実際の決定によく表れている。

6　結　論

他の章で扱う事項、特に公務の内部マネジメント（第4章）や公務員の給与構造（第6章）と異なり、情報へのアクセスという点は、イギリス公務の「現代化」が最も――特に他の自由民主主義国家の水準と比べると――遅れている。伝統的慣行によって下級の公務員を仕事や職業人生の変化から守るという点に比べ、大臣や幹部公務員を国民の監視から守るという点で、ホワイトホール・モデルは長続きしてきたようである。

しかし、この領域でも変革と現代化が進んでいる。第一に、公務員自らの説明責任について、既に見たように、ホワイトホール・モデルにおける大臣責任がどうであれ、省庁の失敗が社会の注目を浴びれば実際には大臣ではなく（あるいは、クリケル・ダウンの件では大臣とともに）公務員が（公にも）責任を負わされてきており、この傾向は強まっているように見える。現代のマネジメント手法は、公務員の仕事が測定あるいは報告される機会を質量ともに増やしている。第二に、大臣や政治顧問がきっかけを作ったいくつかの（願わくば例外的な）ケースにおいては、公式調査が行われて社会の関心を集め、政府は、関係する特定の活動や状況に関する情報だけでなく、公務の細かい日常業務（人事管理上の問題、財務官庁の能力の低さ、省庁間の調整不足、議員や関係者に対する一部職員の態度、裁判所に対する義務など）についても情報を出さざるを得なかった。こうして、貿易産業省の対イラク武器輸出許可の取り扱いに関する一九九六年のスコット調査、二〇〇三年のデービッド・ケリー博士の死に関して行われたハットン調査、大量破壊兵器に関する機密情報の取り扱いを調べた〇四年のバトラー調査では、重要な文書や証言が公にされた。

これらの事件は、議会に対する説明責任を強めようという議論に直接結びつくものだった。というのも、調査チームに文書が渡されたことで、議員たちは、大臣や公務員が設けた「伝統的」な障壁を受け入れることがいかに自らの審査能力の足枷となっていたかを悟ったからである。「台本のない」集まりで重要な決定が行われる状況は「ソファ政府」という臆測を呼んでいたが、バトラー報告は、単なる臆測を越え、それが正式の説明責任を支える仕組みを根本から損なっていることを示した。そして、政府保有情報にもっと一般的かつ直接的にアクセスできるようにすべきという、かねてからチャーター88やリバティーその他のグループが出していた要求を、間接的ながら、強化、正当化した。フィリス・レビューも触れているが、これらの調査に関するメディアの議論は、政府決定を報告・説明する伝統的な仕組みがもはや国民の信頼を失っているということをさらけ出した。国民はもう「ホワイトホールの紳士たち」が一番よく分かっているとは認めず、自分たちで判断したいと考えていたのである。

本書で取り上げる他の領域と同様、ここにおいても、公務は、現代化が漸進的に進む中で、複雑さを増す統治形態に対応すべく進化しつつある。環境の変化への順応はスムーズではなく、情報公開の拡大や公務員の説明責任の変化は、時には問題も生み出しているし、不完全でもある。それでも、（ホワイトホールの「伝統」を擁護する立場とは裏腹に）変革の必要性は明らかであり、関係者が交渉しながらとはいえ変化を受け入れることは、公務組織の歴史的な発展によく適っている。

第6章　人とマネジメントの側面から見た公務

公務には、一〇〇年前から今日まで変わらない特徴もあるが、大きく変化している面もある。そうした変化を、ホワイトホール・モデルを損なうものと見るか、市民社会や政治の新たな要請に応えるものと見るか、中央政府の「空洞化」と見るかはともかくとして、公務員一人ひとりの職業生活はそうした変化の影響を受けてきた。

公務員の採用の原則は、ホワイトホール・モデルと不可分であり、一八五四年のノースコート＝トレベリアン報告に遡る。この報告が勧告したのは、「学問的」試験による公正・公開の競争によって成績主義で公務員を選抜し、内部で昇進させていくことだった（Drewry and Butcher, 1991: 41-46; Pyper, 1991: 9-12 参照）。戦後、ハロルド・ウィルソン首相からこの問題について諮問を受けたフルトン委員会（Fulton, 1968）は、このようにして採用された人々が果たして現代の公務にふさわしい能力を持っているのかという懸念を表明したが、技術的な専門性と訓練を重視すべきという同委員会の勧告は完全には実施されなかった。しかし、一九八〇年代のニューパブリックマネジメント改革（第4章参照）において、公務員の弱点とされた他の点に対しては、民間部門のマネジメント手法をまねた「新しい人材管理」（Horton, 2000: 212）が行われた。社会的多様性への対応などの点では、公務は民間部門の先を行く模範的使用者となっている。

公務員のキャリアに関わるルールは、議会の同意を要しないため、他国に比べて大臣の意向に合わせやすい。政府が『公務員管理規範』を大きく変える手段も枢密院令であり、女王は機械的に同意を与えている。しかし、一九八〇年にジェフリー・ハウ蔵相が公共部門の給与について提案したときのように、到底労働組合に受け入れられないような変更を行おうとした場合、大臣はその責任を取らざるを得ないこともある（Hoskyns, 2000: 196）。それによって痛手を被る可能性もあり、トニー・ブレアも一九九九年に現代化をめぐる戦いで「背中に傷」を負ったと語ったが、これは公務員を指しているというのが、おおかたの受け止めであった（Gillman, 2001: 71）。

1　公務員の採用

公務員は、ほとんどの場合、各省によって「メインストリーム」に採用される。各省が「公正、公開、成績主義」の原則に従っているかどうかは、一八五五年に初めて任命された人事委員が監査している。一番下のポストに入って最高レベルまで登りつめることは可能である――一九八〇年代に公務運営の責任者を務めたジョン・ヘルベルクや、九〇年代に環境省事務次官を務めたテリー・ハイザーがその例である――が、そのような昇進はめったにない。採用されても、生涯公務員として働き続ける者はほとんどいないのである。二〇〇三～〇四年に辞めた公務員の三分の一は三〇歳未満であった（男性では二九％、女性では三八％。本章に示す任用の統計は、特に断らない限り各年の『公務統計』〈*Civil Service Statistics*〉から引いている）。

古典的なホワイトホールの公務員像として描かれるのは、将来の上級公務員候補として「ファーストストリーム」に採用された一握りの公務員の姿である（表6-1参照）。彼らは、大臣や幹部職員に近いポストで働くので、そこで能力を発揮して早く昇進しやすい。幹部職員には、そのほか、特定の能力を要するポストに公開競争によって採用される「直接採用」あるいは「中途採用」の者もいる。こうした採用方法は、一九八四年にマイケル・ヘーゼルタインが防衛産業の企業幹部であったピーター・レビーンを人事委員会に協議せずに国防調達部門のトップに任命したことから、注目を集めた。議論の結果、短期（五年）であれば各省が競争なしで任用できるが、五年を超える場合や最高幹部の任命については人事委員会の関与が必要ということになった（Pyper, 1995a: 36-37）。

大臣たちは現在、「特別顧問」を任命して予算から給与を支給するのに、この「短期の公務員」という任用方法を使っている（特別顧問全般については第2章参照）。技術的専門家――例えば、グリーン・アライアンスのメンバーで保守党の環境大臣クリス・パッテンの顧問を務めたトム・バーク、元ウェストヨークシャー警察本部長でブレア政権第一期

表6-1　公務員のグレードの分類

1984年以前の「職」の例		公開構造（1972年）	統一構造（1987年）	上級公務員（1996年）	責任レベル（1996年）	新しい官職名（2002年）	給与バンド（2002年）	給与幅（千ポンド）（2005年）
行政グループ	科学グループ							
事務次官（Permanent Secretary）		＊	1					136-264
次官補（Deputy Secretary）		＊	2	＊	JESP19-22	次官補（Director General）	3	93-198
局長（Under Secretary）		＊	3	＊	JESP13-18	局長（Director）	2	76-160
部長級（Executive Directing Grade）	科学担当審議官（Chief Scientific Officer（B））		4	＊	JESP11-14		1 a	64-127
課長（Assistant Secretary）	科学担当課長（Deputy Chief Scientific Officer）		5	＊	JESP7-12	課長（Deputy Director）	1	55-116
上席課長補佐（Senior Principal）	科学担当上席課長補佐（Senior Principal Scientific Officer）		6				A	
課長補佐（Principal）	科学担当課長補佐（Principal Scientific Officer）		7		6	課長補佐（Assistant Director）	A	
上席執行官（Senior Executive Officer）上級執行官（Higher Executive Officer（D））（内部「ファーストストリーム」）	上席科学官（Senior Scientific Officer）				5		B 2特別	
上級執行官（Higher Executive Officer）行政修習生（Administration Trainee（AT））（「ファーストストリーム」採用者）	上級科学官（Higher Scientific Officer）				4		B 2特別	
事務執行官（Executive Officer）	科学官（Scientific Officer）				3		B 1	
事務官（Administrative Officer）					2		C 2	
事務官補（Administrative Assistant）	科学補助員（Assistant Scientific Officer）				1		C 1	

注：JESPは上級官職職務評価指標である。事務官及び事務官補は1987年まで書記（Clerical Officer）及び書記補（Clerical Assistant）と呼ばれていた。
＊はおのおの公開構造（1972～87年）ないし上級公務員（1996年～）に含まれることを示す。

出典：Cabinet Office, *Civil Service Statistics*, 1984, 1996; www.civilservice.gov.uk, 'SCS Pay System'（2006年11月18日現在）; 内閣府の給与バンドは，*The Government's Expenditure Plans 1999-00 to 2001-02*, Cm4221 （Stationery Office, 1999）に掲載。

にイギリス麻薬対策調整官を務めたキース・ヘラウォールなど――も、迅速に採用することができる。人事管理の面で特別顧問が問題となるのは、運輸・地方政府・地域省のジョー・ムーアのように、大臣に助言する立場を超えて公務員の『行動規範』に反する指示を行うようになった場合である（第２章参照）。事務次官が公務員を統括する権限は特別顧問には及ばず、特別顧問を免職できるのは大臣だけであった。その後、短期の公務員をめぐって政治的色彩を帯びた議論が起き、終身職公務員に関する長期的問題の議論にも影響を及ぼした。

ファーストストリームへの採用

ファーストストリームへの採用は、昔から「一定の階級や学歴の者を優遇」（Kelsall, 1956: 169）していると批判されてきた。フルトン委員会によれば、行政職（当時のファーストストリーム）に採用されてまもない者の七一％が私立学校出身であり、八〇％がオックスブリッジ（オックスフォードとケンブリッジ）の出身だった。また、同委員会は、技術の変革が著しい時代に人文科学専攻者が大多数を占めていることについても憂慮していた。

表６-２は、近年の一般（現在は「大卒」）ファーストストリームの動向を示している。ファーストストリームの種類は他にもあるが、「社会的排他性」が特に問題となるのは一般ファーストストリームである。最高位まで昇進する可能性が専門職ファーストストリームより高いからだ。一般ファーストストリーム採用者に占めるオックスブリッジ出身者の比率は一九八二年から半減し、専攻も多様化している。男性が常に多数派というわけではなく、また民族的マイノリティや身体障害者の採用も増えている。私立学校の出身者は今も多い（一九九七年時点で五〇％が私立学校出身であった。*Hansard, HC Debates*, 308: 272）。公務は常に自らの選抜過程を擁護する（そうしなければ幹部公務員の質が保てないという）が、実際には批判やＩＴの発達を踏まえて絶えず修正を施している（見直しの概要は表６-３参照）。

ファーストストリームの選抜は、第二次世界大戦後に導入された二段階選抜方式に基づいている（Drewry and Butcher, 1991: 105）が、これは、パブリックスクール、オックスブリッジで「文学」を学んだ中流階級出身者に有利にできていた。この制度は一九七一年に変更されたものの、フルトンが勧告したほどの大幅な変更ではない。第一段階は知的

表6-2　大卒（一般）ファーストストリームへの合格者

	1988	1993	1998	2002	2005
外部合格者の割合（%）					
男性	67	61	56	43	55
オックスブリッジ	42	59	52	36	37
人文科学専攻	68	48	70	45	38
社会科学専攻	18	18	−	29	30
科学技術専攻	11	24	−	23	22
その他の専攻	3	10	−	2	10
民族的マイノリティ	−	−	5	7.4	3.6
障害がある旨の申告	−	−	2	4.7	8.9
外部合格者総数	97	119	136	256	336
外部合格者に占めるオックスブリッジの数	41	70	67	91	124
内部候補					
内部からの候補者数	−	−	48	92	107
ポスト数	−	−	12	29	53
内部選抜制度の合格率（%）	−	−	25	32	50

注：−はデータがないことを示す。大学及び学位は最初のもの。
出典：1988～93年については，Cabinet Office （1994b）をまとめた。1998～2005年についてはCabinet Office（2006e）。

能力を測るペーパーテスト（資格テスト）であり、これは受験者名を伏せて採点された。第二段階は面接、書類作成、委員会活動で、実務を模したものだった。オックスブリッジの優位が続くと、無意識のバイアスが働いているのではないかと批判されたが、オックスブリッジの受験者の成績は匿名の資格テストの方が第二段階よりさらに良かった。そのため、一九七九年及び八三年の調査では、この選抜過程は信頼できるものとされている。

一九九二年時点では、民族的マイノリティの受験者四五二人のうち、第二段階を通過した者は一人もいなかった（*The Independent*, 22 October 1992）。人事委員会は、不合格の半分は受験者の学力で説明がつく（同じ学力の白人受験者も受からなかったと思われる）と述べたが、残りの要因が何かについては不明とした。人種平等委員会は、間接差別でないか正式に調査する意向を明らかにしたが、内閣府が募集方法や試験、選抜方法を変えるということで、調査を延期した。女性や民族的マイノリティの受験者に不利と思われる問題は資格テストから「取り除かれ」、難読症などの障害を持つ受験者は資格テストの代わりに面接も選べるようになった。資格テストの評点は、公務に役立つ「経歴」（受験者の業績や対人能力）により、新たなバイアスを作る

表6-3　「ファーストストリーム」採用制度に関する公式報告

指　摘	勧　告	対　応
1968年フルトン委員会		
・古典や人文科学を専攻した「アマチュア」「ジェネラリスト」が多い ・階級・教育面で採用が排他的	・「関連性」のある学位を重視する ・一般能力試験（種別Ⅱ）でなく専門試験（種別Ⅰ）で選抜する ・特定官職に採用する ・選抜過程について調査する ・既卒者の採用を広げる	・「関連性」のある学位の重視は否定 ・種別Ⅱ及び一般ストリームは維持するが専門ストリームをいくつか設ける ・1980年代後半から公開採用が増加 ・選考基準を緩和 ・内部候補者のファーストストリーム枠を拡大
1969年デービーズ委員会		
・バイアスを示す証拠はないとし，種別Ⅱを賞賛	・客観的に採点する知的能力試験を含めたIQ資格試験と，適切な能力試験	・行政修習生（ファーストストリーム）の採用について勧告を実施
1977年下院歳出委員会		
・私立学校やオックスブリッジが選考過程で優遇されている	・行政修習生制度を廃止して内部から採用する ・人事委員会の過半数を公務外から任命する	・行政修習生制度の見直しを行う委員会を立ち上げ ・公務外から少数の人事委員を任命（1994年には半数に）
1979年アレン委員会		
・選考過程は公正である ・公務も民間のように既卒者採用制度を作る必要がある	・行政修習生制度は維持 ・内部候補者のための制度を設ける	・基準を厳格化したファーストストリーム制度を導入 ・ファーストストリームの半数は内部から採る
1983年アトキンソン委員会		
・選考過程は高く評価されているが，オックスブリッジ以外からの受験を増やすべき	・オックスブリッジ以外の大学との関係を強化する ・中途採用を拡大 ・メインストリームの職員を育成する	・多くの大学を訪問 ・年齢制限を緩和 ・各省庁は内部候補者の発掘を促す
1994年内閣府（ファーストストリーム採用制度の見直し）		
・オックスブリッジに有利，現役職員に不利なバイアスが公務にとって害になっている	・選考過程の外部監査を行う ・内部候補者が応募しやすい制度を作る	・選考過程を人事委員が監査 ・内部候補者数は減少が続く
1998年人事委員（一般ファーストストリームの監査）		
・内閣府及びキャピタRAS〔訳者注：政府の採用関係業務を請け負っている企業〕は公正・公開・中立に採用するため相当の配慮をしている	・内部チェックの導入 ・苦情申し立て手続を設ける ・余剰合格者の扱いを決める	・実施 ・訴訟提起を警告していた人種平等委員会は撤回
2001年内閣府（ファーストストリームの見直し）		
・ファーストストリームは依然重要だが，公務全体の改革課題にもっと適合させるべき	・民族的マイノリティや多くの大学に採用を広げる ・内部採用制度を発展させる ・広報及び選考にインターネットを用いる	・学生向けの広報活動，研修，現場実習を実施 ・内部採用制度を新しくし，広報，セミナーを行う

出典：S. H. Northcote and C. E. Trevelyan（1854）*Report on the Organisation of the Permanent Civil Service*（Eyre & Spottiswoode for HMSO）. 結果については，Hennessy（1990: 31-51）及びDrewry and Butcher（1991: 39-46）参照。

ことなくウェイトづけをするようになった。受験者が手順に慣れることができるよう（そして無理な受験を減らせるよう）、事前の「自己診断」テストを導入した。評価者には間接差別についての助言を与え、バイアスがかかっている可能性がないか精査し、場合によっては正式に警告することになった。最後の点として、一九九九年に、コンピテンシーに基づく評価を第二段階に取り入れ、「ファーストストリームに必要な資質」に照らして受験者の行動を評価することとなって、人種平等委員会は異議を撤回した。現在、候補者に求められる資質は、実施能力（結果を出し、学び、向上する力）、知的能力（意思決定、建設的な思考）、対人能力（生産的な人間関係を築き、コミュニケーションを通じて相手に影響を与える力）である。

『公務改革』計画の一環として、一般ファーストストリームの採用活動も見直され、変更が加えられた（Cabinet Office. 1999b）。見直しにおいては、一般ファーストストリームも公務全体と同じように多様性について前向きなメッセージを出すべきとされた（Cabinet Office. 2001b: paras. 1.6-1.9）。大学の幅を広げ、民族的マイノリティの学部生や障害を持つ学生を呼び込むための取り組みが強化された（オープンデーやインターンシップ、現場実習など）。民族的マイノリティの採用者は二〇〇五年でもわずか四％であり、まだ道のりは遠いようである（大学一年生に占める割合は、一九九八～九九年において一三％であった。Cabinet Office. 2001b: Annex2）。さらに、二〇〇六年に喧伝された「見出し数字」は「五〇以上の大学から合格者」だったが、二大学が合格者の三七％を占め、五二大学の受験者からは一人も合格者が出なかった。

公正・公開の競争で成績主義に基づいて採用すれば、オックスブリッジの合格率は必ず高くなる。オックスブリッジ自体、優秀な受験生たちの中から同様の原理で選抜しているからだ。さらに言えば、民間企業も、同じ人材プールの中から採用しているところがほとんどである。他方、同等の能力を持ちながら、階級や学歴の面で不利な受験者たちは、ファーストストリームに入りにくいのが現状である。こうした候補者には、「公務員向き」の中流家庭、私立の学校、個別指導講師、優秀な学生にファーストストリームを受験させようとする就職アドバイザー、といった後押しがない場合が多い。「ファーストストリームへの合格率が高い大学の中には、受験を考える学生に集中指導を行うところもある」

(Cabinet Office, 2001b: para. 7.36) 一方で、大学によっては、学生や就職アドバイザーが受験の価値を「いまだに認めていない」(Ibid.: para. 6.32)。オックスブリッジは個別指導を行っており、受験者に有利に働いている(Cabinet Office, 1994b)。さらに根本的なことを言えば、オックスブリッジと「ホワイトホール」の間には共生関係が存在する。一方が個別指導を行って研究やペーパー作成、議論に長けた学生を輩出し、他方は白書の作成や大臣説明をして、幹部公務員の作った採用計画でもそういう仕事に適した人材を選ぶことを明らかにしているのである。このような人材は、多種多様な人、事業、技術をまとめる力が公務員に必要とされている時代にあっては、さほど役に立たない。公務運営委員会の「人材採用・育成」グループは、「多様な集団から公務員を採用して……視野を広げ、革新的な思考力を身につけ、能力の幅を広げる」ようにしたいと述べている (Cabinet Office, 2001b: para. 1.2)。

部内ファーストストリーム選抜は、「メインストリーム」の公務員の「育成」を進めるために、ここ数年の間に広がってきている。能力実証のある現職公務員を幹部職に昇進させることは、以前からフルトン報告その他いくつもの調査報告、公務組合が主張していた(前掲表6-3参照)が、ほとんど実施されていなかった。新規採用者を幹部候補とするのはイギリスだけではないが(フランスもそうである)、どの国もそうしているわけではない。オーストラリアは、イギリスのノースコート=トレベリアン改革を取り入れたものの、一九五九年には、幹部候補を採用するという提案をオーストラリアの平等原理に反するという理由で斥け、現職公務員の教育に力点を移した (Halligan, 2003: 95-96)。

サッチャー政権は、一九八一年に新しい内部「ファーストストリーム」制度を導入し、毎年のファーストストリーム採用者の半分を、各省の推薦を受けた職員の中から「部内」採用しようとしたが、実現には遠く及ばなかった (Drewry and Butcher, 1991: 105-108)。各省は、望む「質」の人材は外部競争でしか得られないと考えていたので、職員を推薦しなかったのである。一九九八年に内部選抜制度によって採用されたのは一般ファーストストリームの九%にすぎなかった(前掲表6-2参照)。内閣府は『公務改革』において各省に内部候補者の「人材発掘」を促し (Cabinet Office, 1999b: key action 16 xxi)、ウェブ上でも外部採用制度の情報に見合うような情報を提供した。初年の活動は「潜在的な需要を掘り起こし」、ファーストストリームの基準を満たした者全員が受け入れられた。民族的多様性については二〇〇四年まで調査が行われていなかったが、その後の二年間を見ると、推薦を受けて合格した職員の一三〜一五%が民族的マイノリティ、四八〜六八%が女性であり、また新規採用者の四〜七%が障害者だった（Cabinet Office, 2006e）。大卒でない資格で外務英連邦省に入ったある職員は、一般ファーストストリーム試験に相当する試験に合格してファーストストリームのグレードに昇進し、大使レベルまでたどりつく可能性ができて、「評価センターの選抜を通れば誰とでも渡り合える」と述べている（Gillman, 2001: 104）。

こうした成功例はあるが、ファーストストリームにおける内部採用者の割合は依然として小さい（一九九八年で九%、二〇〇五年で一六%）。これは、外部採用者の数も増加しているためである。ファーストストリームの平等化、多様化は、従来から代表されているグループには影響を及ぼさずに、これまで代表されてこなかったグループの人々を増やす形で進められてきたのである（オックスブリッジからの採用者数は九八年の六七人から〇五年の一二四人へと増加している）。採用側は既に、応募者に対して、自動的に昇進できるという期待を抱かないよう釘を刺している。昇進の道は急速に狭まりつつあり、最近ファーストストリームに入った人々がその道を進むときこそ、上級公務員が本当に多様化を目指してきたのかが問われるだろう。

2　資格、訓練、経験

フルトン委員会等がホワイトホール上層部におけるオックスブリッジの人文科学出身者の多さを心配したのは、このような仕組みでは公務全体が国民や事業や現代技術を十分に理解できなくなってしまうと考えたからであった。第二次世界大戦中、燃料省の経済統計局長を務めていたハロルド・ウィルソンとその同僚で元学者のジョン・フルトンは、「公務員のアマチュア（素人）ぶりや、専門能力を持つ人材を公務に入れる必要性について、愚痴を言い合ったものだ」（Ziegler, 1993: 37）。フルトン委員会は、公務が「ジェネラリスト」つまり「何でも屋」に支配され「科学者、技術者その他の専門家には十分な責任も相応の権限も与えられていない」ことを指摘した。そして、専門家にはマネジメントの訓練と機会を与え、ジェネラリストには経済か社会管理の分野の専門性を持たせるべきである、すなわち全職員が公務大学でプロとしての訓練を受けるようにすべきであると勧告した。さらに、ホワイトホール内外の人材の流動性を高めるべきことを主張した（Fulton, 1968: 104）。

スペシャリストとジェネラリスト

ベビアとローズ（Bevir and Rhodes, 2003: 146-167）によれば、いかなる分野でも長年の知恵で助言できる「ジェネラリスト」という概念は、保守党の理想だったという。フルトン報告には、専門家たる官僚を好む社会主義あるいはフェビアン主義の考え方が表れており、またケルナーとクラウザーハント（Kellner and Crowther-Hunt, 1980）はさらに明確で、勧告を実施していないとしてジェネラリストを非難している。「ジェネラリストの行政職」を自由主義の立場から批判したのはサッチャーの元顧問であるホスキンス（Hoskyns, 1983, 2000）や学者のフライ（Fry, 1993）であり、専門家や外部の人間をもっと採用すべきであると主張した。ホイッグ党的な見方はメージャー政権の発表した白書のタイトル『公務——継続と変革』（Cabinet Office, 1994a）に表れており、この白書は、ホワイトホール・モデルの「本質的な原理、基準」を擁護しつつも、「新しい血」を入れる必要があることを認めている。

科学者の地位が貶められていることは、デービッド・ケリー博士の死に関するハットン調査（二〇〇三年八月一一日ヒアリング）でも裏づけられた。ケリー博士は化学生物兵器拡散に関する政府の専門家であり、勲位も授けられていた。国防省の人事担当局長は、ケリー博士が一九九二年にグレード5に昇進したこと、グレード5の職員は「一般的には」新しい上級公務員グループに入っていたこと、「（ケリーの）給与は……上級公務員の給与幅に十分収まる額であり……ただ、上級公務員の一員とはされておらず、省として上級公務員という扱いをしていなかった」ことを認めた。一九六八年にはフルトンが、専門及び行政の「職」をすべて一つの統一グレード制度に統合すべきであると勧告していた。七二年に公開構造が導入されたが（前掲表6-1参照）、上位三グレードしかカバーしておらず、ジェネラリスト優位は変わらなかった。ハロルド・ウィルソンは、当初公務員の質について懐疑的だったが、ホワイトホールを経験すると、むしろ幹部公務員に敬意を払うようになった（Ziegler, 1993: 184-185）。また、「ホイッグ党」派は、大臣に対する専門家の助言を総合する役割としてジェネラリストは必要だと考えた。しかし、他の先進国（例えば、オーストラリア、デンマーク、フランス、スウェーデン）では、大臣は専門家の幹部から直接助言を受けている。実際、フォスター（Foster, 2001: 741）によれば、一九九七年に就任した労働党の閣僚は、「特定の事柄について、判明済みのことなら何でも知っている専門家の公務員」と直接話すことができず落胆したという。

フォスター（2001: 729-731）は、サッチャー政権の閣僚たちが、コスト削減に熱中して（第4章参照）、また独自の政策アイディアを持っていて、専門家の能力を使おうとしなかったために、公務員すべてが「力と権威」を失ったと主張している。人頭税や猛犬法、児童援助庁等の失敗の原因は、実施についての専門的検討が不十分だったことにあるという。人頭税の決定に関するある著名な研究は、「ジェネラリスト」と「スペシャリスト」という言葉の意味を明快に説明している。すなわち、この件に関わったハイザー以下の環境省職員たちは、地方政府政策が専門であり、「何でも屋」の持つ公平性を欠いていた一方、証拠や予想される結果を評価するための訓練を受けているという、フルトンの意味するところの「スペシャリスト」でもなく、地方政府財政の真の専門家に相談しなかったために問題がますます悪化したのだという（Butler *et al.*, 1994: 206-223, 71）。

ブレア政権においては、科学的な問題や数的データの解釈・提示に慣れたジェネラリストの必要性が強調されるようになった。首相直属の業績革新室は、専門家の採用を増やして証拠に基づく政策形成を行うよう促した（Performance and Innovation Unit, 2000: 5-6）。しかし、政府はなかなか専門家を惹きつけることができなかった。専門職員は政策形成からも高位のポストからも切り離されており、仕事への満足度が低い。上級公務員でも、エコノミストのポストの割合は一九九〇年代に大きく減少し、また社会調査やオペレーションズ・リサーチの研究を行うポストは最上位でも上級公務員の最低レベルにやっと届く程度であった（Ibid.: 17-18）。（行政面の責任を負わせない）専門家を求めるのであれば、昇進のチャンスを増やし、専門性重視の姿勢を示すために給与を上げて、専門家にとっての公務の魅力を高める必要がある（Ibid.: 6; OECD, 2002 参照）。近年、専門ファーストストリームへの採用は改善されているが、毎年こうしたポストの二〇～三〇％は欠員になっている（Cabinet Office, 2006d）。

二〇〇四年に（第2章でも触れたように）、『公務改革』を進めるグループが、ジェネラリスト・スペシャリストの二分類を三つの「キャリアグループ」――政策の専門家（根拠に基づく助言）、サービス実施（顧客サービスや大規模マネジメントの専門）、総務（財務、人事、ＩＴ、調達）――に改めると発表した。「公務員に必要な専門能力（ＰＳＧ）」計画によって、官職や人は必要な能力に応じた三つの「キャリア」のいずれかに分けられることになっている。内閣府によれば、このようなグループ分けは、新たな縦割り構造を作るものではなく、どの道もトップに到達し得るという（www.psg.civilservice.gov.uk 参照）。レビットとソールズベリー（Levitt and Solesbury, 2006: 11）は懐疑的で、公開競争で採用された外部専門家の流入に対して政策形成を担う伝統的な公務員がとろうとしている防御反応ではないかと見ている。それでも、根拠に基づく政策の重要性がこうして遅ればせながら認識されたことは喜ばしい。

訓練、育成、専門能力

フルトン委員会がホワイトホールを「アマチュア」と呼んだのは、どの学科の卒業生でも採用して、正式な訓練もほとんど施さなかったからである。他国の公務員には、政府に関係する分野（日本やイタリアでは法律、ドイツでは法律プラス一科目、デンマークでは社会科学、自然科学または経済学）の素養があった。フルトンはフランスの国家行政学院（ＥＮＡ）を高く評価したが、デンマークやオランダのように、優秀な職員を擁し、「オンザジョブ」トレーニングを重視している国も多い。現在、世界的に求められているのは「柔軟な人材」であり（Horton and Farnham, 2000: 314）、一八歳で公共部門の職に固定してしまい、本人にとっても成長が妨げられるフランスのような仕組みに比べれば、イギリスのように緩やかな仕組みの方が優れている面がある。

フルトンがＥＮＡと張り合う存在になるよう願った公務大学は、ロンドン、サニングデール、エジンバラに設置された（エジンバラ校は廃止の憂き目にあったが、権限移譲後、部分的に再開された）。ほとんどの職員への研修は各省で行われ、公務大学の役割は大卒の採用者を「プロにする」ことだった（Duggett, 2001: 99）。しかし、公務大学における経済学や社会科学、統計のコースは、ファーストストリーマーには評判が悪かった。（ＥＮＡの学生の場合と異なり）彼らのキャリアは最終試験で決まるものではなかったのでなおさらであった。サッチャーが「マネジェリアリズム」（第4章参照）を推進するにつれ、ジェネラリストたちは財務管理や業績管理を学ぼうとするようになった。また、一九八七年に統一グレード構造が拡大すると（前掲表6-1参照）、スペシャリストもジェネラリストのコースを受けたがるようになった。例外的に必須とされたのは、グレード3に上がる職員を対象にした六週間のトップマネジメントプログラムで、公務員と民間企業の管理職が一緒に受講するコースであるが、これは一九八五年に内閣府が開発したもので、公務大学は当初抵抗していた（Hennessy, 1990: 527）。その後、もう少し下位の職員向けに、同様の内容で期間を短縮したマネジメントのコースも導入された。九〇年代には、『公務員の育成と訓練』（Cabinet Office, 1996: 2）が発表され、「数的能力の向上」と「マネジメント能力の向上」を説いた。これは、フルトン報告からも読み取れることであり、その後の新労働党政権でも重視された。民間企業や地方政府と同様、職員個人と各省が「自らの成長」に責任を持つよう求められたが、決して「自由放任」というわけではなかった。なぜなら、各省には「人に投資する組織」になることも同時に求められたからだ。

白書『政府の現代化』は、公務を「学習する組織」と表現した（Cabinet Office, 1999a: 56）。公務大学は内閣府に新設されたマネジメント政策研究センターに組み入れられた。最初の数年は大きな変化はなかったが、権限移譲を受けてエジンバラ校を再開したり、クランフィールド大学その他（グラスゴーやバーミンガムなどにある大学）と提携して公共部門のＭＢＡや行政学修士号を推進したりした。二〇〇四年以降は、公務員の訓練が「再中央集権化」されることになり、全職員が「公務員に必要な専門能力」のうち自分が必要とするものを特定してそれを身につけることが求められるようになった。公務大学は二〇〇五年に再び公務大学校として設置され（非大臣機関）、やがて、「文法を磨き直そう」から上級公務員志望者向けの「トップ管理職の育成」（二週間で六五〇〇ポンド）までの幅広いコースや、上級公務員のための昼食セミナーを開講するようになった。フルトンがイメージしたようなトップからの「プロ化」が新たな目標となっているが、ＥＮＡの卒業生が「同窓生」ネットワークを使って政界はもとより官民の分野を支配しているのに比べれば、公務大学校そのものは「周辺的存在」(Theakston, 1995: 103) にとどまると思われる。

経験

イギリスの伝統的な職業訓練法は、経験を積むことである。幹部職員はさまざまなポストで経験を積んできている。オートン報告 (Efficiency Unit, 1993: 3) は、フルトン報告と同様、公務員が (大臣のように) 頻繁に職を移りすぎるため業績を評価できないと批判している。大蔵省について検討したサウスゲートも、これに同調している。「職員は、新しい分野の仕事に就いたと思うとあっと言う間に別の仕事に移る」(Southgate, 1994: 20)。二〇〇四年には、経験の深さと幅の釣り合いをとるため、「上級公務員の任命は任期四年が相場」(Cabinet Office, 2006f: 38) となっていた。

「ホワイトホール」モデルにおいては、公務員に外部での経験はほとんどなかった。「人頭税を担当した環境省の幹部職員の中に、地方政府での勤務経験がある者は一人もいなかった」(Butler *et al.*, 1994: 221)。イギリスでは、中央政府と地方政府の勤務はまったく別物である (フランスやドイツではこれと異なり、中央、州、地方の政府を行き来しながら勤務する)。オートン報告によれば、幹部職員の四人に一人が公務外での経験を持つものの、産業界、つまり企業で働いた経験があるのは約一〇人に一人にすぎないという (Efficiency Unit, 1993: 46-47)。メージャーは一九九六年に企業への出向を年一〇%ずつ増やすよう求め (Cabinet Office, 1996: 30)、この控えめな目標はブレア政権の下でも続いた。二〇〇五年までには (Cabinet Office, 2006e: 38)、上級公務員の半分以上が少なくとも一年以上の公務外経験を有するようになり、公務外からの幹部の採用が政府刊行物でも大きく取り上げられて、「ホワイトホール」で最上位の公務員になるための要件が変わってきていることを公務内外に印象づけた。

3　新しい人材管理

公務の人事管理は、伝統的には、共通の勤務条件によって省庁間の統一を図る手段として、高度に中央集権化されていた。公務員の給与は国家予算に影響を与えるので、大蔵省が人事管理を握っていた。その後、ウィルソン首相がフルトンの勧告に従って公務の人事管理に特化した省を設け、「公務省は中央集権的な公務人事管理の頂点となった」（Maor and Stevens, 1997: 533）。雇用慣行は標準化され、労使関係は家父長的、集団主義的で、政府は組合指導者と給与その他の雇用条件について交渉していた。職員の身分や給与は手厚く保護され、忠実、従順、長期勤続に報いる仕組みになっていた（Horton, 2000: 211）。

マーガレット・サッチャーは公務省を廃止した。それ以前から公務省の存続は危ぶまれており、「一九八一年のストライキの際に公務省が組合に譲歩する姿勢を見せたことで、公務省の年内廃止が決定的となった」（Fry, 1985: 91）。給与関係の機能は大蔵省に移り、その他の機能は管理人事局に移った。管理人事局は一九八三年以降何度か名称を変えながら内閣府に置かれている（Lee *et al.* 1998: 134-140, 238-240 参照）。八三年に、書記その他の下級職員を採用する権限が各省に与えられ、研修をはじめとして、その他の人事施策もまもなく各省庁の権限となった。それ以来、ホワイトホール・モデルに関係のある勤務条件は、任用の際の競争、雇用契約の個別化、業績給といった新しい施策の対象になった。九四年には「大蔵省を縮小して中核的な業務に集中させる」ことが決定され、大蔵省に残っていた公務の人事管理機能が内閣府の公務員担当部局に移された（Bevir and Rhodes, 2003: 179; Southgate, 1994: 94-95 参照）。こうして再び一つの府省が公務の人事管理の責任を持つこととなったが、以下で見るとおり、多くの権限が各省に委任されていたため、公務の統一性を確保するための権限は公務省よりはるかに小さかった。

任用の際の公開競争

執行エージェンシーの創設（第4章参照）に伴い、幹部公務員の新たな任用方法が導入された。公務員と外部候補者との競争である。後に教育雇用省の事務次官になったマイケル・ビチャードは、最初に公開競争で執行エージェンシーの首席執行官に選ばれた一人であり、二つの大規模地方自治体をうまく運営した経歴を持っていた。初めのうちは、大臣が任用過程に影響のある役割を有する点に批判が集まった。一九九二年にデレク・ルイスが刑務所庁の首席執行官に選ばれたときも、「変革を成し遂げられる」という選考基準はあったが、刑務所の運営経験やホワイトホールの経験は選考基準に含まれていなかったのである。ルイスのように、イギリスとアイルランドの交渉が重要な局面にあるときにＩＲＡの受刑者を故郷の近くに移すようなことは、職業公務員であればおそらくしなかっただろう。他方、大臣たちは、刑務所の問題は刑務所庁のせいだと考えていたので、内務省のやり方に通じていないことはむしろ長所と映った。一九九一年の二つの枢密院令により、不安はさらに高まった。一つは、人事委員会（主に公務員が率いていた）を廃止して新たに人事委員（主に外部から任用された人材管理の専門家）を補助する事務局を設置するもの、もう一つは、グレード7より下の職員については公務担当大臣（つまり首相）の定める規範に従って各省が採用できることとするものである。「一九九一年以降、人事委員会は存在しなくなった」と言った学者もいる（Chapman, 1997: 29）。

「ＮＰＭ」論者から見れば、採用を自由化することによって新たな人材を得られるし、柔軟性も高まる。カナダでは既に産業界や商業界、学界から横滑りで公務に中途採用することが多い（Pyper, 1995a: 21）。また、アイスランド、スウェーデン、オランダ、ニュージーランドでも、採用の権限委任と開放がイギリスより進んでいる（OECD, 2003:11; 2004: 4）。他方で、人事委員会がなくなったことを、ビクトリア時代のような汚職と党派的人事に逆戻りする前兆と捉える人々もいた（Chapman, 1997: 29）。オトゥール（O'Toole, 1993: 2-3）は、公開競争で外部から入った人々が民主主義的な説明責任の「非効率」に不満を感じるものか想像している。メージャー政権はそうした主張を半分受け入れて人事委員に採用規範を定めさせることとしたが、人事委員が上級公務員の任用に直接関与する場合を、公開競争で任用する場合と採用規範の例外として任用する場合に限定した。一九九七年までに、首席執行官の三分の二以上が公開競争で選ばれ、その三分の一以上は公務外から任用された（Public Service Committee, 1998: para.196）。

内閣府が『継続と変革』（Cabinet Office, 1994a）を発表した後、伝統的な上級公務員ポストもいくつか外部候補者に開放された。第一期ブレア政権の公共サービス大臣デービッド・クラークは、「外部からの人々は……公務を活気づけ、新しい見方をもたらし、公務に新しい血を入れてくれた」と公開競争を支持している（Public Service Committee, 1998: para. 196）。多くの研究により、伝統的な「官僚」は政策助言には関心を持っているが企業的なマネジメントには関心がないことが明らかになっている（Campbell and Wilson, 1995: 42-43）。上級公務員ポストの公開競争は労働党政権下で拡大し、一九九七〜九八年の八三件から九九〜二〇〇〇年には一五八件になって、そのうち公務員が選ばれたのはわずか三分の一である（Civil Service Commissioners, 2000）。〇五〜〇六年に公開競争が行われた二〇の最高幹部ポストも、公務員が選ばれたのは半分をわずかに超える程度であった（Civil Service Commissioners, 2006）。ただし、労働党政権下では上級公務員の数がどのグレードでも増加していることに注意が必要である。つまり、伝統的な昇進に加えて外部からも採用されるようになったのであって、入れ替わっているわけではない。

公開競争と上級公務員ポストの数が増えるにつれ、人事委員は、特段の重要性がないポストについては各省に権限を委任し始めた。今では、ほとんどの上級公務員ポストの採用を、スコットランド行政府、ウェールズ議会、各省庁が、採用規範に則って自前で行っている。人事委員が直接関与するポストの範囲は、二〇〇二年に公式に「トップ二〇〇」のポスト（以前のグレード1及びグレード2）の公開競争へと狭められた。この「トップ二〇〇」については、内国公務の長が主宰し首席人事委員が出席する幹部リーダーシップ委員会（前身は幹部任用選考委員会）が、公開競争にすべきかどうかを決定する。二〇〇五年にガス・オドンネルが内国公務の長になってからは、このレベルの任用すべてに（公開競争でない場合も）人事委員が関与するようになった（二〇〇七年一月九日付インディペンデント紙への首席人事委員の寄稿）。二〇〇六年の報告書において新任の首席人事委員は、内部任用という伝統的な上級公務員ポストへの任用形態を取り上げ、次のように、内部異動や昇進についても人事委員が監視することを提言した。

> この場合に、成績主義に基づく任用が外部採用の場合ほど国民に保障されないというのは、矛盾であるように思われる。……我々は、大臣がどの候補者を望むかを表明できるような仕組みはとっていない。……中立的な公務組織の中で、どの幹部ポストにも成績主義に基づいて最適の候補者が任用されるようにすることが、我々の役割であろう。
>
> （Civil Service Commissioners, 2006: 3）。

契約

任期付契約については、フルトンが少数の政策顧問に用いることを提案したが、公務の抵抗に遭ったようである（Winstone, 2003: 12）。オーストラリアでは、民間部門の人々が公開競争で上級公務員になりやすいように、一九八三年から任期付契約が用いられている（Halligan, 2003: 98）。レビーンが伝統破りの方法で任用され事後的に承認されたことが先鞭をつけ、その後はエージェンシーの首席執行官に任期付契約がよく用いられるようになった。その方が、外部候補者を惹きつけるために給与を変えたり業績給を組み込んだりできるからである。

『継続と変革』（Cabinet Office, 1994a: 35）によって、個別契約の概念は事務次官を除く全上級公務員に広がった。実際には各省もエージェンシーも「モデル契約」を大きく変えずに使っているので「個別化」はさほど進んでいないが、それでも、契約によって、公務は伝統的な「人中心（career-based）の構造」から民間部門の雇用のような「職中心（position-based）の構造」へと変わった（OECD, 2000: 13）。契約であれば、毎年自動的に昇給させるのではなく、ラインの管理職が（例えば業績や特別に課した業務によって）昇給を決めることができる。他方、「王の被用者」という特殊な性質は原則として維持された。もっとも、「いつでも王が免職できる」といった特質に関しては、実際には、民間部門と同様の免職手続が公務員にも慣習上設けられている（公務員管理規範――Cabinet Office, 2006a: ch. 11）。

任期付契約にはいくつかの問題点がある。第一に、省内外の業務の調整は、これまで数十年かけて築き上げた共通の文化があるために効率よく行われているが、任期付契約が広く用いられて職員の離職率が高くなると、それができなくなる可能性がある（Pyper, 1995a: 40）。第二に、任期付契約は現職公務員の士気を下げるばかりかホワイトホールの職業公務員になることの魅力も弱めてしまう。第三に、公務委員会（Public Service Committee, 1998: para. 206）も指摘しているように、任期付契約は「幹部公務員が伝統的に守ってきた政治的中立性」を弱めてしまうおそれがある。任期付契約の公務員がはたして率直に助言するだろうか。それとも再任されないことをおそれて大臣の提案に反対しなくなるだろうか。

さらに二つの留意点がある。第一に、契約にすれば業績が向上するという確たる証拠はない。バータネン（Virtanen,

2000: 56-57）は、フィンランドの公務員について、唯一たしかに言えるのは、契約期間の終わりに近づくと仕事への関与も業績も落ちるという関係であることを実証的に明らかにしている。さらに、反対の主張さえ存在する。つまり、契約に書かれたことしかやらなくなったり、大臣の過ちの責任を取ることを拒んだりする可能性があるというのである（Pollitt, 2003: 48参照）。

第二に、任期付契約で公務員を雇用するのであれば再就職先を自由に探せるようにしなければならないが、これには倫理上の問題がある。長年の通例として、幹部公務員は引退すると企業の重役の地位を得ている。アンドリュー・ターンブルは内国公務の長を退いて九カ月のうちに、プルーデンシャル、ブリティッシュ・ランド、フロンティア・エコノミクス、ブーズ・アレン・ハミルトン、アーラップの各社に職を得た（*Financial Times*, 7 April 2006. Pyper, 1995a: 86-87にある他の例も参照）。こうした「乗り換え」は公益に適うと言われており（一九九二年九月一一日付ガーディアン紙への内国公務の長ロビン・バトラーの寄稿）、また、幹部公務員は、特にかつて契約の交渉を行っていた場合には、内閣府の委員会の許可を受けなければならないことも指摘されている。しかし、一九八〇年代の組織改編でこうした任用の数は劇的に変わった。国防省が職員を二四万七〇〇〇人から一三万九〇〇〇人に「人員削減」したのに伴い、国防省職員から委員会への申請件数は七九年から九二年にかけて四倍に増えている（David Pallister and Richard Norton-Taylor, *the Guardian*, 10 September 1992）。契約先との交渉に当たる公務員が、自分の将来の生活がその会社への就職にかかっているかもしれないときに、断固とした態度をとるだろうか。早い時期に警戒の声が上がったのは、八七年のブリティッシュ・エアウェイズの民営化を進めた貿易産業省職員ボブ・エーリングがその後同社の法務部長に採用され、さらに社長になったときである（*Financial Times*, 25 January 1999）。今やホワイトホールは関連分野の幅広い経験を持つ人材を求めている。ホワイトホールや欧州委員会、空港管理局の管理官等の経験を持つアンドリュー・カーンが執行エージェンシー（イギリス貿易投資庁）の長に任命されたのもその例である。しかし、公務と民間の職が混じることには、利点だけでなく潜在的な問題点もある。そのため首席人事委員（Civil Service Commissioners, 2006: 3）は、企業への任用についても人事委員会が規制することを提言している。

給与と業績

伝統的には公務は終身雇用であり、給与その他の勤務条件は主に年齢とグレードごとの在職年数で決まっていた（Maor and Stevens, 1997: 534）。一九九七年に労働党が政権に就いたときには、一九一九年以来の全国統一的な賃金交渉の仕組み（全国ホイットレー協議会）から、上級公務員には単一の構造が、その他の職員には多様な仕組みが適用されるという姿に変わっていた。

一九八五年に、課長補佐級から局長級までを対象として、年間給与に最大二〇％の一時金を付けるという業績連動給（ＰＲＰ）の試行が行われた。受け止め方は分かれた（Farnham, 1993: 112）が、九〇年からは、最上級の数グレードを除く全グレードに拡大された。業績連動給が業績を高めるインセンティブとして役立つかは非常に疑わしいが、次のように業績連動給を支持する意見があったのである。すなわち、給与構造がグレードと在職年数によって決まっている中で業績連動給は個人の業績に報いることができる、公務より高い給与を得ている有能な外部候補者を惹きつけ得る、自動昇給を業績連動給に代えることで全体の賃金を抑えられる（また、高い報酬を与えても将来の年金負担は増やさずに済む）、そして、業績を監視する姿勢を示すことで、「公務員にも説明責任がある」、「給与が高すぎるわけではない」というサインになる、といった理由である（OECD, 2005a: 2）。

一九九〇年代初頭に行われた調査によれば、エージェンシーの首席執行官たちも、同様の変動給与制を導入する権限を求めていた。「一九九二年公務（マネジメント機能）法」によって、大臣は人事に関する機能を任意の公務員に委任できるようになった。内閣府の発表した『さらなる継続と変革』において、各省の長には、「業績、責任レベル、能力と経験の市場価値」を考慮に入れた給与制度の構築が求められることになった（Cabinet Office, 1995: para 4.14）。上級公務員に該当するポストの決定を含め、上級公務員を管理する責任も各省の長が負うことになったが、政府内に共通する上級公務員の枠組には従う必要があり、ポストのレベルを決める際の統一基準（上級官職職務評価指標（ＪＥＳＰ））。前掲表6-1参照）、中央で決定される給与バンド、共通の給与・業績評価制度を用いることとされた。この新しい仕組みは、伝統主義者たちが心配する公務の「一体性」と、『公務年鑑』に多くの新しい職名が登場したことにも表れているＮＰ

M式の「柔軟性」を組み合わせようとするものだった。

上級公務員より下のレベルについては、一体性について懸念する意見は少なかった。各省は、業績、責任、市場価値を考慮するという原則に従い、大蔵省の予算統制の範囲内で、それぞれの制度を構築している。内閣府に置かれた「独立採算」（大蔵省の配分する予算でなく売上で運営されている）の機関である印刷局は、一九九一年に独自の給与・評価制度を導入した。内閣府では、上級公務員と同様に下級の職員にも九つのバンドから成る給与構造が作られた（前掲表6-1参照）。一九九四年時点の給付庁の場合、給与制度に関する責任は首席執行官ビチャードにあったが、社会保障省のガイドラインに従うこととされていた（James, 2003: 82）。給与は（大臣が定める）給付庁の業績目標と連動していたが、管理者たちが熱心に取り組むのは、査定の正確さといった主要目標よりも（所要日数のような）大臣たちの政治的関心が強い目標であることが判明した（James, 2003: 102-103）。

労働党政権は、給与権限の委任や業績連動給について態度を決めかねているようだ。『政府の現代化』を実施するために立ち上げられた事務次官主導のグループの一つに、業績管理グループがあるが、一九九九年には、ビチャードが長を務めるこのグループが「上級公務員の評価・給与制度を含め、現行の各省・エージェンシーの制度のほとんどは改める必要がある……。これらが業績の低さを改善するのに役立ってきたという証拠はほとんどない……。業績給制度は、高い業績に十分報いるものとは思われていない」という結論を出した（Cabinet Office, 1999c: 7）。この「ビチャード・グループ」は、上級公務員各自に業績について責任を持たせること、困難な業務を引き受けるなど他の職員と比較して「最大の貢献をした」者に最も手厚く報いるようにすることを勧告した。各省・エージェンシーの運用次第で、これらの原理は、業務上の必要性に合わせながら個人でなくチームに適用することもできる、というのがビチャード・グループの考えであった（Cabinet Office, 1999c: 9）。

内閣府は二〇〇二年に、「ビチャード原則」を実施する上級公務員給与制度を導入した。各省は、政府が設定した方式に従って幹部公務員の毎年の昇給を査定する。例えば、二〇〇五年であれば、全体の四分の一にあたる「最も優秀」な上級公務員は五～九％の昇給、全体の五～一〇％にあたる「最も劣る」業績の上級公務員は〇～二％の昇給、その間に属する「大部分」の者は二・五〜四・五％の昇給とされた。内閣府は、省によって業績連動給の配分が偏らないよう、各省の査定を調整している。まったく昇給しない職員はほとんどいないが、昇給しない場合にはその意味は明らかである。上級公務員以外の職員については、正式には給与構造を再び中央集権化することはしなかったが、各省・エージェンシーには、給与制度の改定を求め、上級公務員の制度に倣ったものにするよう促した（Cabinet Office, 2001c: 11）。内閣府が求めたのは、「仕事の査定」（特に地元の労働市場との比較）をすることと、チームまたは個人に業績に応じて金銭的または非金銭的なボーナス（研修受講費の提供、ジムの会員権、有給休暇など）を与えることであった。

しかし、首相直属の公共サービス改革局（ＯＰＳＲ）が、各省・エージェンシーのレビューを行ったところ、「権威、報酬、インセンティブ、罰、不名誉といったものでは業績には影響がない」と考えられていることが分かった（OPSR, 2002: 13）。今では、多くの先進国の公務組織に共通して、業績連動給は不和を生み出すものであり、公務員にとっては仕事内容やキャリア開発の可能性の方がはるかにインセンティブとして重要であることが分かっている。もっとも、ラインの管理職と部下が話し合うなど、効果的なことを始めるきっかけになって業績向上に結びついたり、チームへのボーナスを出すことで互いに協力するようになるなど、他の変化を引き出したりする効果はあるかもしれない（OECD, 2005a: 6）。公共サービス改革局は、給与制度の分権化も求めた。「効果的に業務を実施するには、幹部公務員も含めた全職員の採用や給与を地元のニーズに応じて決めたり、大まかな財政的制限の範囲内で企画や運営を行ったりする権限を、エージェンシー当局に持たせなければならない」（OPSR, 2002: 14）。雇用年金省では、二〇〇二年の設置当初、「専門能力の近い職員が部門間を異動しやすいように」するために、従来エージェンシーに委任していた給与交渉を再び中央で行うこととしていた。公共サービス改革局は、エージェンシーの給与レベルが親省庁より低いと警告した。したがって給与交渉を再び中央で行うこととすれば職員不足やサービス低下につながりかねず、異動の障害としては給与構造の違いより「地理や文化の問題」の方がはるかに重大だというのであった（OPSR, 2002: 43）。

公務の人的資源管理

ここまで説明してきた問題や手続の複雑さを考えれば、公務の人事担当管理職には、今や専門能力が必要だということがわかる。最初に「能力レビュー」が行われた四省庁では、「管理職の方では自分たちのことを優れた人事管理者だと思っているが、職員たちの方では必ずしもそう思っていないという強力な証拠」が明らかになった（Prime Minister's Delivery Unit. 2006: 22）。これまで、公務の人事担当管理職はフルトンの言う「アマチュア」であり、各省の人事担当者もたまたまその職についている「ジェネラリスト」だった。例えば、二〇〇三年にデービッド・ケリーにメディアとの会見について聞き取りを行った国防省の人事担当局長の前職は、同省の政策局長である。ハットン調査でも示されたように、省内で順調に昇進してきたというだけでは「新しい人材管理」を行うのに適しているとはいえない（Hutton. 2004 参照。特に口頭及び書面による証言については、ホームページ www.the-hutton-inquiry.org.uk 参照）。これは一例にすぎないが、人事組織が優秀でなければ、委任や出向、エージェンシー、「市場化」といったものが大変な影響をもたらし得ることを示している。

国防省の事務次官は、国防科学技術研究所（一二八頁の資料4-1の枠組文書参照）の職員について全般的責任を持っていた。しかし、「国防省全体の人事局長」は、同研究所がどのように国防省のグレードに「合わせて」いるかも、同研究所の正式名称が何であるかも知らなかった。メディア対応に関する同研究所の職員向けガイドラインも「正直なところ理解でき」ておらず、ケリーが読んでおくべきだったという、ガイドラインより後に国防省が出した「詳細な指示書」を提出することもできなかった。外務英連邦省が一九九六年以降ケリーの人件費を国防省に払っていた理由も分かっていなかった（二〇〇三年八月一一日ハットン調査での証言）。九五年に国防省が執行エージェンシーとして国防評価研究庁をつくり、ケリー博士の所属部署がそこに移された際、ケリー博士はイラクで国連の仕事をしていたが（国連大量破壊兵器破棄特別委員会：UNSCOM）、誤ってグレードを下げられてしまった。「国防評価研究庁の給与等級に適切に組み込まれていなかった」のである（Hutton. 2004: 4）。同僚がこの件を取り上げたところ、ケリーは「ブラックホールに落ちている」ことが分かった。というのも、人事部局の職員は、ケリーが上級公務員レベルのグレードであることを理由に所管外とするか、ケリーは上級公務員でないと言うかのどちらかだったからである（二〇〇三年九月一六日ハットン調査での証言）。ケリー博士が対処を求めると、「彼の人事記録は残っていない」ことが分かった。

国防評価研究庁が、後に身売りしやすくなるよう研究を「売って」いたことが、事態を更に複雑化した。一九九二年にケリー博士が国防省から国連に出向したときは、外務英連邦省が調整を行い、給与は国防省から支払われていた。その後、国防評価研究庁が依頼機関から「利益」分も含めて料金をとるようになり、ＵＮＳＣＯＭが不満を表明した。「本省」である国防省に移せば問題は解決したのだろうが、国防省はそうしたがらなかった。そして外務英連邦省は国防省への支払いを嫌がった。そこで、「会計の問題を片づけるため」、国防省への「観念的な出向」が調えられ（正式な出向にはならなかった）、ケリーの給与は外務英連邦省から払われることになった（二〇〇三年八月一一日、同年九月一六日ハットン調査での証言。文書番号 mod_2_0009）。こうして、ケリー博士の雇用主は四者（国防科学技術研究所、国防省、外務英連邦省、国連）になったが、どこも適切な人事管理を行わなかった。ハットン卿は、「ケリー博士が置かれた困難な状況の中で、彼を助け、守るために適切な措置」を政府は講じただろうかと自問し、国防省の行動に「ケリー博士は雇い主に裏切られたという気持ちになったに違いない」と思いを寄せた（Hutton, 2004: 324）。

『政府の現代化』（Cabinet Office, 1999a: 20）は、「もっと組織一体的なやり方」で公共サービスの断片化を阻止し、「職員の選抜、評価、昇進、配置、給与の制度にも、よりよい政策をつくるという原理を浸透させる」べきであると述べている。フォローアップのための「ニュースレター」では、公務として出向を奨励していながら「出向者がなかなか戻れない場合がある」ことを認めている（Cabinet Office, 1999d: 3）。二〇〇二年には、上級公務員の「給料」がより細かく継続的に管理されるようになった。上級公務員以外についても内閣府は各省に対して同様の制度を実施するよう求めていた。二〇〇六年には、内閣府が公務の「人的資源専門職」を専門職として組織上位置づけ、「リーダーシップ・人材戦略担当局長」をコンサルタント会社のアクセンチュアから任命した。

4　模範的雇用者としての公務

サッチャー政権が登場するまで，公務は模範的雇用者であろうとしてきた（Corby, 1997: 60）。『政府の現代化』は，その立場に回帰する意思を明らかにしている。「政府には雇用者としての責任がある。我々は公共サービスを尊重し，変化に対処できるように必要なものはきちんと身につけさせるし，よくやっている場合にはきちんと報いる」（Cabinet Office, 1999a: 55）。公共部門の組織は一般的に，人材を獲得・保持し，被用者と良好な関係を保つ模範となるために，全国的な最低水準よりも高い勤務条件にしてきた（Horton, 2000: 211）。一九八〇年まで，公務の特質は「職が安定していること，傷病手当や年金が比較的手厚いこと，組合への加入が奨励されること，有効な不服申立て制度があること」，全国的な団体交渉で他部門との「公正な比較」により給与が決まることだった（Corby, 1997: 70）。

これらの特質は，既に見てきたように，今ではほとんど失われている。一九七九年から，人員削減や民営化が進められ，また「新しい血」を外から入れるようになって，職の安定はなくなった。公共部門の給与調査の時期が区々で，既に給与を上げたところと比較しているため，昇給の連鎖が止まりにくくなっているということをサッチャー首相の顧問が発見し，一九八一年以後は給与の同等性も保てなくなった（Hoskyns, 2000: 144）。その後に起こったストライキに政府通信本部の組合員が参加すると，政府は政府通信本部職員の組合加入を禁止し，組合との対立をますます深めた（Pyper, 1995a: 16参照）。

公務の再編は，組合の規模，構成，勢力に影響を及ぼした。民営化や外部委託の影響はまず現業職員と科学職の職員に及び，彼らの組合は組織力を維持するために合流した。一九一八年につくられた専門職公務員協会は，一九八九年に専門職・管理職・スペシャリスト協会となり，さらに二〇〇一年にはエンジニア・管理職連合と統合して，プロスペクト（公務と民営化された機関に属する一〇万二〇〇〇人のエンジニア，科学者，管理職，スペシャリストが加入）になった。プロスペクトは，一層の民営化に対して活発に反対運動を行い，二〇〇六年には自動車・車検サービス庁の民営化を阻止した。公共・商業サービス組合（PCS）も、一九九八年に統合によって生まれた組合であり、「官民両部門における政府関係サービス」に携わる組合員三二万五〇〇〇人を擁する（www.pcs.org.uk）。一万六〇〇〇人の組合員がいる一級官組合（FDA）も、かつてのようにジェネラリストの幹部だけでなく、エコノミスト、法曹資格者、外交官、国営医療機構の管理職など、一〇〇もの省庁・エージェンシーの職員から成る。

FDAはさほどではないが、PCSは戦闘的な姿勢を隠さない。二〇〇三年にPCSの申し立てで行われた雇用審判では、元農務省職員が、統合後の環境・食糧・農村省で同じ職責レベルにある元環境省職員と同じ給与を受ける権利があったものとされた。究極的にはどちらも雇用者が（王の代理である）大蔵省とされたものだが、雇用控訴審判所でこの主張は覆された（*Financial Times*, 18-19 January 2003）。単独省庁の組合の中には、刑務官組合のように、変革に対する強い反対勢力となっているものもある。民間刑務所を新設する方が既存の公営の刑務所を改革するより楽だと考えた内務大臣が何人もいたほどである（第4章参照）。

執行エージェンシーについては、組合の立場は分かれていた。最大組合は反対していたが、下級・中堅管理職の組合は、執行エージェンシーには長所もあると考えていた（James, 2003: 63-4）。弱体化していた組合は、業績基準について組合の意見を聞くことを条件に業績連動給に同意した（Pyper, 1995a: 17）。給与や給与に関係する勤務条件（傷病手当など）については一九九六年に各省・エージェンシーに完全に委ねられ、断片化したために、組合の動員が難しくなっており、また他の公務組織の職員に「同情して」争議行為をしようとしても法的障害がある。

労働党政権になると、組合に対してより宥和的になり、ブレア政権は従来より頻繁にPCSとの協議を行った（Mark Serwotka, PCS, *Financial Times*, 6 April 2001）。内閣府は二〇〇〇年三月に、モー・モーラムの下で、三つの省庁横断的組合及びその長年の上部組織である公務員組合連合と、「公務におけるパートナーシップ」について合意した。この合意は、何か画期的なことを決めているわけではないが（『政府の現代化』の主なテーマについて共に行動すると述べているのみ）、過去二〇年の状況を思えば、合意されたこと自体が画期的であった。こうした変化は二〇〇一年にも例証された。国防科学技術研究所の給与制度について交渉した職員代表が、給与がはっきり「価値」と結びつき、昇給が「営業の業績がどうだったかに関わらなくなる」ことに満足の意を表明したのである（Dstl, 2002: 6）。

とはいえ、二〇〇六年頃まで、組合は改革についてせいぜい懐疑的というところであり、いくつかの事項については政府とはっきり対立していた。ＰＣＳとプロスペクトは、「公務員に必要な専門能力」計画が上級公務員以外の職員に何か具体的に提供してくれるのであれば賛成しただろうと述べている。ＦＤＡの上級公務員の間では、これは三年もないうちに終わる「一時的な流行だろうという見方が一般的」だった（Public Administration Committee, 2006）。また、七万のポストを削減して効率性向上による節約を実現するという「ガーション」計画は、大方の予想どおり、争議行為を引き起こした（第4章参照）。ＰＣＳの組合員は二〇〇四年一一月に大規模な一日ストライキを行い、特にジョブセンタープラスでは大きなストライキとなった。ジョブセンタープラスは、多くのポストを失うこととなっていた上、ジョブセンターと給付事務所の統合にもまだ対処し切れていなかったのである。〇五年には、年金受給資格年齢を民間部門に合わせて六〇歳から六五歳に引き上げることを政府が提案し、一斉ストライキも辞さないという通告はさらに増えた。公務で働く残り少ない利点の一つまでが解除されることに公務員たちは憤慨していたのである。内閣府は公務員連合組合と交渉を始め、〇六年一月に、新規採用職員には新しい仕組みを適用するが現職職員の権利は従来どおり維持すると発表した。

給与の男女平等という点では、公務は民間部門より進んでいた。一九五二年には、保守党政権が同一のグレードには同一の給与という原理を受け入れた。もっとも、費用がかかるという理由で、五五年まで実施されず、実施も段階的だった。実施されても高いグレードに到達する女性はほとんどいなかった。さらに、七〇年まで政府は給与の平等の原理を「現業」公務員にも適用することを拒んでいた。他の産業の雇用者に先駆けることはできないという理由だったが、これは模範的雇用者という主張を損なうものだった（Theakston, 1995: 77）。サッチャー政権の閣僚たちは、ケン・リビングストン率いる大ロンドン市やその他の地方自治体が定めた平等方針を批判したが、一九八四年には、内閣府も昇進の機会の男女平等を実現するため、上位グレードのパートタイム勤務を含めた「行動計画」を定めた（図6-1は、八四年以降の変化を示している）。八九年からは民族のデータも系統的に集めるようになり（図6-2参照）、そのおかげで、ジョン・メージャーが平等政策に力を入れたときにも進展を見ることが可能だった。九〇年には民族的マイノリティに採用と昇進の機会の平等を実現するための行動計画が、九二年には女性のための新計画が、九四年には障害者のための計画が策定された（図6-1～6-3参照）。

図6-1及び図6-2を見ると、労働党が政権に就く一九九七年以前に、かなり状況が変わっていたことが分かる。九七年には既に、事務執行官（最初の管理職レベル）の半分近くが女性となっていた（八四年には二五％を少し超える程度だった）。上級公務員では女性は一五％しかいないが、八四年に比べれば倍以上になっている。民族的マイノリティの職員の割合も事務執行官レベルでは増えているが、上級公務員レベルではまだ非常に少ない。公務全体における民族的マイノリティの割合はイギリスの労働力人口における割合より若干高いが（九七年で五・七％）、地域別に見ると必ずしも労働力人口を反映したものにはなっていない。例えば、ロンドンやヨークシャーでは民族的マイノリティの公務員が人口に比して少なく、イングランド中東部やイングランド東部では多い（Cabinet Office, 1998c）。

『政府の現代化』（Cabinet Office, 1999a: 59-60）は、伝統的な「公正、平等、成績主義」に加えて「多様性」も公務の価値観に挙げている。政府は公務員組合連合と共同で、上級公務員の多様性に関する二〇〇四～〇五年までの目標を発表した（二〇〇〇年に障害者の目標も追加）。

・女性を三五％に（九八年時点では一八％）
・上位二グレードにおける女性を二五％に（九八年時点では一三％）
・民族的マイノリティを三・二％に（九八年時点では一・六％）
・障害者を三・〇％に（二〇〇〇年時点では一・五％）

政府の掲げた多様性の課題に取り組むには、目標設定と監視が有効な基本的手段となる。また、『公務員管理規範』にも、「機会の平等」に関する法律や公務の取り組みについて示されている（Cabinet Office, 2006a: Section2）。しかし、

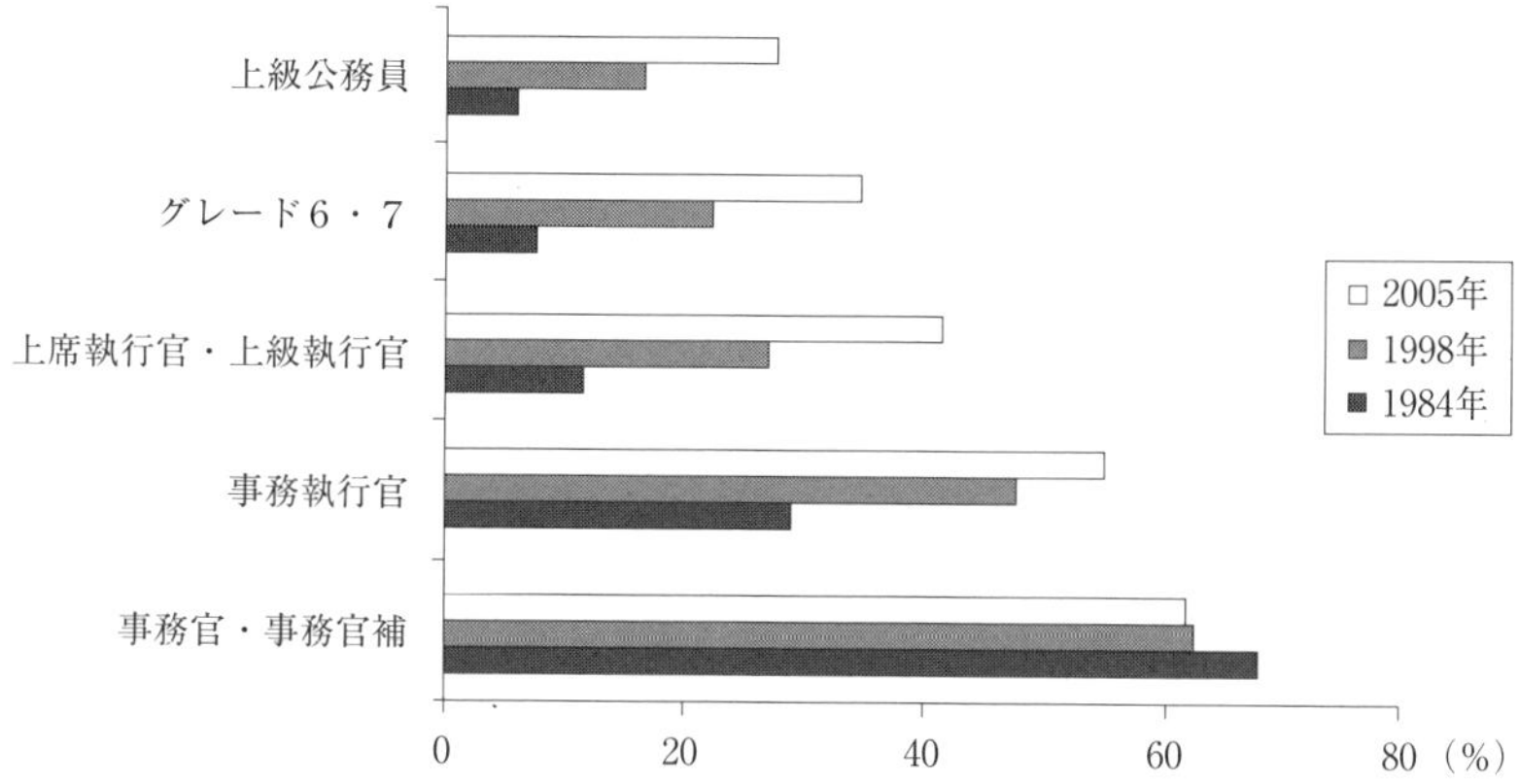

図6-1　女性公務員

注：グラフは，各職責レベルの非現業公務員に占める女性の割合を示す。図6-1～6-3において，上級公務員はグレード5以上を指す。データは総数である（常勤職員換算ではない）。
出典：Cabinet Office （1998c）及びCabinet Office （2006）.

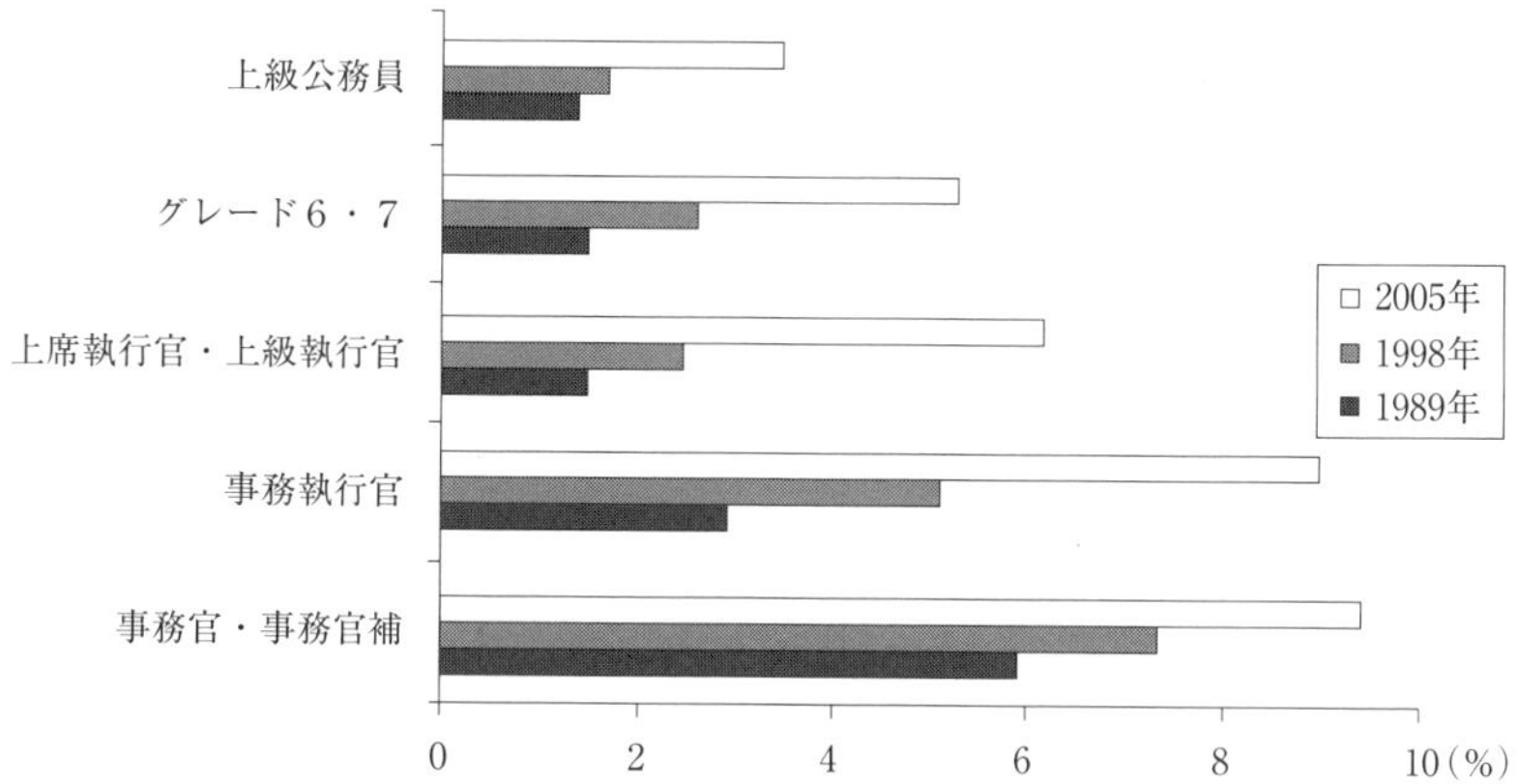

図6-2　民族的マイノリティの公務員

注：グラフは，各職責レベルで出身を申告した者のうち民族的マイノリティと申告した者の割合を示す。約4分の1が申告していないため，グラフはおおまかなものである。その他の詳細については図6-1参照。
出典：Cabinet Office （1998c）及びCabinet Office （2006）.

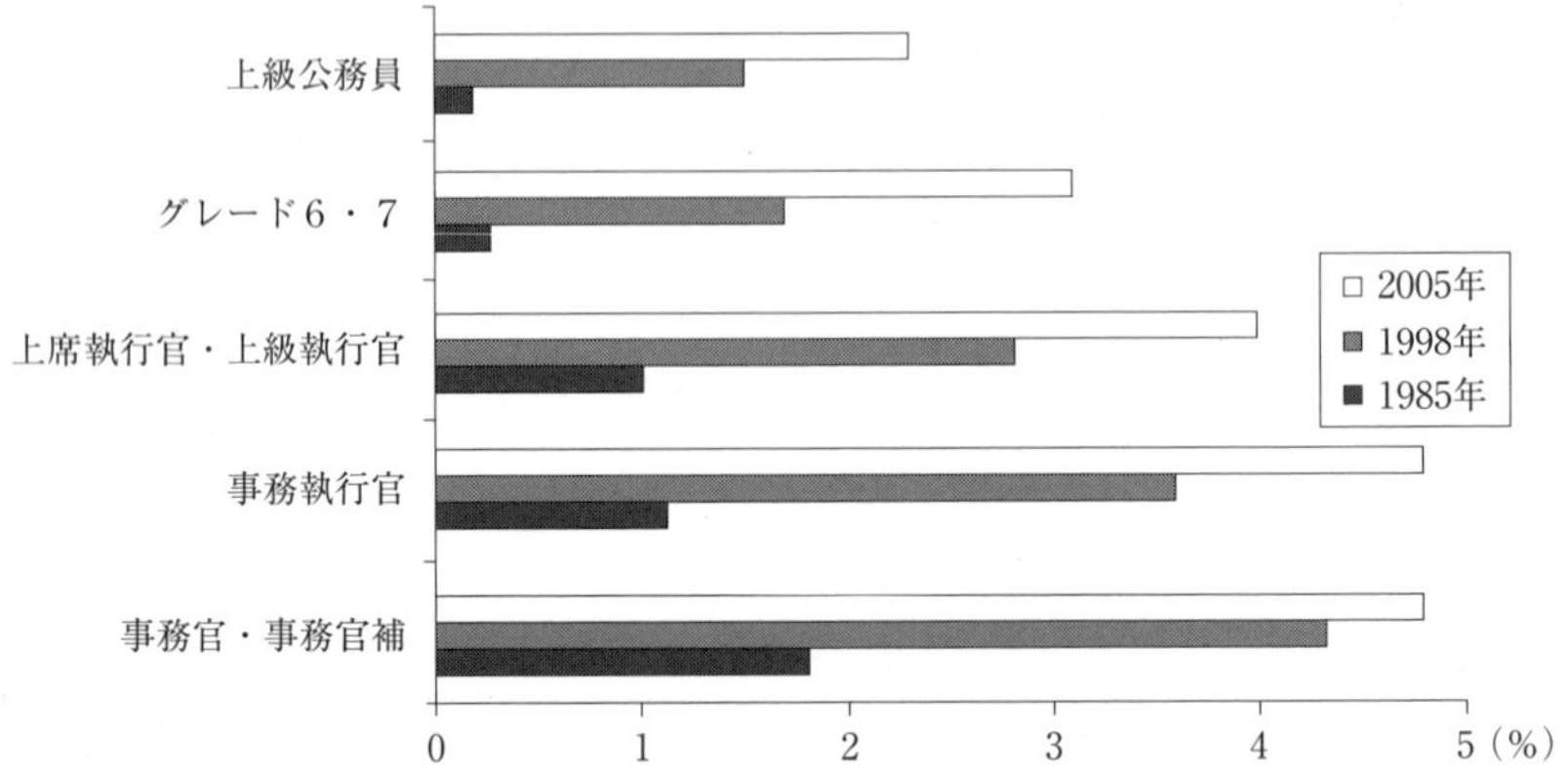

図6-3　障害のある公務員

注：グラフは，各職責レベルの公務員のうち各省から障害者と報告された者の割合を示す。1985年のデータは障害の定義に用いた基準が異なるため，1998年及び2005年と直接には比較できないが，幹部職に比較的障害者が少ないというパターンは似ている。その他の詳細については図6-1参照。
出典：Cabinet Office（1998c）及びCabinet Office（2006）

一九九七年以降、さらに重要な意味があったのは、採用や昇進のプロセスに注意が向けられ、ファーストストリームの採用における取り組みや、人事評価のあり方に関する調査が行われたことである。九九年に十余りの省で初期調査が行われ、民族的マイノリティや障害者、男性の受ける評価が、白人、非障害者、女性に比べて一貫して低い傾向があることが分かった。（モー・モーラム率いる）内閣府と公務員組合連合は、共同で雇用問題研究所に定量・定性両面の包括的調査を依頼し、二〇〇一年には、これらの統計結果が裏づけられた。統計結果は、在職年数など職員に関する客観的事実とも、人事評価制度そのものとも関連が見られなかった。職員がどのように管理、尊重、育成されているか、そして人事評価制度がどのように運営されているかが問題のようであった（Cabinet Office, 2003: 5）。

内国公務の長リチャード・ウィルソンは、トニー・ブレアに対する報告の中で、公務組織としては、各省が多様性の目標について説明責任を果たすとともに、多様性に関する意識を高めるために管理職全員に研修を受けさせるが、事務次官だけでなく大臣もリーダーシップを発揮してほしいと述べた（Wilson, 2000）。ウィルソンが長を務める公務経営委員会は、各省において人事評価の質をチェックし、業績管理の手続が「平等であるか検査する」ことで合意した。二〇〇三年までには、ほぼすべての省・エージェンシーが評価制度の検査を終えた。マイノリティとマジョリティで統計的に有意な差があったのは一一％のみであり、また、多様性に関する研修を義務づけているところがほとんどだった。また、ほぼ全機関で、職員や組合、平等問題の専門家と協議して業績管理手続を見直していた。他方、受益者であるはずのマイノリティの方では、努力は認めつつも、大きな進歩はなく「見せかけ」にすぎないと考えていた。それでも自らのキャリアに影響が及ぶことをおそれて不満は言えないと感じていた。特に、二〇〇〇～〇一年には当時の大臣や幹部公務員（モー・モーラムやリチャード・ウィルソンなど）が「動き」を起こして、「管理職の価値観の建前と現実を一致させる」のに役立ったのに、彼らが去るとその動きも失われた、とマイノリティは受け止めていた（Cabinet Office, 2003: 5-9）。

やがて、二〇〇五年までに上級公務員に占める女性の割合を目標の三五％に到達させるのは無理であることが明らかになった（実際の数字は二九・四％だった）。ただし、最上位二グレードに昇進した女性が二五％に達したことは評価してよいだろう。上級公務員に占める黒人や民族的マイノリティの割合は〇五年時点で二・九％にすぎず、障害者の割合は、前年にはもっと高かったのが採用や退職の影響で下がり、二・八％だった（Cabinet Office, 2006f: 41）。〇四年には、大蔵省の歳出レビューという新たな活動が始まっていた。これはゴードン・ブラウン蔵相の下で進められたが、おそらくもっと重要な点は、ガス・オドンネルも事務次官としてこれに携わっていたことである。オドンネルは、内国公務の長になると、新たな「十カ条計画」の下で二〇〇八年に向けてすべての目標に取り組むこととし、上級公務員への女性の任用が進んでいないことはその中に紛れてしまった（Cabinet Office, 2005b）。「十カ条計画」には次のようなことが含まれていた。

・女性を三七％に（〇五年時点で二九・四％）
・民族的マイノリティを四％に（〇五年時点で二・八％）
・障害者を三・二％に（〇五年時点で二・九％）
・上位二グレードの三〇％を女性に（〇五年時点で二五％）

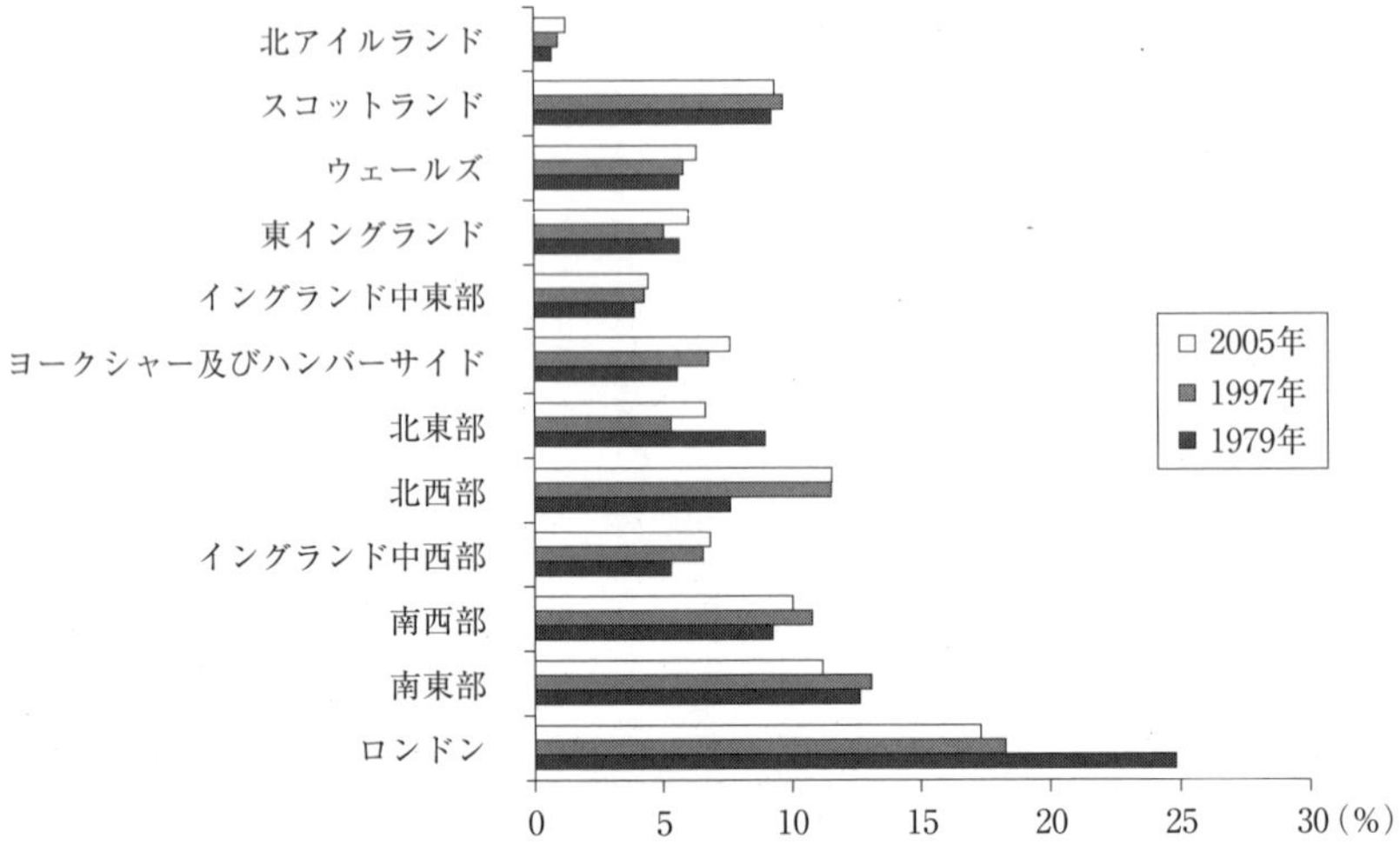

図6-4　公務員の勤務地域

注：グラフは，期限の定めのない内国公務の非現業公務員（常勤換算）を示す。スコットランド及びウェールズは自治政府職員を含む。

出典：1997年及び2005年についてはCabinet Office（2006）。1979年についてはCabinet Office（1998）から算出した。

オドンネルが公務のすべてのレベルにおいて多様性が反映されるように尽力したことは間違いない。各省は、上級公務員に昇進する手前のグレードで多様化が進むように、目標を立てて実施計画を策定することとされた（Cabinet Office 2006f: 20, 40）。「長い目で見て」公務の全レベルでイギリスの多様な社会構成が反映されるよう、明確かつ強力に力を注いだのである。

最後に、公務員の地理的配置（図6-4参照）については、多様性の問題であると同時に平等の問題でもあると考えられている。少なくとも半世紀にわたってイギリス政府はこの問題を重視してきたが、その背景にはさまざまな考えがあった。戦後の政府は、ロンドンの交通渋滞と住宅不足を緩和するために官署の移転を行った。その後、南東部からの地方分権は、職の足りない地域に雇用を生み出す手段となった。サッチャー政権にとっては、官署の移転は、人件費や土地代が安くつく町に行政事務を集約することでコストの節約を可能にするものだった。給与制度の分権化により俸給表が全国共通でなくなってからは、その面が強まった。ロンドンを含む南東部に勤務する公務員の割合は、一九七六年の五分の二から九七年には三分の一以下になった。これに対してブレア政権では、ライアンズ・レビューとガーション・レビュー（第4章参照）を受けて大きく変わると思われたが、二〇〇六年までわずかの変化しかなかった。現在では、ロンドンに勤務する公務員は五分の一を切っており、ほとんどの公務員は「ホワイトホール」にはいないことが分かる。

5　結　論

本章には「ホワイトホールの衰退」説を支持する証拠が示されているが、その程度は限定的であり、また主として下位レベルについてのものである。ホワイトホール・モデルにとって最も重要な意味を持つ採用面の特徴——幅広い教育を受けた交渉能力の高い人材を「公正、公開、成績主義」で職業公務員に採用すること——は、社会、文化、教育面の理由から、オックスブリッジの人文科学の卒業生の優位を生み出し（そして再生産し）た。したがって、本質的な選考基準と目的を変えずに外部採用の窓を広げることで徐々に伝統的な採用手続を改革しても、「ホワイトホール」モデルを傷つけることにはならなかった。実際、オックスブリッジの人文科学の卒業生は、絶対数では現在これまでで最も目立っている。

しかし、一連の政権が外部経験を有する人材を任用するよう求めたため、ホワイトホール・モデルは難問に直面することになった。人員削減や人事委員会の「民営化」もこれに拍車をかけた。財政効率や消費者重視といった市場的価値観が、伝統的なホワイトホールの行政的価値観（正確さや適正手続など）にある程度影響を与えなかったとは考え難い。しかし、公共部門のエートスが損なわれたと主張するには、「これまでの研究より文脈を明確にした、価値観やその変化に関する実証的研究」が必要である（Pollitt, 2003: 141）。同様に、公務員が民間部門と行き来するようになるとホワイトホールの倫理規範が衰えるという懸念も、大げさであったように思われる。倫理の水準は、官民の違いより社会や世代による違いの方が大きそうである（Doig, 1997: 95-96, 105-106）し、幹部公務員は昔から退職後には公益に適う（と本人たちは主張する）再就職先を民間に得ていたのである。ただし、人事委員が公務員の民間への再就職まで権限を広げるという提案をしているのは賢明であろう。

とはいえ、ホワイトホール・モデルを傷つけるかに見えた人事制度改革は、これまで見過ごされていた点への注意を喚起するものでもあった。例えば、ホワイトホールの外から入った人事委員は、内部昇進にもチェックが必要であり、それによって不平等な人事評価を減らしたり政治的中立性を維持したりできるということを指摘している。また、エージェンシー化や公開競争によって、公務の一体的、集団的な文化に疑問が呈されたのは確かだが、同時に、(ハットン調査でも指摘されたように)スペシャリストは職員数千人の研究所や法律機関を運営するようになっても上級公務員としては扱われない、ということも明らかになった。つまり、専門職や管理職がトップには到達しないことが、今や旧来の「統一的なグレード構造」のころよりはっきりしている。人事管理の面における統一的なホワイトホール・モデルは、ジェネラリストの幹部職員に最もよく当てはまるという点では、大きく変わっていないようである。

公務全体の雇用慣行の変化や、他の章で扱った組織再編に伴う雇用慣行の変化は、ホワイトホール・モデルではうまく分析できない。これらの変化の出発点は、ホワイトホールやウェストミンスターに特有の性質ではなく、大規模組織に典型的に見られる古い階層制度の性質だったのである。公務員が長年にわたって成績ではなくグレードごとに毎年昇給していくという構造は、一年経てばそれだけ賢くなるという「保守的」な形でなければホワイトホールの理想に合わなかった。むしろ、学術的あるいは国際的にはその内容について一致していないものの、「ニューパブリックマネジメント」またはさらに具体的に「新しい人材管理《ニューピープルマネジメント》」と呼ばれる改革の枠組で考えた方が、雇用慣行の変化は容易に説明がつく。

ホートン(Horton, 2000: 213)によれば、イギリスの公共部門における「新しい人材管理」とは、職や雇用が保障されてキャリアパスが予め決まるのではなく、公開採用が増え、雇用や働き方が多様化することだとしている。公共部門の職が民間の人材に開かれ、職の区別がなくなり、人々が職や業務を変えるようになる。給与や手当はより柔軟になり、業績との関連が強まり、個人に、つまり個々の職員の市場価値に連動するようになる。こうした改革が、公務でも、グレードや省・エージェンシーによる程度の差はあれ、現に実施されてきた。OECD(2005b: 6)によれば、人事管理責任の分権化もまた「現代の公共部門の雇用」の特徴である。

ＯＥＣＤは、こうした変化を「公共部門の雇用の現代化」として奨励している。その根拠は、加盟する先進国のほとんど、特に経済状況の健全な国は、一九八〇年代からこれらの改革の一部または全部を（ＯＥＣＤ自身の勧めで、と言わねばならない）実施している、ということである。イギリスの公務はこれらの点で他国に比べてどれほど「現代化」しているのだろうか。スウェーデンの中央政府は、イギリスより早い時期に、またイギリスより大きく変わっている（各種の契約がより多く使われていること、いろいろな働き方があること、給与・業績給を地方で決定していること、人材流動性が高いこと）が、イギリスも、フィンランドやオランダと同様、例えば現行の仕組みへの不満があまり見られないドイツなどと比べて、かなり変化した部類に入る（Farnham and Horton, 2000: 317）。保守党の市場主義がイギリスの改革に寄与したことや、ブレアが背中に負った「傷」の理由は、フランス、スウェーデン両国と比較すれば分かりやすい。フランスでは、政府が人事制度を改革することが難しいが、その理由は、強い自由市場主義が見られないこと、労働組合が法律上交渉権を持っており強く抵抗していること、（政界にも出身者が多い）幹部公務員の「コール」（訳者注：職員群）が改革に無関心であること（改革によって個人的に得るものもなく、現場から遠いため市民が行き当たる問題も目に入らない）である（Burnham, 2000）。これに対してスウェーデンでは、従来から特別な、あるいは一元的な公務員制度がなく、特別な採用競争や終身雇用、職業公務員の「コール」もなかったので、制度的に変革の障害となるものがなかった。

最後に、先に述べたような人的資源管理の最近の変化は、他国における類似の政策見直しと同じ文脈で見ることもできる。デメリットが現れてくるにつれ、振り子が少し戻っているのである（OECD 2005b: 4）。『政府の現代化』は、政策構想と実施がエージェンシーごとに断片化することを防ぎ、多様性をはじめとする公務全体の目標を達成するために、中央の調整を改善する必要があると述べている。業績管理や経済性を向上させるためにエージェンシーの首席執行官に権限委任するのであれば、省の、そして究極的には国家の目標を達成するために必要な、説明責任や中央による統制が不足することとのバランスを図らなければならなかったのである。その意味では、「政府の空洞化」の危険を戒める声に注意が向けられてきたということだろう。

第7章　現代化したイギリスの公務

現在のイギリス公務の進展をどう解釈するかは、見る者の立場や見るところによって、ひととおりではない。したがって、イギリス公務がこれから向かう方向についても、見方は一つではない。しかし、ここ数十年の間に、国際的に「現代化」と呼ばれる大きな変化が公務内部で起きていることについては、争う余地はない。また、欧州連合（ＥＵ）への加盟、スコットランド及びウェールズへの大幅な権限移譲、北アイルランドの新体制に向けての断続的な進展といった外的な変化にも公務は対応してこなければならなかった。こうした現代化の過程で、公務の伝統的な特質が衰えた面があることは否定できない。しかし、よく言われるほど劇的に伝統的規範から逸脱しているわけではない。というのも、ホワイトホールで現実に起きていることの多くは、ホワイトホール・モデルでは十分に説明されていなかったからだ。このモデルの原理は公務のあり方の指針としては有用だったが、必ず他の見方と並べてみる必要がある（第1章参照）。いくつもの角度から物事を見ることは、公務を動かす力――それは例えば、大臣・公務員・特別顧問という三者の力関係（第2章で検討）や、権限移譲によって中央政府と自治政府の職員の間に生じ得る違い（第3章参照）や、「ニューパブリックマネジメント」（ＮＰＭ）によって現実化した中央省庁とエージェンシーの違い（第4章参照）である――を評価する上で役に立つ。こうした力によって公務員の説明責任がどう変わったか（第5章）、公務員のキャリアにどのような影響があったか（第6章）についても見てきたところである。

しかし、近年の変化を強調するあまり、公務がより長期的に、少しずつ有機的な変化を遂げていることを見逃してはならない。イギリスの公務はその政治構造とともに発展してきた。例えば、北アイルランドの公務が別建てになっていることや、一八五四年のノースコート＝トレベリアン報告から二〇〇三年の公務基準委員会まで数々の改革主義者が公式勧告を出したにもかかわらず、公務員に関する法律が制定されていない（二〇〇七年現在）ことも、その表れである。これまで、公務の枠組である憲法も、また歴史状況も、イギリスの統治機構における公務の役割や機能について根本から分析するよう迫ったことはなかった（スコットランド及びウェールズに権限移譲したときがその機会になり得たのかもしれないが、実際にはそうならなかった）。

ただし、公務が現実に合わせて発展してきたといっても、指針となる原理がなかったわけではない。ノースコート＝トレベリアン報告で明確にされているものもあるし、一九六八年のフルトン報告で示されたものもある。公務は、自らの、あるいは政治指導者の統制が必ずしも十分に行き届かない、大規模で鈍重な組織であり、外から示された原理に対応するにも時間がかかる。それでも、一九世紀にグラッドストンがノースコートとトレベリアンに検討を依頼したときのような著しい腐敗と非効率に比べて、また第一次大戦後に大蔵事務次官ワレン・フィッシャーが改善に取り組み始めたときのような省庁縦割り主義に比べて、公務は確実に進歩している。もしかしたら、「公務員に必要な専門能力（PSG）」計画によって、フルトン報告の勧告の一部をついに実施し、一九九七年に政権に就いた際の労働党の批判にも応えられるかもしれない（第2章及び第6章参照）。

このようにイギリスの公務はその政治状況の中で少しずつできあがったものであり、他の自由民主主義国にそれぞれ独自の公務があるように、イギリスの公務も独自のものになっている。多くの欧州諸国（例えばスロベニアやスウェーデン）と異なり、公務員は地方政府職員とは別で、国営医療機構（NHS）とも微妙にではあるが別になっている。フランスと異なり、公務員として働き始める前に特段の資格や訓練は必要とされない。オーストラリアと異なり、今でも選り抜きの大卒者を未経験で採用し、幹部公務員を育成する。米国、ドイツ、フランス、イタリアと異なり、最上層の公務員は非党派的で、政権が交替しても職にとどまる（第2章参照）。多くの欧州諸国と異なり、他の英語圏の国が進めていた「行政の現代化」あるいはニューパブリックマネジメントの手法を非常に早い時期に採り入れた（第4章及び第6章参照）。

1　イギリス公務の進展に関する三つの見方

イギリスの公務については、いろいろな「ストーリー」が存在する。本書では、公務の分析に関わる三つの対照的な立場を説明した（第1章参照）。一つ目は、ノースコート＝トレベリアン報告が示した伝統的な見方である。この立場が主張するのは、若いうちに「学問的」試験で採用され、内部で訓練を受けて成績主義で昇進していく職業公務員制である。機能別の階層的な組織だが、職員の移動があることで省庁の断片化は防止され、俸給表が統一的であるため移動は容易になっている。この「ホワイトホール・モデル」は、俸給表の統一など重要な要素については、一九二〇年以降にではあるが、大部分が実現した。ホワイトホール・モデルがほぼ完全に実施されていると考える人々、あるいはこのモデルを目指すべき目標（「保守党の伝統」）と考える人々にとっては、サッチャー政権の行った変革は、「ホワイトホールの終焉」、そしてイギリス公務の衰退の徴《しるし》だった。しかし、このモデルを目指すべき目標と認めるかどうかは別として、このモデルがイギリスの公務をうまく説明できていない点を指摘する人々もいる。話としては、あるいは職員のとるべき態度の指針としてであれば、このモデルも存在するかもしれないが、現実の事態はこのモデルどおりではなかった。ウェストミンスター＝ホワイトホール・モデルは政策過程の複雑さを無視しているので、公務の説明としても規範的概念としても不十分なものにならざるを得ない、という批判もあった。

「ガバナンス」の考え方からすれば、「政府」というアクターだけに注意を向けるのでは視野が狭すぎた。政策ネットワーク論によれば、政策は、利益団体や地方自治体、その他のサービス実施主体を含む大きなアリーナで作られ、実施される。ただ、この大きなアリーナは、政策分野ごとに分かれており、それぞれが別の省庁を中心としているので、公務全体での調整が困難になっている。保守党がサービスの実施を委任した（第4章参照）ねらいの一つは、統制や調整の役割を果たすための時間を大臣と幹部公務員に与えることだった。しかし、「国家空洞化」論者は、これによって実施機関に権限が移り、省庁が政策を進めていく能力が失われたと考えた。「多層的ガバナンス」論者はこれほど悲観的ではなく、国家、地域、国際機関といったアクターがともに政策形成過程に参加しているとする。「統治機構分化」論は、こうしたさまざまな要素を総合して、ウェストミンスター＝ホワイトホール・モデルが想定していた一元的国家、中央集権、命令系統のある官僚組織に代えて、政治・行政の分権、分野ごとの断片化、多様な政策アクターの世界的な相互関係を想定する。

三番目の説は、公務の現代化が進んでいるというものである。近年の変化を、非常に長い年月をかけて進んでいる漸進的な改革過程の一部であると捉える（序章参照）。ベビアとローズ（Bevir and Rhodes, 2003: 146-154）は、改革主義者を概念的に三つのグループに分けている。「ホイッグ」派（中核的な価値観を守りながら少しずつ変化）、漸進的社会主義者（専門家と「マネジメントの説明責任」をより重視）、新自由主義者（非効率な官僚制から市場による解決への移行）である。実際には、個々の著者の論文でもこれらの考え方が混じり合っているので、本書ではより単純に分類して（第1章参照）、急進的な手法（新労働党の現代化、ニュー・ライトのマネジメント・市場革命）と、漸進的な手法（ホイッグ、漸進主義）に分けた。

新労働党のスローガン（「連携政府」、「情報化時代の政府」、「パートナーシップ」）は、新自由主義の保守党がとる自由市場主義の論法とは異なっていたが、両者の考え方や計画には多くの類似点があった。公務の現状への強い反感、公務と他部門の組織の垣根を取り払う意欲、伝統的な公務の手続（任用や文書記録）に挑む姿勢、一部の改革活動（市場化テスト、市民憲章、ＰＦＩ、外部からの採用）などである。新労働党の行った憲法に関わる取り組みは、ニュー・ライトよりも急進的だったが（権限移譲、情報公開、公務員法の提案）、現実に公務に与えた影響は大きくなかった。このことは、「漸進主義」の学究的実務家には予想どおりであっただろう。専門家である彼らは、こうした新しい公務運営手法が実現し得る変革の大きさには懐疑的な見方をしている（Pollitt, 2003: 26, 40）。漸進的改革主義者たちは、「ホワイトホール」モデルを部分的に高く評価することはあっても、このモデルでは二一世紀における大臣たちの要求に応えられておらず、したがって大幅に変える必要があると考えている（Hennessy, 1990: 730-740; Foster, 2001）。現在の公務があるのは、イギリスの政府や国家の役割の変化を追って、滑らかではないにしても継続的に発展的改革が行われてきた結果である、というのが現代化論者の結論である。

このような結論は、政策業務の関係で公務が直面している問題についてこれまで見てきたこと（第2章参照）を踏まえれば、特に妥当であるように思われる。もっとも、新労働党の特別顧問が権力をふるうことについては、メディアから悲観的な意見も聞かれる。

2　現在議論となっている問題

大臣、公務員、特別顧問

大臣に対して政策あるいはその提示の仕方を助言するという公務員の役割については、以下のような一連の問題が議論になっている。

・いかにして公務員の政治化を防ぐか。

というのは、大臣は自らの政治課題に賛成していると分かっている者の助言を好むかもしれないが、イギリス政府としては通常、議会や国民から見た助言の独立性を確保し、専門的なサポートを恒久的に受けられるようにしておく方が得策だと考えてきたからである。

・自ら選抜を行う公務員集団が選挙を経ない政策形成勢力になって自らの利害や独自の「落としどころ」を追求するような事態を、いかにして防ぐか（Fry, 1985: 27）。

・大臣の政治顧問として一時的に公務に入り、能力的にも資格的にも公務員にはできない党派的助言を行う人々を、いかに扱うか。

このような「暗がりに生きる人間」（Blick, 2004）あるいは「夜の訪問者」（Attali, 1993: 616）は、時として大臣の間や大臣と公務員の間に摩擦を生む（前者の例としては、マーガレット・サッチャーとその経済顧問アラン・ウォルターズが大蔵大臣ナイジェル・ローソンを辞任に追い込んだケース、後者の例としては、スティーブン・バイヤーズとその顧問ジョー・ムーアが政府と公務員の信用を失墜させて二人とも辞任に至ったケースがある）。

一九世紀には、「公務員が助言し、大臣が決定する」というウェストミンスター＝ホワイトホールの原理によって、公務員は党派的な議論から保護され、その時々の政府に仕える恒久的な公務を作ることができた。しかし、国家の介入が広がるにつれ、大臣に決定権が留保されているとは言えなくなった。第2章で見たとおり、公務員は、人数、時間、経験、情報へのアクセスといった点で大臣をはるかに上回っており、急進的な社会主義者（トニー・ベン、バーバラ・キャッスル、ノーマン・クラウザーハント、リチャード・クロスマン、ブライアン・セッジモア）や新自由主義者（ジョフリー・フライ、ジョン・ホスキンス）は、集団全体の利害（給与の取り決め）に関しても政策助言（「落としどころを探す」とか「否定」）に関しても官僚が権力を持っていると声高に主張するようになった。すべての大臣が心配していたわけではなかったが、一九六四～七〇年及び七四～七六年に首相を務めたハロルド・ウィルソンはこのことを憂慮し、官邸の公務員トップを自ら選ぶとともに、特別政策顧問を任命した（Burnham and Jones, 2000: 83-85）。保守党政権時代の新自由主義の現代化論者は、そうした顧問に支えられて官僚組織の再編を行ったが（第4章参照）、彼らが独立の助言を求めたことで大きな恩恵を被ったのは「シンクタンク」やコンサルタント会社であった。

保守党政権が一八年間続いた後、一九九七年に政権に就いた新労働党は、大いに警戒していた。既に党のメディア対応体制を現代化していたため、それと対照的な政府の報道官や公務の専門性のレベルには満足しなかった（Foster 2001. また本書第6章参照）。他方で、ホワイトホールのことをよく知る大臣や特別顧問が新労働党にはほとんどおらず、ブレア自身も大臣としての経験、さらに言えば管理者としての経験を欠いていたので、物事を実施するスピードについて非現実的な期待を抱いていた。こうした要素のために、新労働党はますます政治顧問に依存するようになった。したがって、「政治化のリスク」（第2章参照）の中では、直接に職業公務員に関わるリスクも重要ではあるが、現在のところ、次のように特別顧問に関わるリスクの方が高い。

・公務員が敵対的行動をとる例は比較的稀だが、行動規範の強化や国民への手続の公開といった大きな副次的効果を生んでいる（第5章参照）。
・政治的な理由で職業公務員を任命するケースは政府最上層の指導者に近いごく少数の例に限られているが、サッチャーやブレアのように新しい選抜基準（「できる」という意欲、専門能力）を取り入れた首相もいる。
・政治的優先事項に合わせた報告や助言、活動を行うよう、公務員が特別顧問から圧力をかけられるリスクは相当高い。
・政治任用者が増え、彼らが公務員の役割を担うことも増えている（メディア対応、政策室、「特別チーム」、「ブレーンストーミング」、公共サービス改革など）。公務員全体に比べれば数は小さいが、大臣秘書室の補佐官に占める割合はかなり高く、今や数名は公務員への指揮命令権を持つ。

「スピンドクター」たちの行動をきっかけに、二〇〇一年に特別顧問行動規範（七九頁の資料2-3）が作られた。背景には、公務基準委員会（Committee on Standards in Public Life, 2000）や下院の行政委員会（Public Administration Committee, 2001）の求めもあった。これらの委員会は、公務員法を制定すべきこと、それまでの間、短期のポストに任用される者には倫理に関する研修を行うべきことを勧告していた。二〇〇一～〇二年の「ジョー・ムーア」事件では、一時的な公務員と終身公務員の両方が行動規範に違反した。行政委員会（Public Administration Committee, 2002, 2004b）と公務基準委員会（Committee on Standards in Public Life, 2003）は、公務員法の制定も含め、公務員と特別顧問を法律上明確に区別し、公務全体の害になる事件の再発を防ぐよう政府に求めた。大臣や影の大臣も、明確な「慣習」規範を持ち研修を受けることとされた。しかし、公務員法草案については、上層部の公務員が価値を認めなかったのか、頓挫した。下院行政委員会は二〇〇七年三月に大臣と公務員の関係の性質について調査報告書を出し、改めて公務員法の制定を求めた（Public Administration Committee, 2007）。この報告書は、公務が政治化されていることは否定したが、他方で、ガバナンス規範を土台とする「新しい公共サービス協定」を勧告した。その目的は、大臣にはホワイトホールの応答性を保障しつつ、公務員に対しては、率直な助言をしても不利益な取扱いを受けるおそれはないこと、評価は正規の所管分野について行うことを保障する、というものだった。

統一的ではあるが分化した公務

イギリス公務の運営が複数の領域レベルにわたることの主たる問題は、あまり明確に定義されていない。これは、新しい問題だからではなく、ウェストミンスターやホワイトホールが十分な関心を向けていないためである（第3章参照）。例えば次のような問題がある。

・目標や手続の異なる複数の行政府に仕えるという課題
・二七カ国が加盟する欧州連合の中でイギリス政府の目標を推進するという課題
・こうした多層的な課題が統一的公務に及ぼす影響

これまでイギリスが、一元的あるいは少なくとも統一的な公務を有する一元的国家であると分析されていることを踏まえれば、一九九〇年代の権限移譲は、そこから根本的に逸脱する先駆けだったように思われる。実際には分権的な意思決定もある程度――北アイルランドでは（時には）最も強力に、ウェールズでは最も弱い形で――行われていた。新たな権限移譲により、公務員が働く省庁体制にはいろいろなパターンが生まれた。スコットランドは一時、大臣のポートフォリオと一致しない「連携省庁」を目指していた（ただし、二〇〇七年にスコットランド国民党の少数党政権になってからは、大臣と省の責任を調整しようとする動きが見られた）し、ウェールズの公務は従前のエージェンシーやクワンゴも吸収した。北アイルランドでは、北アイルランド省でなく北アイルランド公務が一〇の省庁と六の省庁横断委員会を運営した。こうした新しい制度によって、公務員にとってはこれまでと違う仕事が増えることになった。大臣の数は増え、政権党の数も増え、地方議会は活発になり、各種団体やメディア、国民の関心も高まっている。説明責任や審査の準備も、大臣がウェストミンスターのみに説明責任を負っていた頃と比べて負担になっている。しかし、以前労働党があまり身を入れずに権限移譲を目指していたときにジョン・マッキントッシュ（Mackintosh, 1976: 108）が提起した、「イギリスに採用され、ゆくゆくはイギリスの大臣に助言するトップの職に登りつめようという公務員が、若いときに別の政府の大臣に忠実に仕えるということがはたしてあるだろうか」という問いが実際に突きつけられる事態になったのは、二〇〇七年にエジンバラでスコットランド国民党政権が生まれてからのことである。

自治政府を支える公務員が一から始めたわけではないのと同様に、超国家的なＥＵの交渉を行う公務員も、以前からの政府間関係の慣行を頼りにしていた。急を要する土壇場での決定においてさえ、大臣責任という「ウェストミンスター＝ホワイトホール」の規範に合わせて動いた。自治政府の意見は以前と同じようにイギリス全体の意見に組み込まれた。実際、政治的多数派が交替すると、頻繁に開かれるＥＵ関係の合同閣僚委員会は他の分野にとって先例になっている（Constitution Committee, 2002）。ホワイトホールはＥＵという課題に対応するために徐々に変わってきているが、個々の公務員は、欧州で経験を積んだり欧州委員会でイギリスの「代表」になったりしても昇進に有利にならないということを大臣や国民から感じ取っている。それでも、多くのイギリス幹部公務員が欧州のカウンターパートとの交渉に携わってきている。国内の「政策コミュニティ」のねらいを交渉に持ち込むので国益を忘れることはないが、ＥＵの意思決定過程では政策形成が分野ごとに分割されがちなので、結果的に公務員がホワイトホールの他省庁よりも他国のカウンターパートと協力して立場を調整するというリスクが生まれている（第3章参照）。

ＥＵとの関係が検討されたことで、外交部門と内国公務の区別も注目されるようになった。同様に、権限移譲をきっかけに、多くの研究者が、スコットランド省とウェールズ省の歴史的相違を論証したり、別組織である北アイルランド公務と比較したりするようになった（Rhodes *et al.*, 2003）。ブレア政権の権限移譲計画は、公務についてほとんど触れておらず、ただ公務の統一的な性質は変わらないと強調して、公務員がキャリアの見通しに不安を抱かないようにしただけだった。マッケンジーの指摘に対応して『公務員規範』は改正され、「公務員は自らの仕える政府に忠実でなければならない」とされた。この政府とは、イギリス政府、スコットランド行政府及びウェールズ議会を指している（北アイルランド公務にも同様の規範がある）。憲法委員会は、自治政府のとる道が徐々に内国公務から離れていく可能性を認識しつつも、結論としては単一の内国公務を維持する方がよいと考えた（Constitution Committee, 2002: paras. 168-169）。スコットランド行政府の職員と以前のウェールズ省職員の間には既に対照的な違いがあった。前者は強い自信を持ち、強固な職業的・国家的アイデンティティを有しながら、より大きな一元的公務の中にとどまる利点も享受しようとしているのに対し、後者は、明確なアイデンティティを持っておらず、まったく新しい「ウェールズの公共サービス」にも溶け込めそうだった。北アイルランドだけは、当該地域の政府及び立法府に仕える官僚組織と、イギリスの国家公務の地方部局とがはっきり分かれている。イングランド地域の改革が失敗した後となっては実現性は低そうだが、将来イギリスが連邦的な国家になるとすれば、北アイルランドは一つのモデルになり得るだろう。

公務の再編

イギリス公務は一九七九年以来改革が続けられており、その政策は、大雑把ながら有用な総称として「ニューパブリックマネジメント」（ＮＰＭ）と呼ばれている。マー（Marr, 1996: 254）は、これらの「変革は、使い古しの感はあるが『革命』という言葉に値する。公務員の仕事が少ない時代へとイギリスを回帰させる助けとなる」と述べ、またホートン（Horton, 1993: 144）は、これらの変革を一九七九年以前の「漸進的」「実践的」「改良主義的」な変革と比較して、「一八五四年のノースコート＝トレベリアンの改革以来、最も抜本的で大規模な変革」だとしている。労働党政権になって、さらにライアンズの移転計画（二〇〇四年）、ガーションの「効率性向上による節約」計画（二〇〇四年）、歳入関税庁の合併（二〇〇五年）が加わり、これらを合わせると「数十年間で最も重要な公務再編」（Work Foundation, 2004: 4）となった。

ポリット（Pollitt, 2003: 26）は、ＮＰＭのさまざまな要素はいずれもどこかの国で既に実施されたものであること、業績面での利益は（主に方法論的な理由により）実証しにくいことを指摘している。ＮＰＭが最も効果的なのは自動車免許

表７－１　ジョブセンタープラスの業績指標

	2003〜04年		2004〜05年		2005〜06年	
	目標	結果	目標	結果	目標	結果
職（数）	7,681,000	7,459,000	7,295,000	7,647,000	6,659,000	6,647,000
職（人数）		1,184,000		1,117,000		861,000
雇用者側の成果（％）	82.0	84.9	84.0	85.5	84.0	87.5
顧客サービス（％）	83.0	83.4	81.0	83.2	81.0	85.2
業務実施（％）	88.0	90.9	89.6	91.6	90.3	91.7
給付処理１件当たりの費用（ポンド）	－	－	28.18	28.07	28.24	29.18
職業紹介１件当たりの費用（ポンド）	－	－	191.49	197.65	217.03	204.03
不正・誤り（％）	6.9	6.4	6.0	5.4	5.2	5.0

注：「業務実施」は、給付処理の正確さと、一人親に「求職・給付」面接を受けさせることができた率を組み合わせたもの。www.jobcentreplus.gov.uk の ‘About us’ のページ参照。
出典：Jobcentre Plus Annual Reports and Accounts, The Stationery Office.

の発行のような「公共性」の低い活動の場合であろうとポリットは考えている。反対に、「公共性」の高い（補助金を受けている、複雑な法的制約を受ける、市民への強制を伴う、政治的象徴性を持つ、政治の介入を受ける）機能については、指導者が期待するような改善効果をＮＰＭで実現することは難しい（Ibid.: 22, 50-51）。サッチャー政権は、ウィリアム・ニスカネン、ミルトン・フリードマン、経済問題研究所などから得た反官僚主義のアイディアを進め、利益があるという根拠のないままＮＰＭに着手した（Jackson, 2001: 9）。公務の機能のうち、外部委託や民営化、エージェンシーへの委任を行っても（関係職員以外には）深刻な問題が生じなかった多くの機能は、「公共性」の低いものだった。工業生産、船舶整備、印刷、不動産業務、日常的なデータ処理や年金手続といった、民間にあるのと同様の業務である。対照的に、刑務所や人事委員会の採用エージェンシー（ＲＡＳ）、給付庁（現在はジョブセンタープラスの一部）、児童援助庁にＮＰＭを適用することにはかなりの反対があった。これらの機能は、民間には同様の業務がない。例えば、民間の人材会社は、公共サービスという概念をよく理解していない（と、かつての公務の指導者たちは主張していた）（元首席人事委員Ｄ・Ｊ・トレベリアンから一九九六年三月六日付インディペンデント紙への寄稿）。

公務の再編過程には、さまざまな批判が寄せられた。民間手法が公共サービスの倫理に及ぼす影響（その根拠や参照文献の概要については、Pollitt, 2003: 134-139 参照）、従来の機能の廃止による損失（Foster, 2001 はデータ収集その他の専門的情報源を挙げる）、官民連携による将来世代の負債の増加、一体性の高かった公務の断片化（もっとも、従来の統一性が誇張だった可能性はある）、これらが説明責任のラインに及ぼす影響などである。

ジョブセンタープラスは、ＮＰＭの戦略やその結果の二面性をよく表している。下院雇用年金委員会（The Work and Pensions Committee of the House of Commons, 2006: 3）は、このエージェンシーの再編計画の重要時点におけるバランスシートを作成している。それによれば、ジョブセンターは給付事務所に比べてはるかに雰囲気がよく、大半の職員は、時にストレスの多い状況（職や金銭に困っている人々への対応）の中で非常に熱心に働いていたが、新しいコールセンターは十分機能しておらず、「実にひどい」場合もあった。職員数は足りず、電話はすぐにはつながらず、コンピュータシステムもうまく動いていなかった。新しいコンピュータプログラム、事務所の移転、手続の大幅な改革、ガーション報告を受けた人員削減、毎年五％の予算削減など、幹部公務員や大臣は一度に多くの変革を求めすぎていた。それでも、ジョブセンターの業績については長所と短所の両方が記録されており、エージェンシー批判者の想像よりはずっと良い。表7-1に掲げた七つの主要指標は、全体として進歩していることを示している。業績指標の設定や測定方法には常に疑問が呈されるが、「単に学校数や病床数、鉄道マイル数を数えているよりは前進」だし、省庁の年間予算や職員数といったインプットを見る伝統的な手法に比べれば確実に前進している（Marr, 1996: 255）。

公務の説明責任の拡大

公務の現代化により、公務員は、説明責任と開かれた政府のための新制度に対応しなければならなくなった。逆もまた真であり、例えばミハイル・ゴルバチョフがソビエト連邦を「再建」するためにグラスノスチ（情報公開）を説いたり、サッチャーの政策顧問ジョン・ホスキンス（Hoskyns, 1983）が「開かれた政府」で公務部門の非効率が明らかになると考えたりしたのは、そのためである。もっと広く言えば、カール・ポッパーが『開かれた社会とその敵』（Popper, 1945）に書いているように、多元的な民主主義制度においては、政府は批判に対してオープンでなければならない。「民主主義の敵」は、「ホワイトホール村」の常識や慣行のような、疑問の声の上がらない「部族のタブー」である。

これまで、大臣に対する公務員の助言が秘密とされているのは、国民に無用の不安を与えることなく政策の選択肢を検討、放棄、修正できるようにするため――「公務員と大臣が自由かつ率直に意見交換するための前提条件である」(Barberis, 1997b: 148) ――と言われてきた。別の政権には受け入れられない政策を提案してもそれが誰であったのか特定されないのは機密主義のおかげであり、それが恒久的官僚制を支えているとか（「大臣が決定する」以上、これは不要な議論である）、機密主義によってロビイングが少なく済んでいるとか（しかし結局関与する団体はあるし、多元的民主主義はすべての利害を含むはずである）、機密主義によって公務員は利益団体と良好な関係を保ちながらもその利益に反する事柄も大臣に上げられると言われる。また、機密主義のために、公務員や大臣は政策決定が誤っていても窮地に立たされずに済んでいる。こうした説明は、一九世紀のエリートがつくり上げた公務の「機密主義文化」を支えていたが、有権者の教育水準が高くなり国への遠慮がなくなったこと、民主主義がより参加的なものになったこと、「情報化時代」に入ったことで、力が弱まってきた。

機密主義に関連して、公務員でなく大臣が議会に説明責任を負うという原理についても、同様の結論を導き得る。この原理の正式な例外――各省庁の会計官が公共支出の合法性について責任を負う――によって、大臣の決定に異議を唱える会計官覚書が認められることになった。その古典的な例が、カークビーの労働者協同組合その他イギリス各地の余剰労働者の事業に資金を提供するというトニー・ベンの決定についてのものである（Fry, 1985: 26）。会計官の権限が「支出に見合った価値」の確保へと拡大すると、ペルガウ・ダムへの補助金をめぐる国際開発庁の不穏な動きを明らかにする覚書も出された。これを受けて、ペルガウ・ダムとマレーシアへの武器輸出の関係について議会調査が行われ(Foreign Affairs Committee, 1994)、公務員の助言を秘密にしておくことが政治的に好都合である事情が明らかになった。第5章では、次のように、公務員の説明責任が一九六〇年代から徐々に広がってきたことを示した。

・**議会の審査**：議会オンブズマンが設けられた。また、特別委員会が強化され、公務員が公の場で質疑を受ける――「政策選択肢のメリットが政治的な議論になっている場に巻き込まれることは極力避けるべき」とされてはいるが

（第2章参照）――ようになった。さらに、執行エージェンシーの首席執行官も「会計官」とされ、議会で証言を求められ得る――こうした説明責任の拡大は「運営」と「政策」の区別を誤ったものではあるが――ようになった。

・**上司、大臣につながる内部の説明責任**：一九八〇年代初頭の保守党の財務管理システム、権限移譲された予算システム、執行エージェンシーの枠組文書や事業計画、労働党の公共サービス協定（第4章）や多様性目標（第6章）によって、内部の説明責任は大幅に高まった。

・**消費者主義的な説明責任**：明確に原理として示されてはいないものの、メージャーやブレアのサービス実施改革（市民憲章、「ダイレクト政府」、顧客重視の業績指標）は、消費者主義的な説明責任を暗黙の前提としていた。

・**スコットランド行政府及びウェールズ議会の公務員が担う自治政府での説明責任**：一九九九年以前は一つの特別委員会が一人か二人の大臣を見るという限定的な審査で、その機会もめったになかったが、今では、審査と立法を行う政策委員会が全分野にあり、自治政府の議員（とテレビ）が公務員に細かく注意を払っている。もっとも、小規模のウェールズ議会が行う審査は質量ともに多くの失望を買っており（Jones and Osmond, 2002; Richard Commission, 2004）、またスコットランド国民党議員のほぼ半数が、公務員への監視や公務員の説明責任はまだ不十分だと考えている（Pyper and Fingland, 2006）。

・**司法上の説明責任**：政策の失敗について司法審査又は準司法的な調査が行われることが増えている。後者は公務員の活動を司法捜査のように綿密に調べて公開する。「スコット報告」（一九九四年）や「ハットン報告」（二〇〇四年）は公務員を公開で調査し、内部のやりとりまで発表したし、「バトラー報告」（二〇〇四年）は、合同情報委員会とその評価スタッフの仕事について調査を行った。

・最後に、公務員の名前や活動を公にする**メディアの役割**にも留意しなければならない。公務自体に関する報道にせよ、政府の専門家による説明にせよ、ハットン調査の赤裸々な報告にせよ、公務員はもはや伝統原理が示すような匿名の存在ではないのである。

メディアも、自らの目的のために情報公開の範囲を広げようとしている。今や公務員は、議会への説明責任のみならず、開かれた政府という制約も心に留めておかねばならない。ハットン報告では、公務員が（まだ）紙や電子メールの利用を避け始めてはいないことが示されたが、イラク戦争前に公務員が作成したいくつもの「すばらしい出来のペーパー」は、大臣の手に渡ることも、内閣や内閣委員会で議論されることもなかった（Butler, 2004: para. 610）。イラクの件であれデービッド・ケリー博士の件であれ、重要な意思決定の話し合いは内閣秘書長や関係幹部公務員のいないところで行われていた。ブレアの「非公式」「台本なし」の政府運営は、政治的な説明責任にはマイナスであった（Ibid.: paras. 606-611）。

ホワイトホール＝ウェストミンスター・モデルは、大臣に省庁についての責任を負わせていたが、今では、大臣責任について、慣行はおろか、しっかりした原理も存在しないことが明らかになっている（Pyper, 1987a; Barberis, 1997b）。公務員は（仮にかつては匿名だったとしても）もはや匿名の存在ではなく、大臣の政策助言者であろうが、すべて細かく測定される実施機関にいようが、説明を求められる可能性が高まっている。

オックスブリッジ出身のジェネラリストと事務官補

こうした変化はすべて、公務員一人ひとりの仕事とキャリアに影響を及ぼし、人的資源管理にも示唆をもたらした。もっとも、「人的資源の専門職」が公務の専門職としてホワイトホールで認識されたのは二〇〇六年以降のことである（ウェールズではもう少し早かった）。全体としてイギリス公務の基調をつくってきたのは、「継続と変革」というホイッグ党的な基本原則である。採用・資格もそうだし、訓練や公務外の経験、NPM方式の人事管理、模範的雇用者であろうとする姿勢もそうだった。しかし、この基本原則は、上位と下位のグレードで適用が異なっていた（第6章参照）。

採用された公務員が生涯にわたって働くというホワイトホールの概念は、下級職員には当てはまらなかった。NPMが始まる前から、上級公務員では年金受給年齢前に辞める者はほとんどいないものの、（男性さえ）毎年、六〇歳での退職者一人に対して事務官補の離職者は四、五人の割合に上っていた。一九八〇年代には、民営化、整理解雇、早期退職によってあらゆるグレードが打撃を受けたが、一九九四年から九七年にかけての「階層削減」の時でさえ、上級公務員への影響は比較的小さく、その後以前より数が増えたほどであった。「公務の特権剝奪」が最初に向けられたのは現業職員と科学職の職員であり、ホワイトホールのジェネラリストではなく、給与の低い者が不当に厳しい扱いを受けた。現在の新規採用者の経歴を分析しても同じことが言える。伝統的な「人文科学、オックスブリッジ、白人、男性」というファーストストリーム採用者の割合は減り――ただし数は同じ――、内部からの採用者の割合は上がったが、新卒の採用者の数は減っていない。全体として多様性が高まったとはいえ、ホワイトホール・モデルが想定するジェネラリストが公務の中心に位置している点は今も変わらない。

　採用はイギリス各地で行われているが、ウェールズ議会は、ウェールズ省の運営能力の限界を知っているので、他の公共部門からも組織や人を取り込んでいる。専門家の果たす役割は今なおジェネラリストに比べて小さく、また、サッチャー時代に「自前」の専門知識の多くが失われてしまった。しかし、労働党の閣僚は、ロンドンでも（Foster, 2001）カーディフでも（Laffin, 2002: 40-41）、専門家から直接説明を受ける機会がないことに不満を唱え、そのため「公務員に必要な専門能力」が強調されるようになった。ただ、このように変わり続ける施策の結果が見えるまでは、公務員の懐疑的な見方は続くだろう（Public Administration Committee, 2006: evidence, 30 November 2006）。

　幹部公務員は、民営化や外部委託の影響からは比較的守られていたが、グレードに基づく単一の給与構造から個別契約と業績給に切り替えられるのは一番先だった。しかし、業績連動給はすぐに他の職員にも広がった。しかも、本省やエージェンシー、自治政府の上級公務員は中央で管理されるエリートであり続けているのに対し、他の職員の給与や採用、昇進は各省庁に委任された。給与の男女平等に関しては、公務は第二次世界大戦以来「模範」となる雇用者だったが、一九九〇年代のＮＰＭの手法は、より厳しい民間の動向を追うものであった。しかし、メージャー政権は、機会の平等について幅広く配慮を示した点で民間部門より進んでいた（地方政府よりは遅れていたが）。新労働党政権下では、一部の大臣やトップの公務員が、公務に多様性を反映させ、その利点を生かせるように、間接差別の理解と是正を進めようとした。これまでイギリスの公務員に与えられてきた伝統的な報酬パッケージ――身分保障、共通の俸給表、六〇歳での年金受給資格、インフレ対応の年金――については、次々と脅かされている。採用時に約束されていた「六〇歳での年金受給資格」をやめるという計画は、二一世紀に全公務員が結束するテーマとなり、大規模なストライキが起こったが、それでも、公務部門のキャリアの残り少ない特色がまた一つ失われる時期が遅れただけだった。

3　いくつかの解釈と将来の方向

六〇歳での年金受給資格とインフレ対応の年金は、ホワイトホール・モデルの大きなねらいではなかったが、恒久的公務の発達を支える役割を果たした。チャップマンは「ホワイトホールの終焉」に関する論文に給与の問題を用いた。まず、一九三一年のトムリン王立委員会によるイギリス公務の「古典的定義」が給与に基づいていることを改めて指摘し――公務員とは「王の奉仕者であって、政治または司法の職に就いておらず、文民の資格で雇用され、議会が承認する予算から直接にすべての給与が支払われる者」である（Chapman. 1997: 23 に引用されたトムリン王立委員会報告書）――、次いで、公務員の報酬パッケージを論じている。すなわち、「女王の誕生日」の休暇や「全額使用者負担の魅力的な年金制度」、「終身雇用」は、「王の奉仕者」であることの見返りであり、これらによってイギリス公務は、二〇世紀初頭から半ばにかけて、強い帰属意識と忠誠心を持つ水準の高い独自の職として確立したのだという（Chapman. 1997: 25）。チャップマンはこれを基に論理を進め、「トムリン王立委員会が定義したようなイギリス公務はもはや存在しない」と結論を導いている（Ibid.: 36）。

しかし、現在のように職員の立場（グレード、省、エージェンシー、自治政府、地方事務所、ロンドンか地方かなど）による給与差があることを、公務の終焉ではなく公務の分権化を示す証拠と考える人々もいる。特に自治政府の場合、給与差は実際には限定的である。スコットランドやウェールズの大臣には権限移譲前からイギリスと異なる取り扱いをする権限が（上級公務員以外については）与えられていたが、その取り扱いは、今に至るまで、『公務員管理規範』と〔イギリスの〕「公共部門給与に関する政府の政策」に沿ったものでなければならないからだ（Rhodes *et al*. 2003: 85）。

さらに、あるいは別の見方として、「現代化説」によれば、伝統的な給与原則の変化は、ほとんどの先進国が人口その他の社会動向に雇用政策を合わせるために実施している『公共部門の雇用の現代化』(OECD, 2004) 戦略の一部である。年金受給年齢の高齢化がイギリス公務の新規採用者にも適用されるのは、公務員だけ年金受給年齢の引き上げを行わないことは財政的にも政治的にも非現実的だということを受け入れたものである。(ウェールズの公務員がロンドンのポストに応募できないほど) 住居価格が大きく異なる地域に同レベルの給与を適用することも、統一的な公務を作るにはかえってマイナスであろう (Laffin, 2002: 35)。

これら三つの立場は、それぞれ、前章までで扱ってきた事項――政策形成、権限移譲や欧州統合への対応、組織再編、説明責任の体制の変化や開かれた政府、人的資源管理――をどのように説明するのだろうか。イギリス公務の将来についてはどのように見ているのだろうか。

ホワイトホール・モデルと統一的公務の終焉?

ウェストミンスター＝ホワイトホール・モデルは、大臣に近いところで働く少数の職業公務員の役割や性質に関しては、最もよく当てはまるようである。この公務員グループの問題については、ホワイトホール・モデルで公務を分析する立場の主張は、最も傾聴に値する。二〇〇五年には、当時の内国公務の長アンドリュー・ターンブルが、公務員を大臣の唯一の助言者と捉える伝統的な概念――と最近それが変化していること――を認めた。「もはや (公務が) 政策助言を独占しているとは思っていない。むしろ我々は、シンクタンクやコンサルタント、外国政府、特別顧問、第一線の実務担当者などのアイディアに対してオープンになっており、そのことを喜ばしいと思っている」と述べたのである (Heffernan, 2006: 20 の引用)。実際には、大臣には昔から多くの助言者がいる。ベンジャミン・ディズレーリ以来、どの首相も、政治的に自分に近い顧問を首相官邸に置いていた (Jones, 1976) が、ただ、その存在は小さく、目立たないのが普通だった。しかし、ブレア政権では、顧問の数が増え、しかも彼らは党の機構を動かすことに慣れていたため、一九八九年にサッチャーの経済顧問が起こしたようなメディア増長型の摩擦 (Lee *et al.*, 1998: 127) が増えた。オトゥールのような「ホワイトホール・モデル」支持者から見れば，政策に関する公務の役割に特別顧問が影響力を持つことは，ハットン報告（Hutton, 2004）やバトラー報告（Butler, 2004）も示すとおり，この伝統的モデルの「倫理的崩壊」や全体としての衰退を早めるものであった。オトゥールは，将来の政府に対して，公務員が大臣の助言者ではなく管理者であること，大臣と特別顧問の関係こそ倫理が求められる重大な関係として規制すべきことを認める新たな行動規範を定めるよう，皮肉を込めて提言している（O'Toole, 2006: 45）。

他方，キャンベルとウィルソンらが「ホワイトホールの終焉」が近いと見ているのは，「ホワイトホールのパラダイム」を「プロの公務員が政治家に対して，率直な助言……と，決定されたときにそれを円滑に実施する機構の両方を提供すること」（Campbell and Wilson, 1995: 5）と定義していたからである。短期の契約が広まり，また，ブレア政権が，「サッチャー政権によって始められた，『いいえ，大臣』でなく『はい，大臣』を推奨する『できるという気風』」（Heffernan, 2006: 20）をさらに進めたために，ホワイトホールのパラダイムは損なわれた。一九八〇年代以降，内閣秘書長や事務次官が「いいえ，大臣」と言わないことが増えた。しかし，プラウデン（Plowden, 1994: 102-109）は，「官僚」ではなく，耳の痛い助言を聞こうとしない［保守党の］大臣を非難している。また，労働党の政治家には，部下の公務員の耳に届かないところ（バトラー報告）や彼らがロンドンを離れているとき（ハットン報告）に重大な決定を下し，「記録に残らない政府」を作ったり説明責任を果たさなかったりした責任がある。こうした欠点が改まらない限り，「ホワイトホールの終焉」が近いというキャンベルとウィルソンの予測は変わらないだろう。

ただし，ホワイトホール・モデルが想定する説明責任はどちらかというと常に「一面的」（Barberis, 1997b: 148）で，大臣を通じて議会に直接説明責任を果たすことだけを重んじ，公務員と議員との接触を避けてきた。この「ホワイトホールの習わしと憲法慣行」のために，スコットランドの首席大臣ヘンリー・マクリーシュは，公務員が全スコットランド議会議員に説明するというアイディアを断念してしまった（Keating, 2005: 103）。もっとも，ほとんどのスコットランド議会議員は，「公務員は少なくともかなりの程度説明責任を果たしている，と考え」ている（Pyper and Fingland, 2006）。ウェールズでは，ウェールズ議会と政府が一つの組織として構成されているので，委員会の場でも文書でも議員と公務員のやりとりが活発に行われている。ホワイトホール・モデルは、イギリス国家の一元性とウェストミンスターの主権という枠組の中にある一元的公務を大前提としているので、権限移譲や欧州統合が今後イギリス公務に与える影響を論じるには適していない。これまでも、公務内の多様性や「内国公務」以外の公務を考慮に入れることはできていなかったのである。

中央政府の介入がほとんどない時代に形成された公務モデルは、大規模なサービス実施業務の動向を説明するにも適していないようだ。サッチャーの構造改革の議論で、現業職員や専門職、ジョブセンター等についてはホワイトホール・モデルが適合しないことが明らかになっている。にもかかわらず、「ニューパブリックマネジメント」、特に執行エージェンシーや、民間部門・ボランティア部門によるサービス実施への移行（あるいは回帰）は、公務の統一性や公共部門の価値観を損なうものとして強く批判されている。オトゥールから見れば、幹部公務員の「エリート主義と狭量さ」に疑問を呈したという点ではNPM改革は歓迎すべきものだが、公共サービスのエートスに及ぶ危険が十分に考慮されていない。「公の義務という概念はもう失われている」（O'Toole, 1997: 94）。しかしながら、執行エージェンシーに関するメロンの研究によれば、首席執行官は（公務出身か外部出身かに関わらず）「変化に対して、より積極的かつ民間部門的なアプローチをとるとともに、廉潔さという公務の規範的価値観も持っているようである」（Mellon, 2000: 220）。さらに、エージェンシーの首席執行官は他の幹部公務員に比べて「結果のために規則を曲げること」を避けようとする傾向があるという（Ibid.: 204-205）。『ネクストステップ』報告（Efficiency Unit, 1988）から二〇年経ってみると、「公務の終焉」という主張は大げさに思われる。NPM改革は革命的なものではなく、経済性、効率性、有効性への影響も官僚文化への影響もほとんど証明されていないという、他の専門家の見方と比較してみる必要があろう（Pollitt, 2003: 26, 40）。

ガバナンスと統治機構の分化――公務のネットワーク？

ガバナンス論者からすれば、ホワイトホール・モデルは、公務員の政策形成や政策実施の背景を広く考慮していない点で不十分である。トップダウン式の階層的な政府であった過去においては大臣や公務員が主要な政策アクターであったかもしれないが、今やイギリスの執政部は、地方のサービス組織や「ブリュッセルの同盟国」など多くのアクターがつくる大きな政策ネットワークの（重要ではあるかもしれないが）一つの構成員にすぎないという（Smith and Richards, 2002: 3-10）。一九八〇年代及び一九九〇年代に公務の仕事の外部委託が進んだため、国家の統制が直接及ばない民間企業やボランティア団体を通じて政策実施の「舵取り」をしなければならなくなり、複雑度が増した。権限移譲によってさらに複雑度は高くなった。

「多層的ガバナンス」論においては、中央政府及び地域政府のイギリス公務員は、親密な国内の利益団体とともに、日々、他の欧州諸国の公務員——彼らにもそれぞれネットワークがある——との交渉を行っている。イギリス内でも政策形成は省庁ごとに断片化していた（公務の統一によってもこれは解消できなかった）が、今やそれが欧州の政策形成にも拡大している。

ガバナンス論のうち「統治機構分化論」は、権限移譲の結果として公務内の差違が広がっていることを強調する。権限移譲が研究対象となったことで、イギリス公務が既に多様化していることにも注目が集まった。かつては一元的国家、統一的公務というウェストミンスター＝ホワイトホール・モデルのために見えにくかった点である（Rhodes *et al.*, 2003: 9）。権限移譲で新たに政治的な権限が与えられたことで、自治政府の公務の独自性が高まり、もしかするとウェールズ公務、あるいはウェールズ公共サービスというものさえ生まれるかもしれない。スコットランドでは、少なくとも当面は、イギリス公務の一員として留まりたいというのが幹部公務員たちの考えのようである。サッチャーの改革、グローバリゼーション、権限移譲を総合して、ベビアとローズ（Bevir and Rhodes, 2003: 58）は、「市場化の予期せぬ影響で、サービス実施は断片化し、ネットワークは増え、その構成は多様化して、イギリスの中核的執政部の……内部的な空洞化が進み」、「EUその他の国際的な枠組に加入したことで……外部的にも空洞化が進んでいる」と述べる。

「空洞化」「断片化」に対して提言された解決策は多岐にわたる。スミスとリチャーズ（Smith and Richards, 2002: 9, 210, 240-250）によれば、ブレア政権はこの弱点を「連携政府」によって改善しようとした。内閣府にいくつも新しいチームが作られ、各省庁は協力して仕事をするよう促された。成功した部分もあった（社会保障省と雇用省の職員は協調関係を築いているようである）が、失敗もあった（二〇〇一年に発生した口蹄疫の危機の際、農務省と国防省は協力しようとしなかった）。ローズら（Rhodes *et al*., 2003: 157）は、こうした制度的改善策には否定的である。内閣府の規模の拡大は、中央が自らの弱さに気づいたことの表れであり、それこそ「空洞化」の証拠だという（が、これまでの弱点を知ってその是正措置を取ったということでもあろう）。ホリデイ（Holliday, 2002: 106）の評価はこれより中立的である。ホワイトホールの執政部は、従来公務員が支配してきた政策過程については自治政府や顧問に力を分散させたが、他方で、長期的に見て「中核的執政部における中央集権化の静かな進行」は続いているようだという。本書でも、中央が権限を手放す代わりに新しい「舵取り」手段をつくっていることを見てきた。すなわち、民間部門には契約上の義務を、エージェンシーや地方政府には業績達成目標を、各省庁には公共サービス協定を、そして厳しい財政統制を課している。しかし、ベビアとローズは、このような「実行指揮方式」は失敗すると見ており、「自治政府、地方自治体その他分権化されたあらゆる機関が、求められるサービスを実施し、それぞれ説明責任を果たすと信頼する」方が戦略として優れているが、イギリスの中央政府はそうした戦略には慣れていない、とする（Bevir and Rhodes, 2003: 61）。

イギリス公務の漸進的な現代化

ダンリービー（Dunleavy, 2006: 317-341）は、ウェストミンスター＝ホワイトホール・モデルに対して急進的なポストモダニズムの人々がとる立場と、伝統的な政治学者がとる立場を対比している。ローズらをはじめとする第一のグループが、ウェストミンスター＝ホワイトホール・モデルは現代の統治のあり方に合わないと考えるのに対し、第二のグループはこのモデルを用いた分析を行っている。それは、このモデルが現代世界もうまく説明しており、かつ、ロールモデルとしても価値がある、と考えているからである。ダンリービーによれば、こうした伝統的な学者たちにとっては、イギリス公務のモデルは今でも世界で最も腐敗が少なく尊敬を集めている公共サービスの一つであり、そればかりか情報公開にせよ新しい働き方にせよ、改革の取組にもうまく対応できることを実証してきた。こうした二つの見方の中間に位置するのが現代化による改革主義者であり、彼らは、たしかに公務文化などに変化はあったが改革が実現したのは一部にすぎないと考えている。例えば、情報公開は進んでいるが、大臣への助言が秘密であることは変わっていない。行動規範は新しく作られたり改正されたりしているが、公務員法は制定されていない。

ヘネシーはホワイトホールへの勧告をまとめているが（Hennessy, 1990: 730-740）、彼は（Bevir and Rhodes, 2003: 150 によれば）急進的でも保守的でもない「ホイッグ党的」つまり穏健な改革主義者であり、この勧告は、公務のこれまでの変化とこれからなすべきことについて証拠を比較する際の目安となる。

幹部公務員はこれまで、自らをまずは政策助言者と考え、管理者としての役割は二の次と見ていたが、従来軽視されていた管理者としての役割がサッチャー、メージャー両政権によって強制的に現代化された一方で、政策助言機能の向上はうまくいっていない。ヘネシーは、政策分析や政策助言の「質が当然期待されるレベルより低い」のは、いつも同じ政策領域の同じ小さな公務員グループが担っているからだと見ている。こうした閉じたコミュニティが大臣に対してお粗末な助言をした例は、信頼性の高い数々の研究によって明らかにされている。よく知られた政策の失敗を挙げるだけでも、人頭税（Butler *et al.*, 1994）、卵のサルモネラ菌汚染への対応（Smith, 2004）、「狂牛病」（Phillips, 2000）、口蹄疫の発生（Anderson, 2002）、イラクに関する情報の有効性の評価（Butler, 2004）などがある。ターンブルは二〇〇三年に、幹部職員組合である一級官組合のメンバーに対し、「顧客を十分に尊重しているか、常に根拠に基づく政策を行っているかといった、難しい問題」に取り組んでいかねばならないと述べている（Winstone, 2003: 23）。

採用の開放は長期的には政策能力を高める可能性があるが、ヘネシーは、当面、前途に見えている大きな問題の検討に公務の「最良の人材」を投入すべきこと、議論のある問題については、（公務員が参加した）委員会や特別チームが、新しいアイディアを出し、政策を作っていくべきことを提言している。政府がその勧告を真剣に受け止めなければ、何も変わらないだろう。第4章で見たように、ブレア政権は公務内外の人材を集めて中央に政策室を作った。省庁横断的な社会問題に取り組む社会的排除対策室、省庁の政策改善を助ける戦略室、政策の専門家を採用する方策など政策実施に役立つような政策分析に力を入れる業績革新室などである。しかし、担当問題を解決する前に廃止された「特別チーム」もあったし（例えば「麻薬問題担当長官」）、「前途に見えている」重要問題が、その分野の専門知識のない「取り巻き」に任されることもあった（例えば、交通と犯罪についてのバート卿の「ブレーンストーミング」）。「交通一〇カ年計画」（交通パターンを予測し、変えようとする異例の労作）はあっというまに大臣たちに忘れ去られたし、政府経済サービス部の長が行った気候変動の経済的影響に関する「スターン・レビュー」（二〇〇七年）は炭素税ではなくスターンの大蔵省辞職につながった。

公務は誰に対して助言すべきかという問題もあるが、これについては、ウェールズで始まった慣行が将来のヒントになる。ウェールズでは、議会と政府を構成する議員の区別がないため、野党との接触を制限する「ホワイトホール」の規範を放棄しやすかった。ウェールズの公務員は、地方政府と同じように、委員会の質疑で直接答弁するし、議員に個別に説明することもできる。ウェールズでは特別顧問は全大臣共有の人材として開かれた方法で採用され、連立政府であれば党の間で共有される（Laffin, 2002: 38-41）。

ヘネシーは、フルトンのように、採用政策を変えて政策形成とマネジメントを向上させるよう勧告している。これまでの公務は、ジェネラリストの新卒ばかりに頼りすぎ、既に公務内に存在するスペシャリストや事務執行官のグレードの人材を十分に活用できていなかった。ヘネシーは、今とは変わっている三〇年後の世界で良い事務次官になりそうなファーストストリーム候補者が誰かを当てようとするのではなく、ファーストストリームの採用を大幅に減らすべきだと提言した。各省庁は、公開競争によって幹部レベルに外部の人材を入れたり、早いうちに公務を離れて外部で経験を重ねた人材を公務に呼び戻したり、公務内に存在する人材プールを活用したりすべきだというのである。第6章で見たように、一九九〇年以降、公務は従来よりはるかに幅広い人材を採用し、昇進させるようになったが、そのために伝統的なファーストストリームの採用を削減したわけではなく、ファーストストリームの数を増やしている。現在、下位の管理職への採用は多様化し、また、公務員に必要な専門能力を身につけるよう職員への圧力がかけられているが、数十年すれば、これらによって幹部公務員グループの多様化と能力向上が進んでいるかどうか分かるだろう。

これに対して、マネジメントのシステムについては既に現代化が進み、大規模な組織改革も行われている。優れた管理者にはマネジメントの裁量とまとまった年間予算が与えられ、合意した業績達成目標と比べながら給与・採用を決められるようになった。公務経営委員会が中央の監視役となっている（自治政府でも同様である）。内国公務の長の役割は今なお内閣秘書長の役割と兼務になっており、ヘネシーはそれを同時にうまくこなすことは無理だと考えている。しかし、ロビン・バトラーが「シェルパ」の役割（サミットで首相に助言すること）をあきらめて、危機的状況にあるように見えた公務に力を振り向けたのに対して、ブレアは、保安や諜報、内閣の事務局の調整に関する内閣秘書長の役割を削った（Butler, 2004: 607-608）。公務の指導者たちは自らが広範な公共の業務を率いていることを十分認識するようになったものの（Hennessy, 1990: 738）、ホワイトホールの文化において業務マネジメントがトップに登りつめる道の一つになるかどうかはまだ分からない。

改革が最後になっている分野はアカウンタビリティーの向上である。本章で既に述べたように、「憲法に適合した、清潔で能率と応答性の高い官僚制を維持するため、公開と公の説明責任」が必要であるからだ（Hennessy, 1990: 739）。ヘネシーの「ホイッグ党的」な提言は、憲法に合わせ、議会の意見を聞き、政府と議会の合意で情報公開に関する行動規範を作り、「情報オンブズマン」が監視するというものだった。一九九三年に初めて政府が公式にその方向へ動き始めてから、イギリスで情報公開法が完全施行されるまで、一二年かかったが、今ではジャーナリストも市民も、そして公務員も、その運用に慣れ始めている。かつて、政府について研究するために公務の活動を「直接」見るには、三〇年待つか、稀に政府の失敗に関して行われる公式調査を利用するしかなかったが、今では重要な政策決定に関する文書が公開される。公務員は、自分たちの活動について大臣が——自分自身が、という可能性も高まっている——いつか議会で説明を求められる可能性については従来も心に留めていたが、今ではそれに加えて、政府の情報公開という制約にも留意しなければならない。

ノースコート＝トレベリアン報告に遡るホワイトホール・モデルは、今では射程が狭すぎ、実態に合わないため、実際にこれに基づいて現代のイギリス公務を分析することはできないが、民間部門とは異なって公務員には必ず求められる倫理基準（実際はどちらにも例外はあるが）を公務員に再認識させるという点では、現在も将来も重要である。ガバナンス・モデルは、意思決定も政策実施も高度に多元的な政治・経済の世界で、公務員の携わる政策形成がいかに複雑であるかという点に注意を促す。このモデルを用いた分析は、公務内に存在する多様な共同体が多層的で分化した性質を持つこと、公務が高度に多様化したものであることを明らかにしてきている。

現代化という見方は、こうした特徴をすべて認めるものの、イギリス公務が徐々に進化してきたことをも重視する。公務は、一九世紀の腐敗した、非効率的な、説明責任を負わない大臣補佐の集団から、二〇世紀には、大臣に秘密の助言をする役割に誇りを持つ、成績主義の、階層的で匿名性の高い官僚組織へと進化し、二一世紀には、さらに進化しつつ、統一的ではあるが己の仕える市民の期待に応えて説明責任を果たす、連邦主義的な公務あるいは公共サービスになろうとしているのである。

イギリス公務関連年表（現代化のプロセス）

（Ⅰ）公務の誕生

八七〇～一〇六六	アングロサクソン族の王の下で、聖職者及び王室の使用人（財宝管理者を含む）が王室費（財宝）の記録を付け、管理に当たる。
一〇八六	ノルマン族の王であるウィリアム征服王に仕える財宝管理者ヘンリーの名がドゥームズデイ・ブック（土地台帳）に登場する。名が特定される初めての財務担当官。
一二三二～三三	ヘンリー三世の財政顧問ピーター・ド・リーボーが記録管理方式を改善。
一三四〇	王室財政に対する議会の管理権が法律上認められる。
一四八五～一五二四	ヘンリー七世及び配下の財務担当官が従来よりも効率的な会計方式を導入。
一五二九	ヘンリー八世がウルジー枢機卿の邸宅を手に入れ、ホワイトホールと名付ける。
一五三二～四〇	トマス・クロムウェルが枢密院に省を作り、王室の運営と政府の運営を区別する。
一五七二	エリザベス一世の下で大蔵卿及び枢密院秘書長であったバーリーが、政府業務を行うために職員（事務員、文書配達人）を任命。
一六六八	枢密院令により、大蔵省が歳入及び各省の支出を管理したり、全職員の任命を審査したりする権限を持つ。
一六九六	ウィリアム三世が貿易・プランテーション委員会を設置。一七八六年からは貿易委員会となり、同委員会の優秀な職員の運動が一八五五年の公務改革につながる。
一七〇七	イングランド及びスコットランド連合法の制定。各枢密院の機能を英国枢密院に統合。
一七八〇	エドマンド・バークの「経済改革」演説に刺激され、議会が公務運営の調査に乗り出す。
一七八二	秘書長の下にあった南部・北部の省が、内務省（王室、アイルランド、植民地関係）と外務省に再編される。外務省は独自の貴族的な官僚制を生み出していく。
一七八六	法により、東インド会社が王立の機関としてインド帝国の管理を行うこととなる。職員が「公務員」と呼ばれる。

一八一〇	「省庁」職員を対象にした年金制度が法により樹立される。
一八二六	トレベリアンが東インド会社に入る。
一八四八	諸支出に関する議会調査に対し、トレベリアンが、能力に基づいた採用を行えば大蔵省の職員は減らせると述べる。
一八五三〜五四	ノースコート＝トレベリアンの『恒久的公務組織に関する報告』が執筆・発行される。

（Ⅱ）一元的な公務の構築

一八五五	枢密院令により、人事委員会が設置される。
一八五九	人事委員会の承認を受けた職員を対象とする全額国負担の「終身職公務員」年金制度ができる。
一八七〇	枢密院令により、大蔵省規則にしたがって人事委員会が採用に関する一般的な権限を持つことになる。公開競争が通例となる。
一八七六	勤務条件の不平等に対する不満から公務組合が結成される。枢密院令により公務部内共通の「下級官」が作られる。
一八九〇	枢密院令により上級職が「一級官」として再編される。女性、科学技術系職員が数多く採用される。
一九一六	ロイド・ジョージ首相が内閣官房（後の内閣府）を設置。
一九一九	フィッシャーが大蔵事務次官及び公務の長となる。大蔵省が、最上層の二グレードを除く全階層の公務員に共通の俸給表を導入する。勤務条件に関する労使交渉の場としてホイットレー協議会が設けられる。
一九二〇	首相が大蔵事務次官の助言に基づいて幹部公務員の任用を承認することになる。大蔵省が公務の統制に責任を負うことが枢密院令により確認される。
一九二一	アイルランドが分離し、北アイルランド公務が生まれる。
一九二九〜三一	公務員について法令の規定が存在しない中、公務に関するトムリン王立委員会が定義を定め、古典的な定義となる。
一九四五	チャーチル首相が内閣秘書長を大蔵事務次官兼内国公務の長とする（外務省は別）。
一九四六	女性が結婚後も公務員を続けることが認められる。
一九四七	アトリー首相が、引き続き大蔵事務次官を内国公務の長とし、別の職員を内閣秘書長兼大蔵事務次官（大蔵事務次官は二人体制）とされる。
一九五二	公務員給与を男女平等とすることに政府が同意。非現業部門では五五年、現業部門では七〇年に実施。
一九五六	大蔵事務次官が引退。内閣秘書長が内国公務の長兼大蔵第二事務次官となる。

一九六一　プラウデン報告が、公務員のマネジメント能力に疑問を示す。
一九六二　内閣府に置かれる内閣秘書長が専任に戻り、内国公務の長が大蔵（第二）事務次官との兼任になる。

（Ⅲ）マネジメント権限の再編と改革

一九六六〜六八　ウィルソン首相の指示を受け、フルトン報告が発表される。
一九六八　公務員制度に関する大蔵省の機能が公務省に移り、公務省事務次官が内国公務の長となる。
一九六九　枢密院令により、「外部」採用の基準が定められる。
一九七〇　公務大学がロンドン、サニングデール、エジンバラに作られる。ヒース首相が白書『中央政府の再編』において「超省庁的組織」の設置や各省機能をエージェンシーに「分離」すること等のマネジメント改革を提案し、ごく一部が実施される。
一九七九　労働党政権の公務員給与政策が大規模ストライキにより頓挫。
一九八一　サッチャー政権が給与協約を破棄したことに対し、長期ストライキが起こる。公務省が廃止される。給与に関する機能は大蔵省に、その他の機能は内閣府付属の管理人事局に移管。大蔵事務次官と内閣秘書長が共同で内国公務の長となる。
一九八二　予算統制と業績に関する財務管理イニシアチブが導入される。
一九八三　内閣秘書長が内国公務の長に任命される。
一九八七　管理人事局が廃止される。機能の一部は大蔵省に、一部は内閣府に移管される。
一九八八　『政府のマネジメント改善——ネクストステップ』（イブス報告）に基づき、九八年までに一一六の執行エージェンシーが設立される。
一九九一　メージャー首相が九二年の選挙に先立ち『市民憲章』を発表する。市場化テストに関する大蔵省の白書『競争による質の向上』が出される。枢密院令により、人事委員会が人事委員（外部の専門家）事務局となり、幹部を除く職員の採用は各省・エージェンシーの権限となる。
一九九二　公務（マネジメント機能）法により、人事権のほとんどを各省の長たる公務員に委任できるようになる。民間部門の貸付資金や事業管理手法を公共投資に取り入れるため、大蔵省がＰＦＩ（Private Finance Initiative）を発表する。
一九九四　大蔵省の『経常費の基本的レビュー』により、大蔵省に残っていた公務関係の機能が内閣府に戻される。内閣府が白書『継続と変革』において、研修、業績給、幹部職の公開競争と契約職化の推進を発表。

(Ⅳ) 政府の現代化

一九九七	ブレア首相が、公務に関する機能を公共サービス実施室など内閣府内のさまざまな部局に分散させるものの、短期で終わる。枢密院令により、首相府の特別顧問のうち最大三人に公務員への命令権を持たせることが認められる。
一九九七~九九	内閣府の憲法チームが、地域政府への権限移譲、特に地域政府間の協定と共同委員会について準備を進める。
一九九八	大蔵省が『イギリスのための現代の公共サービス』を発表し、各省の予算を業績目標に連動させる公共サービス協定を導入する。政府がエージェンシー計画の完了を発表するが、引き続き、エージェンシーの統合(給付庁と雇用サービス庁を統合したジョブセンタープラス)、民営化(国防評価研究庁)、設置(スコットランド交通局)が進められる。
一九九九	内閣府が『政府の現代化』を発表。市場化テストやPFIが、『サービスの質の向上』や『官民連携』として「再び注目」を集める。『市民憲章』がいったん『サービス第一』になり、後に憲章マークに戻る。
二〇〇一	各省の業績向上のため首相直属の実施室が設置される。
二〇〇一~〇四	内閣府に公共サービス改革局が設置される。
二〇〇二	人事委員の役割が、幹部職の公開競争と各省の監査に狭められる(ただし、〇六年に全幹部職のチェックに拡大)。
二〇〇三~〇四	ブレアとブラウン蔵相の命で、ホワイトホールからの移転によるコスト削減を検討した「ライアンズ」報告、「内部事務」の効率性向上による「第一線」のサービス向上を検討した「ガーション」報告が出される。
二〇〇四	「ガーション」計画をめぐる大規模ストライキが起きるものの、政府は引き続き実施を目指す。『公務員に必要な専門能力』(Professional Skills for Government) 計画が開始される。
二〇〇五	ウェストミンスター及びスコットランドにおいて情報公開法が施行される。内国公務の長が(性別、民族、障害に関する)平等のための新たな取り組みとして公務多様性プランに乗り出す。公務員の年金受給年齢を引き上げる計画がストライキのおそれで変更される。
二〇〇六	各省能力レビューが始まる。
二〇〇七	議会の行政委員会が、大臣と公務員の関係を制定法で規定すべく、改めて公務員法の制定を求める。

監訳者あとがき

本書は、June Burnham と Robert Pyper の執筆による *Britain's Modernised Civil Service*（Palgrave Macmillan, 2008）の全訳である。『イギリスの行政改革——「現代化」する公務』とタイトルをつけ、副題の方で原著タイトルを示すようにした。

日本では、政治改革、行政改革を進めようとするときには、ほぼ必ず英国の事例を参照するようにしてきた。島国であることや議院内閣制をとっていることなど、類似性が多いことがその理由として挙げられよう。改革の議論が始まった頃、あるいはその中盤において、関係省庁や国会では、「英国調査」を行う。だが、英国の行政実態、公務部門の実態は分かりにくい。成文憲法がない上に、きわめて多種多様な慣習が存在し、外部から見た場合には実際の運用が不明な点が多いからである。そこで、文献調査だけではなく、毎年何十、何百もの調査団（議員団の場合もあるし、議員個人の場合もあるし、各省庁の担当者という場合や省庁担当者＋研究者という場合もある）がロンドンを訪れる。その都度、在連合王国日本国大使館（ロンドンの日本大使館）に書記官として派遣されている各省の出向者たちが動員されて、該当省庁などへのアポ取りに追われている。

このようなプロセスを経て英国にならった制度が日本で次々に導入されてきた。著名なところだけを拾っても、政治面では、「影の内閣」（九一年社会党、九九年民主党）、小選挙区選挙（ただし比例代表並立制）（九六年）、国会の政府委員制度廃止、党首討論（九九年）、副大臣制度の導入（〇一年）、マニフェストの発行（〇三年）、行政面では、ＰＦＩ（九九年）、独立行政法人（日本版エージェンシー）（〇一年）、市場化テスト（〇六年）が挙げられるほか、特殊法人改革の際にも行革大臣を筆頭とする大調査団がロンドンを訪れている。

実は、私も幾度か日本の省庁の担当者とともにホワイトホールを訪問調査している。出国前に日本で手に入る文献を読んだ上で調査に臨むのだが、実際に聞き取りをしても、制度全体の仕組みがよく呑み込めないこともあった。数年前に仕入れた知識は既に古いものとなっていて役立たない。新しいイニシアチブが開始されているが、それは法や勅令に基づくものではなく、運用で進められているものも少なくなかった。パワーポイントで作られた資料を手渡され、それを基にヒアリングをしても、なお、全体像が見えないこともあった。

「英国の行政実態、公務部門の実態が分かりにくい」という実感は多くの研究者や実務家が共通に抱く感想であろう。そして、それを解消するために、英国公務に関する邦語の著書も何点か出版されている。よく調べられたものもあるが、やはり、前記のような「実態に関する情報過疎」の中で日本人が書いているだけに、肝心のところが分からなかったりすることがある。また、日本人による英国公務の記述は比較の視点があって良い半面、ある意味での日本人バイアスがかかる危険性もある。

本書は、英国公務の研究に長く携わってきた英国人の手に成るもので、近年ではもっとも包括的なものと考えられる。一九九一年に Gavin Drewry と Tony Butcher が書いた *The Civil Service Today: 2nd edition*（Blackwell, 1991）は現在でも読まれる英国公務の基本書であるが、残念ながら出版から二〇年近く経つ。内容はかなり古くなってしまっており、英国の九〇年代以降の「現代化」については触れられていない。

Pyper は *The Evolving Civil Service*（Longman, 1991）や、*The British Civil Service*（Prenticehall, 1995）、Burnham は *The Politics of the Civil Service: The Thatcher Legacy*（SHU Press, 1995）といった英国公務に関する著書をそれぞれ単著で出版しているが、今回、共著による英国公務の著書が出版されたので、これを翻訳して日本の研究者や実務家の便に供することを考えた次第である。第一次訳は、『大統領任命の政治学』（D・ルイス）の邦訳の際にその才能を遺憾なく発揮していただいた浅尾久美子さんにお願いした。今回の翻訳作業においても、チームワークは上々であった。やりとりした添付ファイルの数はおびただしい数にのぼる。

原著の出版は〇八年だが、その後、このあとがきを執筆するまでの間に、英国公務においていくつかの重要な変化があったので、それを以下に記しておきたい。

第一に、周知のことだが、二〇一〇年五月六日に下院の総選挙があり、どの政党も過半数をとれないハングパーラメント（宙ぶらりんの議会。一九七四年以来）となった（六五〇議席のうち、保守党三〇七、労働党二五八、自民党五七など）。保守党は自民党と連立政権を樹立することで合意に達し、五月一一日に保守党の党首であるキャメロンが首相に任命され、一三年ぶりの政権交代が実現した。自民党からは副首相にクレッグ党首が任命されるなど五人が入閣した。英国で連立が組まれるのは、第二次世界大戦後初のことである。

総選挙前から、官僚たちは異例の選挙結果を予想して政権交代に備えていた。二大政党の政権交代には慣れていても、本格的な連立交渉は全員が初体験である。官僚たちは、選挙後の政治の動きを見越し、青（保守）、赤（労働）、黄色（自民）と党のシンボルカラーで分けた書類フォルダ（各党の独自政策へのアドバイスをまとめた文書）を作成していた。保守党と自民党の連立交渉、政策すり合わせのプロセスで、しばしば官僚が呼びこまれたという。

第二に、公務員法の関係である。本書二二八頁で「公務員に関する法律が制定されていない（二〇〇七年現在）」と記されているが、その後、二〇一〇年四月八日に、Constitutional Reform and Governance Act 2010（二〇一〇年憲法事項改革・統治法）が成立した（http://www.opsi.gov.uk/acts/acts2010/pdf/ukpga_20100025_en.pdf）。

この法律の第一部は The Civil Service（公務〈員〉）とのタイトルがつけられ、その第一章は、Statutory Basis for Management of The Civil Service（公務〈員〉管理のための根拠条文）とされている。そして、一八の条文が置かれている。主な内容としては、人事委員会の設置（第二条および附則一項の第一節から第一九節）、公務員管理権限（第三条、第四条）、行為規範（第五条～第九条）、任用（第一〇条～第一四条）、特別顧問（第一五条、第一六条）などである。人事委員会が法律上の根拠を持つことになったことは特筆すべきことであろう。ただ、行為規範については、法律上に規定があるわけではなく、公務員規範については、「公務担当大臣は公務員規範を公表しなければならない」（第五条第一項）と記されているだけで、その内容は、従来の公務員規範に委任されている（特別顧問規範についても同様）。具体的内容についての言及は少なく、「公務員規範には、公務員は次の価値観を持ってその職務を遂行することを規定しなければならない。(a)高潔性及び誠実性、(b)客観性及び中立性」(第七条第四項)、「特別顧問は、いかなる公務員に対しても管理権限を行使できない」(第八条第五項(b))など、わずかの条文が置かれているだけである。

つまり、日本の国家公務員法のような「服務」に関する規定などはこの法律には入っておらず、その意味では、日本人が考える「国家公務員法」が成立したと言えるかについては議論の余地があろう。しかしながら、このような法律すら議会制定法としてはこれまで存在しなかったことに鑑みると、英国においては大きな前進と考えられる。

原著が出版された二〇〇八年には、日本では国家公務員制度改革基本法が成立し、公務員制度改革への大きな舵きりがなされた。ただ、翌〇九年の通常国会に上程された国家公務員法改正案等は衆議院解散により審議未了廃案となり、一〇年の通常国会に上程された国家公務員法改正案等も審議未了廃案となっている。基本法(プログラム法)が成立したものの、その具体的な改革については進まない状態が(このあとがき執筆時点では)続いている。他方、〇九年の政権交代後には、事務次官会議の廃止や、政務三役会議によるトップダウンの意思決定がなされることが多くなるなど、政官関係にも大きな変容が見られる。日本の行政、政官関係、公務員制度などの変化を、私もしっかりと観察していきたいと思う。

今後、日本の政治改革、行政改革がどのように展開していくのか未知数であるが、改革の際に参照される国の筆頭が英国であることは当分続き、また、与野党の議員や各省庁担当者による「ロンドン詣《もうで》」もやまないだろう。本書が変わりゆく英国公務の実態を知ろうとする人々にとって何らかの手助けになれば、監訳者として望外の幸せである。

最後になったが、前書(『大統領任命の政治学』)に続いて本書の翻訳についてご賛同いただき、丁寧な作業をしてくださったミネルヴァ書房編集部の田引勝二氏に、心から感謝したい。

二〇一〇年六月一八日　活気あふれる早稲田のキャンパスにて

稲継裕昭

Zifcak, S. (1994) *New Managerialism. Administrative Reform in Whitehall and Canberra*, Buckingham: Open University Press.

《監訳者紹介》

稲継裕昭（いなつぐ・ひろあき）

早稲田大学政治経済学術院教授。京都大学法学部卒，京都大学博士（法学）。ロンドン大学政治経済学院（LSE）客員研究員，大阪市立大学法学部教授，同法学部長などを経て現職。専門は，行政学，人事行政学。

著書に，『日本の官僚人事システム』『人事・給与と地方自治』（以上，東洋経済新報社），『公務員給与序説』（有斐閣），『自治体の人事システム改革』（ぎょうせい），『自治体と政策』（放送大学教育振興会），など多数。

監訳書に，『大統領任命の政治学』（D.ルイス著）（ミネルヴァ書房）。

論文多数。うち，英国関係のものとして，「イギリスの公務員制度」（村松岐夫編『公務員制度改革』学陽書房），「公務員制度改革――ニュージーランド，英国そして日本」『年報行政研究』38号，「英国地方自治体におけるフレキシブルワーク――バーネット自治体のジョブシェアを中心として」『法学雑誌』50巻4号，「英国ブレア政権下での新たな政策評価制度――包括的歳出レビュー（CSR）・公共サービス合意（PSAs）」『季刊行政管理研究』第93号，「英国型NPMと日本への（非？）普及」『姫路法学』第29/30合併号，翻訳「ジョン・ボーン著『ノースコート＝トレベリアン報告以降の英国公務員に関する主な報告』」『姫路法学』第29/30合併号，ほか。

《訳者紹介》

浅尾久美子（あさお・くみこ）

東京大学法学部卒，コロンビア大学公共政策大学院修士。

訳書に，『大統領任命の政治学』（D.ルイス著）（ミネルヴァ書房）。

共著に，「アメリカ合衆国の公務員制度」（村松岐夫編『公務員制度改革――米・英・独・仏の動向を踏まえて』学陽書房）。

イギリスの行政改革
――「現代化」する公務――

2010年9月10日　初版第1刷発行　〈検印廃止〉

定価はカバーに
表示しています

監訳者　稲継裕昭
訳者　浅尾久美子
発行者　杉田啓三
印刷者　藤森英夫

発行所　株式会社　ミネルヴァ書房
607-8494　京都市山科区日ノ岡堤谷町1
電話（075）581-5191（代表）
振替口座　01020-0-8076番

亜細亜印刷・兼文堂

ISBN978-4-623-05798-6

Printed in Japan

《原著者紹介》

ジューン・バーナム（June Burnham）

研究者・コンサルタント。元ミドルセックス大学上級講師，LSE客員研究員。専門は，公務・公共政策，運輸政策。

著書・共著に，*The Politics of the Civil Service: Thatcher Legacy*（Sheffield Hallam University Press, 1995），*At the Centre of Whitehall: Advising the Prime Minister and Cabinet*（Palgrave Macmillan, 1998），*Politicians, Bureaucrats and Leadership in Organisations*（Palgrave Macmillan, 2009），など。

ロバート・パイパー（Robert Pyper）

グラスゴー大学で修士号，レスター大学で博士号取得。グラスゴー大学，グラスゴー工科大学を経て，グラスゴー・カレドニア大学教授。専門は，イギリス政府，イギリス公務員制度など。

著書・共著に，*The British Civil Service*（Prentice Hall / Harvester Wheatsheaf, 1995），*United Kingdom Governance*（Palgrave Macmillan, 2000），*The New Public Administration in Britain*（Routledge, 2002），*Public Management and Modernisation in Britain*（Palgrave Macmillan, 2005），など。

人名索引

あ 行

か 行

さ 行

た・な 行

は 行

ま　行

ら　行

事項索引

あ 行

か　行

さ　行

た　行

な　行

は　行

ま　行

や　行

ら・わ行

欧　文

参考文献

Adonis, A. (1993) *Parliament Today*, 2nd edn, Manchester: Manchester University Press.

Allen Committee (1979) *Report of the Committee on the Selection Procedure for the Recruitment of Administrative Trainees*, Basingstoke: Civil Service Commission.

Allen, G. (2003) 'The Private Finance Initiative (PFI)', *House of Commons Research Paper 03/79*, London: House of Commons Library.

Anderson, I. (2002) *Foot and Mouth Disease 2001: Lessons to be Learned*, HC 888, London: The Stationery Office.

Armstrong, R. (1985) 'The Duties and Responsibilities of Civil Servants in Relation to Ministers', reprinted in Marshall (1989a).

Armstrong, R. (2002) 'Daylight Jobbery', *The Spectator*, 2 March.

Arter, D. (2004) 'On Assessing Strength and Weakness in Parliamentary Committee Systems: Some Preliminary Observations on the New Scottish Parliament', *Journal of Legislative Studies*, 8: 93–117.

Atkinson Committee (1983) *Selection of Fast Stream Graduate Entrants*, London: Management and Personnel Office.

Attali, J. (1993) *Verbatim, I. 1981-1983*, Paris: Fayard.

Baines, P. (1995) 'Financial Accountability: Agencies and Audit', in P. Giddings (ed.), *Parliamentary Accountability. A Study of Parliament and Executive Agencies*, London: Macmillan, 95–117.

Barberis, P. (1997a) 'An Era of Change', in P. Barberis (ed.), *The Civil Service in an Era of Change*, Aldershot: Dartmouth, 1–22.

Barberis, P. (1997b) 'The Accountability of Ministers and Civil Servants', in P. Barberis (ed.), *The Civil Service in an Era of Change*, Aldershot: Dartmouth, 131–49.

Bekke, H. A. G. and van der Meer, F. (eds.) (2000) *Civil Service Systems in Western Europe*, London: Edward Elgar.

Bekke, H. A. G., Perry, J. L. and Toonen, T. A. J. (eds.) (1996) *Civil Service Systems in Comparative Perspective*, Bloomington, Ind.: Indiana University Press.

Benn, T. (1987) *Out of the Wilderness: Diaries 1963-67*, London: Arrow Books.

Benn, T. (1989) *Office Without Power: Diaries 1968-72*, London: Arrow Books.

Benn, T. (1990) *Against the Tide: Diaries 1973-76*, London: Arrow Books.

Bevir, M. and Rhodes, R. A. W. (2003) *Interpreting British Governance*, London: Routledge.

Blackstone, T. (1979) 'Helping Ministers Do a Better Job', *New Society*, 19 July.

Blick, A. (2004) *People Who Live in the Dark: The Special Adviser in British Politics*, London: Politico's.

Blunkett, D. (2006) *The Blunkett Tapes: My Life in the Bear Pit*, London: Bloomsbury.

Bogdanor, V. (1996) 'Nobody's Fault: An Analysis of the Scott Report', in Public Finance Foundation, *Government Accountability: Beyond the Scott Report*, London: CIPFA, 27-33.

Bostock, D. (2002) 'Coreper Revisited', *Journal of Common Market Studies*, 40: 215-234.

Bulmer, S. and Burch, M. (1998) 'Organizing for Europe: Whitehall, The British State and European Union', *Public Administration*, 76: 601-628.

Bulmer, S. and Burch, M. (2000) 'The Europeanisation of British Central Government', in R. A. W. Rhodes (ed.), *Transforming British Government, I*, London: Macmillan, 46-62.

Bulmer, S. and Burch, M. (2005) 'The Europeanization of UK Government: From Quiet Revolution to Explicit Step-change?', *Public Administration*, 83: 861-890.

Burnham, J. (2000) 'Human Resources Flexibilities in France', in D. Farnham and S. Horton (eds), *Human Resources Flexibilities in the Public Services*, London: Macmillan, 98-114.

Burnham, J. and Jones, G. W. (2000) 'Innovators at 10 Downing Street', in K. Theakston (ed.), *Bureaucrats and Leadership*, London: Macmillan, 68-72.

Burnham, J. and Maor, M. (1995) 'Converging Administrative Systems: Recruitment and Training in EU Member States', *Journal of European Public Policy*, 2: 185-204.

Burns, J. P. and Bowornwathana, B. (eds.) (2001) *Civil Service Systems in Asia*, London: Edward Elgar.

Butcher, T. (1997) 'The Citizen's Charter: Creating a Customer-Orientated

Civil Service', in P. Barberis (ed.), *The Civil Service in an Era of Change*, Aldershot: Dartmouth, 54-68.

Butler, D., Adonis, A. and Travers, T. (1994) *Failure in British Government: The Politics of the Poll Tax*, Oxford University Press.

Butler, R. (1996) *The Duties and Responsibilities of Civil Servants in Relation to Ministers*, London: Cabinet Office.

Butler, R. (2004) *Review of Intelligence on Weapons of Mass Destruction*, HC 898, London: The Stationery Office; www.thebutlerreview.org.uk.

Cabinet Office (1988) *Service to the Public*, London: Cabinet Office.

Cabinet Office (1991) *The Citizen's Charter: Raising the Standard*, Cm 1599, London: HMSO.

Cabinet Office (1994a) *The Civil Service: Continuity and Change*, Cm 2627, London: HMSO.

Cabinet Office (1994b) *Review of Fast Stream Recruitment*, London: HMSO.

Cabinet Office (1995) *The Civil Service: Taking Forward Continuity and Change*, Cm 2748, London: HMSO.

Cabinet Office (1996) *Development and Training for Civil Servants: A Framework for Action*, CM 3321, London: HMSO.

Cabinet Office (1998a) *Devolution and the Civil Service: Staff Guidance*, London: Cabinet Office.

Cabinet Office (1998b) *Next Steps Briefing Note*, London: Cabinet Office.

Cabinet Office (1998c) *Equal Opportunities in the Civil Service: Data Summary 1998*, London: Cabinet Office.

Cabinet Office (1999a)*Modernising Government*, Cm 4310, London: Stationery Office.

Cabinet Office (1999b) *Civil Service Reform: Report to the Prime Minister*, London: Cabinet Office.

Cabinet Office (1999c) *Performance Management: Civil Service Reform*, London, Cabinet Office.

Cabinet Office (1999d) *A Civil Service for the 21st Century*, London: Cabinet Office.

Cabinet Office (2000) *Citizen's First: Modernising Government Annual Report*, London: Cabinet Office.

Cabinet Office (2001a) *Code of Conduct for Special Advisers*, London: Cabinet Office.

Cabinet Office (2001b) *Redefining the Fast Stream: Review Report*, London:

Cabinet Office.

Cabinet Office (2001c) *Civil Service Reform 2001: Making a Difference*, London: Cabinet Office.

Cabinet Office (2003) *Equality in Performance Review: Progress Report*, London: Cabinet Office.

Cabinet Office (2005a) *Departmental Evidence and Response to Select Committees* [the 'Osmotherly Rules'], London: Cabinet Office.

Cabinet Office (2005b) *Delivering a Diverse Civil Service: A 10-Point Plan*, London: Cabinet Office.

Cabinet Office (2006a) *Civil Service Management Code* (Cabinet Office website); www.civilservice.gov.uk/publications/code.

Cabinet Office (2006b) *Civil Service Code*, London: Cabinet Office.

Cabinet Office (2006c) *Professional Skills for Government* (Cabinet Office website); www.civilservice.gov.uk/skills.

Cabinet Office (2006d) *Capability Reviews: The Findings of the First Four Reviews*, London: Cabinet Office.

Cabinet Office (2006e) *Civil Service Fast Stream Recruitment Report 2005-06*, London: Cabinet Office.

Cabinet Office (2006f) *Departmental Report 2006*, Cm 6833, London: Stationery Office.

Campbell, C. and Wilson, G. K. (1995) *The End of Whitehall: Death of a Paradigm?*, Oxford: Blackwell.

Carmichael, P. (2002) 'The Northern Ireland Civil Service: Characteristics and Trends since 1970', *Public Administration*, 80: 23-49.

Castle, B. (1990) *The Castle Diaries 1964-76*, London: Macmillan.

Chapman, L. (1978) *Your Disobedient Servant*, London: Chatto & Windus.

Chapman, R. A. (1992) 'The End of the Civil Service?', *Teaching Public Administration*, 12/2: 1-5.

Chapman, R. A. (1997) 'The End of the Civil Service', in P. Barberis (ed.), *The Civil Service in an Era of Change*, Aldershot: Dartmouth, 23-37.

Chapman, R. A. and O'Toole, B. J. (1995) 'The Role of the Civil Service: A Traditional View in a Period of Change', *Public Policy and Administration*, 10/2: 3-20.

Civil Service Commissioners (various dates) *Annual Report*, London: Office of the Civil Service Commissioners.

Clarke, C. (2006) 'Charles Clarke statement in full', 5 May; http:

//news.bbc.co.uk/1/hi/uk_politics/4976620.stm.

Committee on Standards in Public Life (1995) *Standards in Public Life: First Report* [Nolan Committee] Cm 2850, London: HMSO.

Committee on Standards in Public Life (2000) *Sixth Report: Reinforcing Standards*, Cm 4557, London: Stationery Office.

Committee on Standards in Public Life (2003) *Ninth Report: Defining the Boundaries of the Executive: Ministers, Special Advisers and the Permanent Civil Service*, Cm 5775, London: Stationery Office.

Constitution Committee of the House of Lords (2002) *Devolution: Inter-institutional Relations in the United Kingdom*, HL 28, London: Stationery Office.

Constitution Unit (2002) *Devolution Monitoring Programme: Northern Ireland Report*, 13; www.ucl.ac.uk.

Constitution Unit (2005) *Devolution Monitoring Programme: Northern Ireland Report*, 23; www.ucl.ac.uk.

Corby, S. (1997) 'Industrial Relations in the Civil Service', in P. Barberis (ed.) *The Civil Service in an Era of Change*, Aldershot: Dartmouth, 69-81.

Crossman, R. H. S. (1975) *The Diaries of a Cabinet Minister: Minister of Housing 1964-66*, London: Hamish Hamilton.

Crossman, R. H. S. (1976) *The Diaries of a Cabinet Minister: Lord President of the Council 1966-68*, London: Hamish Hamilton.

Crossman, R. H. S. (1977) *The Diaries of a Cabinet Minister: Secretary of State for Social Services 1968-70*, London: Hamish Hamilton.

Davies Committee (1969) *Report of the Committee of Inquiry on the Method II System of Selection*, Cmnd 4156, London: HMSO.

Defence Science and Technology Laboratory (Dstl) (2002) *Annual Report and Accounts 2001/2002*, HC930, London: Stationery Office.

Denham, A. (2003) 'Public Services', in P. Dunleavy, A. Gamble, R. Heffernan and G. Peele (eds), *Developments in British Politics 7*, Basingstoke: Palgrave Macmillan, 282-301.

Department for Work and Pensions (DWP) (2005) *Departmental Framework*, London: DWP.

Department of Constitutional Affairs (2006) *Freedom of Information Act 2000: Statistics on Implementation in Central Government: July-September 2006*, London: Department of Constitutional Affairs.

Dicey, A. V. (1959) *An Introduction to the Study of the Law of the*

Constitution, 10th edn [first published 1885] , London: Macmillan.

Doig, A. (1997) 'People or Positions? Ensuring Standards in the Reformed Public Sector', in P. Barberis (ed.), *The Civil Service in an Era of Change*, Aldershot: Dartmouth, 95-113.

Donoughue, B. (1987) *Prime Minister: The Conduct of Policy under Harold Wilson and James Callaghan*, London: Jonathan Cape.

Draper, D. (1997) *Blair's Hundred Days*, London: Faber & Faber.

Drewry, G. and Butcher, T. (1991) *The Civil Service Today*, 2nd edn, Oxford: Basil Blackwell.

Duggett, M. (2001) 'Cross-Channel Perspectives on British Civil Service Training 1980-2000', *Public Policy and Administration*, 16/4, 96-105.

Dunleavy, P. (1991) *Democracy, Bureaucracy and Public Choice*, Hemel Hempstead: Harvester Wheatsheaf.

Dunleavy, P. (2006) 'The Westminster Model and the Distinctiveness of British Politics', in P. Dunleavy, R. Heffernen, P. Cowley and C. Hay (eds.), *Developments in British Politics, 8*, Basingstoke: Palgrave Macmillan, 315-418.

Dyson, K. (2000) 'Europeanization, Whitehall Culture and the Treasury as Institutional Veto Player', *Public Administration*, 78: 897-914.

Economist (2006) Leader, 'Corruption and the Law: Barefaced', 23 December. Economist.

Efficiency Unit (1988) *Improving Management in Government: The Next Steps* [Ibbs Report] , London: HMSO.

Efficiency Unit (1991) *Making the Most of Next Steps: The Management of Ministers' Departments and their Executive Agencies* [Fraser Report] , London: HMSO.

Efficiency Unit (1993) *Career Management and Succession Planning Study*, London: HMSO.

Expenditure Committee of the House of Commons (1977), *The Civil Service*, HC 535, London: HMSO.

Falconer, P. K. (1999) 'The New Public Management Today: An Overview', Paper presented to ESRC Seminar on 'Recent Developments in the New Public Management', Imperial College, London, May.

Farnham, D. (1993) 'Human Resources Management and Employee Relations', in D. Farnham and S. Horton (eds), *Managing the New Public Services*, London: Macmillan, 99-124.

Farnham, D. and Horton, S. (eds.) (2000) *Human Resources Flexibilities in the Public Services*, London: Macmillan.

Finer, S. E. (1956) 'The Individual Responsibility of Ministers', *Public Administration*, 34: 377-396.

Flynn, N. and Strehl, F. (eds.) (1996) *Public Sector Management in Europe*, Hemel Hempstead: Prentice Hall/Harvester Wheatsheaf.

Foreign Affairs Committee (1994) *Public Expenditure: The Pergau Hydroelectric Project, the Aid and Trade Provision and Related Matters*, HC 271, London: HMSO.

Foster, C. D. (2001) 'The Civil Service under Stress: The Fall in Civil Service Power and Authority', *Public Administration*, 79/3: 725-749.

Foster, C. D. and Plowden, F. J. (1996) *The State Under Stress: Can the Hollow State be Good Government?*, Buckingham: Open University Press.

Franks Report (1983) *Falkland Islands Review: Report of a Committee of Privy Counsellors*, Cmnd 8787, London: HMSO.

Fry, G. K. (1981) *The Administrative 'Revolution' in Whitehall*, London: Croom Helm.

Fry, G. K. (1985) *The Changing Civil Service*, London: George Allen & Unwin.

Fry, G. (2000) 'Three Giants of the Inter-war British Higher Civil Service: Sir Maurice Hankey, Sir Warren Fisher and Sir Horace Wilson', in K. Theakston (ed.), *Bureaucrats and Leadership*, London: Macmillan, 39-67.

Fry, G. K. (1993) *Reforming the Civil Service*, Edinburgh: Edinburgh University Press.

Fry, G. K. (1995) *Policy and Management in the British Civil Service*, Hemel Hempstead: Prentice Hall/Harvester Wheatsheaf.

Fulton, Lord (1968) *The Civil Service: Report of the Committee of Inquiry into the Civil Service 1966-68*, Cmnd 3638, London: HMSO.

Garrett, J. (1980) *Managing the Civil Service*, London: Heinemann.

Gay, O. (2005) *The Public Services Ombudsman (Wales) Bill (HL)*, Research Paper 05/26, London: House of Commons Library.

Geddes, A. (2004) *The European Union and British Politics*, Basingstoke: Palgrave Macmillan.

George, S. and Bache, I. (2001) *Politics in the European Union*, Oxford

University Press.

Gershon, P. (2004) *Releasing Resources to the Front Line*, London: The Stationery Office.

Giddings, P. (1995a) 'The Treasury Committee and Next Steps Agencies', in P. Giddings (ed.), *Parliamentary Accountability: A Study of Parliament and Executive Agencies*, London: Macmillan, 55-70.

Giddings, P. (ed.) (1995b) *Parliamentary Accountability: A Study of Parliament and Executive Agencies*, London: Macmillan.

Gillman, S. (2001) *Politico's Guide to Careers in Politics and Government*, London: Politico's.

Glaister, S., Burnham, J., Stevens, H. and Travers, T. (1998) *Transport Policy in Britain*, London: Macmillan/Palgrave.

Glaister, S., Burnham, J., Stevens, H. and Travers, T. (2006) *Transport Policy in Britain*, 2nd edn, Basingstoke: Palgrave.

Greenwood, J., Pyper, R. and Wilson, D. (2002) *New Public Administration in Britain*, 3rd edn, London: Routledge.

Greer, S. L. and Sandford, M. (2006) 'The GLA and Whitehall', *Local Government Studies*, 32/3: 239-254.

Gregory, R. and Giddings, P. (2002) *The Ombudsman, the Citizen and Parliament*, London: Politico's.

Halligan, J. (2003) 'The Australian Civil Service: Redefining Boundaries', in J. Halligan (ed.), *Civil Service Systems in Anglo-American Countries*, Cheltenham: Edward Elgar, 70-112.

Hayward, J. E. S. (2007) *Fragmented France: Two Centuries of Disputed Identity*, Oxford University Press.

Hayward, J. E. S. and Wright, V. (2002) *Governing for the Centre: Core Executive Coordination in France*, Oxford University Press.

Hayward, J. E. S., Barry, B. and Brown, A. (eds) (2000) *The British Study of Politics in the Twentieth Century*, Oxford University Press.

Heath, E. (1998) *The Course of My Life*, London: Hodder & Stoughton.

Heclo, H. and Wildavsky, A. (1981) *The Private Government of Public Money*, 2nd edn, London: Macmillan.

Heffernan, R. (2006) 'The Blair Style of Central Government', in P. Dunleavy, R. Heffernan, P. Cowley and C. Hay (eds), *Developments in British Politics 8*, Basingstoke: Palgrave Macmillan, 17-35.

Hennessy, P. (1989) *Whitehall*, London: Secker & Warburg.

Hennessy, P. (1990) *Whitehall*, London: Fontana.

Hennessy, P. (1996) *The Hidden Wiring: Unearthing the British Constitution*, London: Indigo.

Hennessy, P. (1999) *The Blair Centre: A Question of Command and Control?*, London: Public Management Foundation.

Herdan, B. (2006) *The Customer Voice in Transforming Public Services*, London: Cabinet Office.

Heseltine, M. (1990) *Where There's a Will*, 2nd edn, London: Arrow Books.

HM Customs & Excise (1997) *Traveller's Charter*, London: HMSO.

HM Treasury (1991) *Competing for Quality: Buying Better Public Services*, Cm 1730, London: HMSO.

HM Treasury (1993) *Breaking New Ground: The Private Finance Initiative*, London: HM Treasury.

HM Treasury (1994) *Fundamental Review of Running Costs*, London: HM Treasury.

HM Treasury (1998) *Modern Public Services for Britain: Investing in Reform: Comprehensive Spending Review: New Public Spending Plans 1999-2002*, Cm 4011, London: The Stationery Office.

HM Treasury (2003) *PFI: Meeting the Investment Challenge*, London: HM Treasury.

HM Treasury (2004) *Financing Britain's Future: Review of the Revenue Departments*, Cm 6163, London: The Stationery Office.

HM Treasury (2006a) *Budget 2006: Economic and Fiscal Strategy Report*, HC 968, London: The Stationery Office.

HM Treasury (2006b) *Releasing the Resources to Meet the Challenges Ahead: Value for Money in the 2007 Comprehensive Spending Review*, Cm 6889, London: The Stationery Office.

Hogwood, B., Judge, D. and McVicar, M. (2000) 'Agencies and Accountability', in R. A. W. Rhodes (ed.), *Transforming British Government, I*, London: Macmillan, 195-222.

Holliday, I. (2002) 'Executives and Administration', in P. Dunleavy, A. Gamble, I. Holliday and G. Peele (eds), *Developments in British Politics 6*, Basingstoke: Palgrave, 88-107.

Home Affairs Committee (2006) *Immigration Control*, HC 775, London: Stationery Office.

Horton, S. (1993) 'The Civil Service', in D. Farnham and S. Horton (eds)

Managing the New Public Services, Basingstoke: Macmillan, 127–149.
Horton, S. (2000) 'Human Resources Flexibilities in UK Public Services', in D. Farnham and S. Horton (eds.), *Human Resources Flexibilities in the Public Services*, London: Macmillan, 208–236.
Horton, S. and Farnham, D. (2000) 'Evaluating Human Resources Flexibilities: Comparative Perspective', in D. Farnham and S. Horton (eds), *Human Resources Flexibilities in the Public Services*, London: Macmillan, 313–336.
Hoskyns, J. (1983) 'Whitehall and Westminster: An Outsider's View', *Parliamentary Affairs*, 36: 137–147.
Hoskyns, J. (2000) *Just in Time: Inside the Thatcher Revolution*, London: Aurum Press.
Hughes, M. and Newman, J. (1999) 'From New Public Management to New Labour: From "New" to "Modern"', Paper presented to Third International Symposium on Public Management, Aston University, March.
Hutton, Lord (2004) *Report of the Inquiry into the Circumstances Surrounding the Death of Dr David Kelly, C. M. G.*, London: Stationery Office; www.the-hutton-inquiry.org.uk.
Hyndman, N. and Eden, R. (2001) 'Rational Management, Performance Targets and Executive Agencies: Views from Agency Chief Executives in Northern Ireland', *Public Administration*, 79: 579–598.
Information Commissioner's Office (2006) *Annual Report 2005-2006*, HC 1228, London: Stationery Office.
Jackson, P. M. (2001) 'Public Sector Added Value: Can Bureaucracy Deliver?', *Public Administration*, 79: 5–28.
James, O. (2003) *The Executive Agency Revolution in Whitehall*, Basingstoke: Palgrave.
Jeffery, C. (2006) 'Devolution and the Lopsided State', in P. Dunleavy, R. Heffernan, P. Cowley and C. Hay (eds), *Developments in British Politics 8*, Basingstoke: Palgrave Macmillan, 138–158.
Jenning, I. (1966) *The British Constitution*, 5th edn [first published 1941], Cambridge University Press. (I. ジェニングス著, 榎原猛・千葉勇夫共訳『イギリス憲法論』有信堂高文社, 1981年)
Jones, G. W. (1976) 'The Prime Ministers' Secretaries: Politicians or Administrators?', in J. A. G. Griffith (ed.), *From Policy to Administration: Essays in Honour of William A. Robson*, London: George Allen &

Unwin, 13-38.

Jones, G. W. and Burnham, J. (1995) 'Modernizing the British Civil Service', in J. J. Hesse and T. A. J. Toonen (eds.), *The European Yearbook of Comparative Government and Public Administration*, Baden-Baden: Nomos Boulder: Westview Press, 323-345.

Jones, G. W., Burnham, J. and Elgie, R. (1995) 'The Environment Agencies', in P. Giddings (ed.), *Parliamentary Accountability: A Study of Parliament and Executive Agencies*, London: Macmillan, 155-190.

Jones, J. B. and Osmond, J. (2002) *Building a Civic Culture*, Cardiff: Institute of Welsh Affairs/Welsh Governance Centre.

Jones, N. (2000) *Sultans of Spin: Media and the New Labour Government*, London: Orion.

Jones, N. (2001) *The Control Freaks: How New Labour Gets Its Own Way*, London: Politico's.

Jones, N. and Weir, S. (2002) 'The Masters of Misinformation: Behind the Jo Moore Affair Lies a Spin Machine That Has Corrupted the Senior Civil Service Itself', *New Statesman*, 25 February.

Jordan, A. G. (1990) 'Sub-governments, Policy Communities and Networks. Refilling the Old Bottles?', *Journal of Theoretical Politics*, 2: 319-338.

Jordan, A. G. (1994) *The British Administrative System: Principles Versus Practice*, London: Routledge.

Jordan, A. G. and Richardson, J. J. (1987) *British Politics and the Policy Process: An Arena Approach*, London: George Allen & Unwin.

Keating, M. (2005) *The Government of Scotland: Public Policy Making after Devolution*, Edinburgh: Edinburgh University Press.

Kellner, P. and Lord Crowther-Hunt (1980) *The Civil Servants: An Inquiry into Britain's Ruling Class*, London: Macdonald.

Kelsall, R. K. (1956) 'Selection and the Social Background of the Administrative Class: A Rejoinder', *Public Administration*, 34: 169-171.

Kemp, P. (1990) 'Next Steps for the British Civil Service', *Governance*, 3/2: 186-196.

Kemp, P. (1993) *Beyond Next Steps: A Civil Service Guide for the 21st century*, London Social Market Foundation.

Kirkpatrick, I. and Pyper, R. (2001) 'The Early Impact of Devolution on Civil Service Accountability', *Public Policy and Administration*, 16/3: 68-84.

Kirkpatrick, I. and Pyper, R. (2003) 'Modernisation and Civil Service

Accountability: The Case of Scottish Devolution', in T. Butcher and A. Massey (eds.), *Modernising Civil Services*, London: Edward Elgar.

Klöti, U. (2001) 'Consensual Government in a Heterogeneous Polity', *West European Politics*, 24/2: 19-34.

Knoke, D. and Kuklinski, J. (1982) *Network Analysis*, Beverly Hills, Calif.: Sage, 9-21; reproduced in G. Thompson, J. Frances, R. Levačić and J. Mitchell (1991), *Markets, Hierarchies and Networks*, Buckingham: Open University Press, 173-82.

Kooiman, J. (1993) *Modern Governance*, London: Sage.

Laffin, M. (2002) 'The Engine Room: The Civil Service and the National Assembly', in J. B. Jones and J. Osmond (eds), *Building a Civic Culture*, Cardiff: Institute of Welsh Affairs/Welsh Governance Centre, 33-42.

Landers, B. (1999) 'Encounters with the Public Accounts Committee: A Personal Memoir', *Public Administration*, 77: 195-213.

Lang, I. (2002) *Blue Remembered Years*, London: Politico's.

Lawson, N. (1992) *The View from No.11*, London: Bantam.

Leach, R. and Percy-Smith, J. (2001) *Local Governance in Britain*, Basingstoke: Palgrave Macmillan.

Le Cheminant, P. (2001) *Beautiful Ambiguities: An Inside View of the Heart of Government*, London: Radcliffe.

Lee, J. M., Jones, G. W. and Burnham, J. (1998) *At the Centre of Whitehall*, London: Macmillan.

Legg, T. and Ibbs, R. (1999) *Report of the Sierra Leone Arms Investigation*, London: Stationery Office.

Lequesne, C. (2000) 'The Common Fisheries Policy', in H. Wallace and W. Wallace (eds.), *Policy-making in the European Union*, Oxford University Press, 345-372.

Levitt, R and Solesbury, W. (2006) 'Outsiders in Whitehall', *Public Money & Management*, 26/1, 10-12.

Lewis, J. (1998) 'Is the "Hard Bargaining" Image of the Council Misleading?', *Journal of Common Market Studies*, 36: 479-504.

Lijphart, A. (1984) *Democracies: Patterns of Majoritarian and Consensus Government in Twenty-One Countries*, New Haven, Conn. and London: Yale University Press.

Likierman, A. (1998) 'Resource Accounting and Budgeting — Where Are We

Now?', *Public Money & Management*, 18/2: 17–21.

Linklater, M. and Leigh, D. (1986) *Not With Honour: The Inside Story of the Westland Scandal*, London: Sphere.

Loughlin, J. (1992) 'Administering Policy in Northern Ireland', in B. Hadfield (ed.), *Northern Ireland: Politics and the Constitution*, Buckingham: Open University Press.

Lowe, R. and Rollings, N. (2000) 'Modernising Britain, 1957–64: A Classic Case of Centralisation and Fragmentation?', in R. A. W. Rhodes (ed.), *Transforming British Government, I*, London: Macmillan, 99–118.

Ludlow, P. (1993) 'The UK Presidency: A View from Brussels', *Journal of Common Market Studies*, 31: 246–260.

Ludlow, P. (1998) 'The 1998 UK Presidency: A View from Brussels', *Journal of Common Market Studies*, 36: 573–583.

Lyons, M. (2004) *Well Placed to Deliver? Shaping the Pattern of Government Service: Independent Review of Public Sector Relocation*, London: Stationery Office.

McConnell, A. (2000) 'Governance in Scotland, Wales and Northern Ireland', in R. Pyper and L. Robins (eds.), *United Kingdom Governance*, London: Macmillan.

Mackintosh, J. (1976) 'The Problems of Devolution: The Scottish Case', in J. A. G. Griffith (ed.), *From Policy to Administration: Essays in Honour of William A. Robson*, London: George Allen & Unwin, 99–114.

McMillan, J. and Massey, A. (2004) 'Central Government and Devolution', in M. O'Neill (ed.), *Devolution and British Politics*, Harlow: Pearson Longman, 231–250.

Maor, M. and Stevens, H. (1997) 'Measuring the Impact of New Public Management and European Integration on Recruitment and Training in the UK Civil Service', *Public Administration*, 75: 531–551.

Marr, A. (1996) *Ruling Britannia: The Failure and Future of British Democracy*, Harmondsworth: Penguin.

Marsh, D. and Rhodes, R. A. W. (eds.) (1992) *Policy Networks in British Government*, Oxford: Clarendon Press.

Marshall, G. (1989a) (ed.) *Ministerial Responsibility*, Oxford University Press.

Marshall, G. (1989b) 'Introduction', in G. Marshall (ed.), *Ministerial Responsibility*, Oxford University Press, 1–13.

Massey, A. and Pyper, R. (2005) *Public Management and Modernisation in*

Britain, Basingstoke: Palgrave Macmillan.

Maxwell Fyfe, D. (1954) 'Crichel Down Debate', *HC Debs*,5s, 530, cc. 1285-7, London: HMSO.

Mellon, E. (2000) 'Executive Agency Chief Executives: Their Leadership Values', in K. Theakston (ed.), *Bureaucrats and Leadership*, Basingstoke: Macmillan, 200-221.

Mény, Y. (1992) *La Corruption de la République*, Paris: Fayard.

Ministry of Defence (2001) *Dstl Framework Document*, London: Ministry of Defence.

Minogue, M. (1998) 'Changing the State: Concepts and Practice in the Reform of the Public Sector', in M. Minogue, C. Polidano and D. Hulme (eds.), *Beyond the New Public Management*, Cheltenham, UK and Lyme, USA: Edward Elgar, 17-37.

Minogue, M., Polidano, C. and Hulme, D. (eds.) (1998) *Beyond the New Public Management: Changing Ideas and Practices in Governance*, Cheltenham, UK and Lyme, USA: Edward Elgar.

Mitchell, J. (2003) 'Politics in Scotland', in P. Dunleavy, A. Gamble, R. Heffernan and G. Peele (eds.), *Developments in British Politics7*, Basingstoke: Palgrave Macmillan, 161-180.

Montin, C. (2000) 'Flexibility in Personnel Policies in International Organisations', in D. Farnham and S. Horton (eds.), *Human Resources Flexibilities in the Public Services*, London: Macmillan, 298-312.

Morrison, H. (1933) *Socialisation and Transport*, London: Constable.

Mottram, R. (2005) 'Professional Skills for Government: Death of the Generalist', *Public Management and Policy Association Review*, 30 (August) 6-9.

Mountfield, R. (2000), 'Civil Service Change in Britain', Paper for the Political Studies Association 50thAnnual Conference, 10-13 April, London School of Economics.

Murray, R. (2000) 'Human Resources Management in Swedish Central Government', in D. Farnham and S. Horton (eds.), *Human Resources Flexibilities in the Public Services*, Basingstoke: Macmillan, 169-188.

NAO (National Audit Office) (1986) *The Rayner Scrutiny Programmes 1979 to 1983*, HC 322, London: HMSO.

NAO (1997) *The PFI Contracts for Bridgend and Fazakerley Prisons*, HC 253, London: Stationery Office.

NAO (2002) *Dealing with Pollution from Ships*, HC 879, Stationery Office.

NAO (2006a) *Progress in Improving Government Efficiency*, HC 802, London; Stationery Office.

NAO (2006b) *The Delays in Administering the 2005 Single Farm Payment in England*, HC 1631, London: Stationery Office.

NAO (2007) *The Efficiency Programme: A Second Review of Progress*, HC 156: London, Stationery Office.

Nelson, B. F. and Stubb, A. (2003) *The European Union: Readings on the Theory and Practice of European Integration*, Basingstoke: Palgrave Macmillan.

Newman, J. (1999) 'The New Public Management, Modernisation and Organisational Change: Disruptions, Disjunctures and Dilemmas', Paper presented to ESRC Seminar on 'Recent Developments in the New Public Management', Aston University, November.

Newman, J. (2001) *Modernising Governance. New Labour, Policy and Society*, London: Sage.

Nicolson, I. F. (1986) *The Mystery of Crichel Down*, Oxford: Clarendon.

Niskanen, W. A. (1971) *Bureaucracy and Representative Government*, Chicago: Aldine-Atherton.

Nugent, N. (2003) *The Government and Politics of the European Union*, Basingstoke: Palgrave Macmillan.

Oborne, P. (1999) *Alistair Campbell: New Labour and the Rise of the Media Class*, London: Aurum Press.

OECD (Organisation for Economic Co-operation and Development) (1990) *Public Management Developments: Survey 1990* (and subsequent years), Paris: OECD.

OECD (2002) *Public Service as an Employer of Choice*, Paris: OECD.

OECD (2003) *Managing Senior Management: Senior Civil Service Reform in OECD Member Countries*, Paris: OECD.

OECD (2004) *Public Sector Modernisation: Modernising Public Employment*, Paris: OECD.

OECD (2005a) *Paying for Performance: Policies for Government Employees*, Paris: OECD.

OECD (2005b) *Public Sector Modernisation: The Way Forward*, Paris: OECD.

OECD (2006) *Application of the Convention on Combating Bribery*, Paris: OECD.

O'Neill, M. (2004) 'Challenging the Centre: Home Rule Movements', in M. O'Neill (ed.), *Devolution and British Politics*, Harlow: Pearson Longman, 32-64.

ONS (Office for National Statistics) (2005) 'Trends in Public Sector Employment', *Labour Market Trends*, 113: 477-489 (Palgrave Macmillan).

ONS (2006) *Civil Service Quarterly Public Sector Employment Statistics, Quarter 4, 2005*, London: ONS.

OPSR (Office of Public Service Reform) (2002) *Better Government Services: Executive Agencies in the 21st Century*, London: Cabinet Office.

OPSR (2005) *Choice and Voice in the Reform of Public Services*, Cm 6630, London: Stationery Office.

Osborne, D. and Gaebler, T. (1992) *Reinventing Government*, Reading, Mass.: Addison-Wesley. (デービッド・オズボーン，テッド・ゲーブラー著，日本能率協会自治体経営革新研究会訳『行政革命』日本能率協会マネジメントセンター，1995年)

Osborne, R. (2002) 'Making a Difference? The Role of Statutory Committees in the Northern Ireland Assembly', *Public Administration*, 80: 283-99.

Osmond, J. (2005) 'Provenance and Promise', in J. Osmond (ed.), *Welsh Politics Comes of Age: Responses to the Richard Commission*, Cardiff: Institute of Welsh Affairs, 5-21.

O'Toole, B. (1993) 'Permanent Secretaries, Open Competition and the Future of the Civil Service', *Public Policy and Administration*, 8/3: 1-3.

O'Toole, B. (1997) 'The Concept of Public Duty', in P. Barberis (ed.), *The Civil Service in an Era of Change*, Aldershot: Dartmouth, 82-94.

O'Toole, B. (2004) 'The Challenge of Change in the Civil Service: 2004 in Retrospect', *Public Policy and Administration*, 19/4: 1-16.

O'Toole, B. (2006) 'The Emergence of a "New" Ethical Framework for Civil Servants', *Public Money & Management*, 26/1: 39-46.

Page, E. C. (1997) *People Who Run Europe*, Oxford: Clarendon Press.

Page, E. C. (2005) 'Joined-up Government and the Civil Service', in Bogdanor, V. (ed.), *Joined-up Government*, Oxford University Press.

Page, E. C. and Jenkins, B. (2005) *Policy Bureaucracy: Government with a Cast of Thousands*, Oxford University Press.

Parry, R. and MacDougal, A. (2005) 'Civil Service Reform Post-Devolution: The Scottish and Welsh Experience', *ESRC Devolution Briefings*, 37.

Peters, B. G. (1989) *The Politics of Bureaucracy*, 3rd edn, New York:

Longman.
Phillips, N. (2000) *The Inquiry into BSE and Variant CJD in the United Kingdom*, HC 887, London: Stationery Office.
Phillis, B. (2004) *An Independent Review of Government Communications*, London: Cabinet Office.
PHSO (Parliamentary and Health Service Ombudsman) (2005) *A Debt of Honour: the ex gratia Scheme for British Groups Interned by the Japanese during the Second World War*, HC 324, London: Stationery Office.
PHSO (2006) *Annual Report 2005-06*, HC 1363, London: Stationery Office.
Pickering, C. (2002) 'Sir Douglas in Euroland: Treasury Officials and the European Union', *Public Administration*, 80: 583-599.
Pierre, J. (2000) *Debating Governance*, Oxford University Press.
Pierre, J. and Peters, B. G. (2000) *Governance, Politics and the State*, London: Macmillan.
Pierre, J. and Stoker, G. (2000) 'Towards Multilevel Governance', in P. Dunleavy, A. Gamble, I. Holliday and G. Peele (eds), *Developments in British Politics 6*, London: Macmillan, 29-46.
PIU (Performance and Innovation Unit) (2000) *Adding It Up: Improving Analysis and Modelling in Central Government*, London: Cabinet Office.
Plowden, W. (1994) *Ministers and Mandarins*, London: Institute of Public Policy Research.
Pollitt, C. (2003) *The Essential Public Manager*, Maidenhead: Open University Press.
Ponting, C. (1985) *The Right to Know: The Inside Story of the Belgrano Affair*, London: Sphere.
Ponting, C. (1990) *Secrecy in Britain*, Oxford: Basil Blackwell.
Popper, K. (1945) *The Open Society and its Enemies*, London: Routledge. (カール・R. ポパー著, 内田詔夫・小河原誠訳『開かれた社会とその敵(第1部、第2部)』未來社, 1980年)
Prime Minister (2004) 'Modernisation of the Civil Service'; www.number10.gov-.uk.
Prime Minister's Delivery Unit (2006) *Capability Reviews: The Findings of the First Four Reviews*, London: Central Office of Information.
Public Accounts Committee of the House of Commons (1987) *The Financial Management Initiative*, HC 61, London: HMSO.
Public Administration Committee (1998a) *The Government Information and*

Communication Service, HC 770, London: Stationery Office.

Public Administration Committee (1998b) *Ministerial Accountability and Parliamentary Questions*, HC 820, London: Stationery Office.

Public Administration Committee (2001) *Special Advisers: Boon or Bane?*, HC 293, London: Stationery Office.

Public Administration Committee (2002) *'These Unfortunate Events': Lessons of Recent Events at the Former DTLR*, HC 303, London: Stationery Office.

Public Administration Committee (2004a) *Civil Service Issues*, HC 423, London: Stationery Office.

Public Administration Committee (2004b) *A Draft Civil Service Bill: Completing the Reform*, HC 128, London: Stationery Office.

Public Administration Committee (2004c) *Ministerial Accountability and Parliamentary Questions*, HC 355, London: Stationery Office.

Public Administration Committee (2005a) *Choice, Voice and Public Services*, HC 49, London: Stationery Office.

Public Administration Committee (2005b) *Ministerial Accountability and Parliamentary Questions*, HC 449, London: Stationery Office.

Public Administration Committee (2006) *Skills for Government*, HC 93, London: Stationery Office.

Public Administration Committee (2007) *Politics and Administration: Ministers and Civil Servants*, HC 122, London: Stationery Office.

Public Finance Foundation (1996) *Government Accountability: Beyond the Scott Report*, London: CIPFA.

Public Service Committee (1996) *Ministerial Accountability and Responsibility*, HC 313, London: HMSO.

Public Service Committee of the House of Lords (1998) , *Report*, HL 55, London: Stationery Office.

Pyper, R. (1983) 'The FO Resignations: Individual Ministerial Responsibility Revived?', *Teaching Politics*, 12, 200-210.

Pyper, R. (1985) 'Sarah Tisdall, Ian Willmore and the Civil Servant's "Right to Leak"', *Political Quarterly*, 56/1: 72-81.

Pyper, R. (1987a) 'The Doctrine of Individual Ministerial Responsibility in British Government: Theory and Practice in a new Regime of Parliamentary Accountability', Unpublished PhD thesis, University of Leicester.

Pyper, R. (1987b) 'The Westland Affair', *Teaching Politics*, 16/3: 346-63.

Pyper, R. (1991) *The Evolving Civil Service*, Harlow: Longman.

Pyper, R. (1992) 'Apportioning Responsibility or Passing the Buck? The Cases of Mr Baker, Mr Prior and the Disappearing Prisoners', *Teaching Public Administration*, 12/2: 33-36.

Pyper, R. (1995a) *The British Civil Service*, Hemel Hempstead: Prentice Hall/Harvester Wheatsheaf.

Pyper, R. (1995b) 'Ministerial Responsibility and Next Steps Agencies', in P. Giddings (ed.), *Parliamentary Accountability. A Study of Parliament and Executive Agencies*, London: Macmillan, 19-32.

Pyper, R. (1996) (ed.) *Aspects of Accountability in the British System of Government*, Eastham: Tudor.

Pyper, R. (1999) 'The Civil Service: A Neglected Dimension of Devolution', *Public Money & Management*, 19/2: 45-49.

Pyper, R. (2003) 'Ministers, Civil Servants and Advisors', in J. Fisher, D. Denver and J. Benyon (eds.), *Central Debates in British Politics*, Harlow: Pearson, 239-262.

Pyper, R. (2004) 'Civil Service Management and Policy', in B. Jones, D. Kavanagh, M. Moran and P. Norton (eds.), *Politics UK*, Harlow: Pearson Longman, 518-539.

Pyper, R. and Fingland, L. (2006) 'Remote or Responsive? MSPs' Views of the Civil Service', *The Scotsman*, 8 September.

Rao, N. (2006) 'Introducing the New Government of London', *Local Government Studies*, 32/3: 215-222.

Rhodes, R. A. W. (1990) 'Policy Networks: A British Perspective', *Journal of Theoretical Politics*, 2: 293-317.

Rhodes, R. A. W. (1994) 'The Hollowing Out of the State: The Changing Nature of the Public Services in Britain', *Political Quarterly*, 65/2: 138-151.

Rhodes, R. A. W. (1997) *Understanding Governance: Policy Networks, Governance, Reflexivity and Accountability*, Buckingham: Open University Press.

Rhodes, R. A. W., Carmichael, P., McMillan, J. and Massey, A. (2003) *Decentralizing the Civil Service: From Unitary State to Differentiated Polity in the United Kingdom*, Buckingham: Open University Press.

Richard, I. (2004) *Report of the [Richard] Commission on the Powers and Electoral Arrangements of the National Assembly of Wales*, London:

Stationery Office.
Richards, D. (1997) *The Civil Service Under the Conservatives 1979-1997*, Brighton: Sussex University Press.
Richards, D. and Smith, M. (2002) *Governance and Public Policy in the UK*, Oxford University Press.
Richards, S. (2000) 'The Special Advisers Are Here to Stay', *New Statesman*, 17 January.
Richardson, J. J. and Jordan, A. G. (1979) *Governing Under Pressure: The Policy Process in a Post-Parliamentary Democracy*, Oxford: Martin Robertson.
Rieger, E. (2000) 'The Common Agricultural Policy', in H. Wallace and W. Wallace (eds.), *Policy-Making in the European Union*, Oxford University Press, 179-210.
Rogers, R. and Walters, R. (2004) *How Parliament Works*, 5th edn, Harlow: Pearson Longman.
Saward, M. (1997) 'In Search of the Hollow Crown', in P. Weller, H. Bakvis and R. A. W. Rhodes (eds.), *The Hollow Crown*, London: Macmillan.
Scott, R. (1996) *Report of the Inquiry into the Export of Defence Equipment and Dual-Use Goods to Iraq and Related Prosecutions*, HC 115, London: HMSO.
Scottish Office (1997) *Scotland's Parliament*, Cm 3658, London: Stationery Office.
Sedgemore, B. (1980) *The Secret Constitution*, London: Hodder & Stoughton.
Seely, A. (2004) 'Commissioners for Revenue and Customs Bill', *House of Commons Research Paper 04/90*, London: House of Commons Library.
Seldon, A. (1997) *Major: A Political Life*, London: Weidenfeld & Nicolson.
Siedentopf, H. and Ziller, J. (eds.) *(1988) Making European Policies Work, I*, London: Sage.
Smith, J. (2001) 'Cultural Aspects of Europeanization: The Case of the Scottish Office', *Public Administration*, 79: 147-165.
Smith, M. J. (2004) 'Mad Cows and Mad Money: Problems of Risk in the Making and Understanding of Policy', *British Journal of Politics and International Relations*, 6: 312-332.
Smith, M. J. and Richards, D. (2002) *Governance and Public Policy in the UK*, Oxford University Press.
Southgate, C. (1994) *Fundamental Review of HM Treasury's Running Costs*,

London: HM Treasury.

Stern, N. (2007) *The Economics of Climate Change: The Stern Review*, Cambridge University Press.

Stevens, H. (2004) *Transport Policy in the European Union*, Basingstoke: Palgrave Macmillan.

Talbot, C. (1996) 'The Prison Service: A Framework of Irresponsibility?', *Public Money and Management*, 5-7.

Talbot, C. (2005) 'The Future of the Civil Service: A Growing Debate', *Public Management and Policy Association Review*, 31, November.

Theakston, K. (1995) *The Civil Service since 1945*, Oxford: Basil Blackwell.

Theakston, K. (1999) *Leadership in Whitehall*, London: Macmillan.

Tomlin Commission (1931) *Report of the Royal Commission on the Civil Service, 1929-31*, Cmnd 3909, London: HMSO.

Toynbee, P. and Walker, D. (2001) *Did Things Get Better? An Audit of Labour's Successes and Failures*, Harmondsworth: Penguin.

Transport Committee (1993) *The Future of the Railways in the Light of the Government's White Paper Proposals*, HC 375, London: HMSO.

Transport Committee (2002) *London Underground*, HC 387, London: Stationery Office.

Transport Committee (2003) *Ports*, HC 783, London: Stationery Office.

Travers, T., Jones, G., Hebbert, M. and Burnham, J. (1991) *The Government of London*, York: Joseph Rowntree Foundation.

Travers, T., Jones, G. and Burnham, J. (1997) *The Role of the Local Authority Chief Executive in Local Governance*, York: Joseph Rowntree Foundation.

Treasury and Civil Service Committee (1986) *Civil Servants and Ministers: Duties and Responsibilities*, HC 92, London: HMSO.

Treasury and Civil Service Committee (1994) *The Role of the Civil Service*, HC 27, London: HMSO.

Treasury Sub-Committee of the House of Commons (2006) *Independence for Statistics*, HC 1111, London: Stationery Office.

Varin, K. (1997) 'Les services publics au Royaume Uni', in C. Quin and G. Jeannot, *Un service public pour les Européens?*, Paris: La Documentation française, 185-214.

Verheijen, T. (ed.) (1999) *Civil Service Systems in Central and Eastern Europe*, London: Edward Elgar.

Vincent, D. (1998) *The Culture of Secrecy in Britain: 1832-1998*, Oxford University Press.

Virtanen, T. (2000) 'Flexibility, Commitment and Performance', in D. Farnham and S. Horton (eds.), *Human Resources Flexibilities in the Public Services*, London: Macmillan, 39–58.

Waldegrave, W. (1993) *Public Service and the Future: Reforming Britain's Bureaucracies*, London: Conservative Political Centre.

Wallace, H. (2000) 'The Institutional Setting', in H. Wallace and W. Wallace (eds.), *Policy-making in the European Union*, Oxford University Press, 3–37.

Ward, L. (2002) 'Press Chief Accused Over Resignation', *Guardian*, 26 February.

Weller, P., Bakvis, H. and Rhodes, R. A. W. (eds.) (1997) *The Hollow Crown*, London: Macmillan.

Welsh Office (1997) *A Voice for Wales*, Cm 3718, London: Stationery Office.

Wilford, R. (2004) 'Northern Ireland: Resolving an Ancient Quarrel?' in M. O' Neill (ed.), *Devolution and British Politics*, Harlow: Pearson Longman, 135–167.

Wilson, R. (1999) 'The Civil Service in the New Millennium', Speech to City Univertisy Business School, May; www. cabinet- office. gov. uk/ 1999/ senior/rw_speech.htm.

Wilson, R. (2000) *Diversity in the Civil Service: Report to the Prime Minister on Progress 1999-2000*, London: Cabinet Office.

Winstone, R. (2003) 'Whither the Civil Service?', *House of Commons Research Paper 03/49*, London: House of Commons Library.

Woodhouse, D. (1994) *Ministers and Parliament: Accountability in Theory and Practice*, Oxford: Clarendon Press.

Work and Pensions Committee of the House of Commons (2006) *The Efficiency Savings Programme in Jobcentre Plus*, HC 834, London: Stationery Office.

Work Foundation (2004) *Efficiency, Efficiency, Efficiency: The Gershon Review*, London: The Work Foundation.

Young, H. (1976) 'How Whitehall's Mandarins Tamed Labour's 38 Special Advisers', *The Sunday Times*, 19 September.

Young, H. (1993) *One of Us*, London: Pan.

Ziegler, P. (1993) *Wilson*, London: Weidenfeld & Nicolson.

Zifcak, S. (1994) *New Managerialism. Administrative Reform in Whitehall and Canberra*, Buckingham: Open University Press.